当代经济学系列丛书

Contemporary Economics Series

主编 陈昕

贸易理论与政策的 数值模拟导论

[美] 约翰·吉尔伯特　爱德华·托尔　著

涂涛涛　译

当代经济学 教学参考书系

格致出版社

上海三联书店

上海人民出版社

主编的话

上世纪80年代,为了全面地、系统地反映当代经济学的全貌及其进程,总结与挖掘当代经济学已有的和潜在的成果,展示当代经济学新的发展方向,我们决定出版"当代经济学系列丛书"。

"当代经济学系列丛书"是大型的、高层次的、综合性的经济学术理论丛书。它包括三个子系列:(1)当代经济学文库;(2)当代经济学译库;(3)当代经济学教学参考书系。本丛书在学科领域方面,不仅着眼于各传统经济学科的新成果,更注重经济学前沿学科、边缘学科和综合学科的新成就;在选题的采择上,广泛联系海内外学者,努力开掘学术功力深厚、思想新颖独到、作品水平拔尖的著作。"文库"力求达到中国经济学界当前的最高水平;"译库"翻译当代经济学的名人名著;"教学参考书系"主要出版国内外著名高等院校最新的经济学通用教材。

20多年过去了,本丛书先后出版了200多种著作,在很大程度上推动了中国经济学的现代化和国际标准化。这主要体现在两个方面:一是从研究范围、研究内容、研究方法、分析技术等方面完成了中国经济学从传统向现代的转轨;二是培养了整整一代青年经济学人,如今他们大都成长为中国第一线的经济学家,活跃在国内外的学术舞台上。

为了进一步推动中国经济学的发展,我们将继续引进翻译出版国际上经济学的最新研究成果,加强中国经济学家与世界各国经济学家之间的交流;同时,我们更鼓励中国经济学家创建自己的理论体系,在自主的理论框架内消化和吸收世界上最优秀的理论成果,并把它放到中国经济改革发展的实践中进行筛选和检验,进而寻找属于中国的又面向未来世界的经济制度和经济理论,使中国经济学真正立足于世界经济学之林。

我们渴望经济学家支持我们的追求;我们和经济学家一起瞻望中国经济学的未来。

2014年1月1日

推荐序

随着人们日益关切能源、环境和产业调整等当前全球面临的迫切问题,经济学界和政策研究界掀起了运用可计算一般均衡(CGE)模型研究这些问题的一波热浪。在中国高校里,有兴趣和有志向学习 CGE 模型构建的经济系、公共政策系学生也日益增多。涂涛涛博士翻译的《贸易理论与政策的数值模拟导论》,对于 CGE 模型的入门者,特别是经济系本科高年级学生而言,是一本非常好的易懂易学易练的教材。我非常推荐这本书。

我在美国学界以前没有注意到这本书,大概是因为这本书书名的缘故吧。书名听上去与 CGE 模型并无关系,让人以为是一本有关贸易理论与政策的实证方法的专著。直到涂涛涛博士请我写序后,我才有机会把书中内容读了一遍。读完之后感觉这是本很好的 CGE 模型入门者学习和训练教材。虽然书中讲述的是国际贸易理论的基础和模拟,但是实际内容更偏向教学微观经济学基础理论和模拟这些基础理论模型的 GAMS 程序。这些内容正适合没有任何 CGE 模型理论和 GAMS 程序基础的经济系学生学习。

本书第 1—21 章阐述的是经济系本科高年级到硕士程度的微观经济学基本理论,以及如何用 GAMS 程序模拟这些理论,其中一半涉及相关国际贸易内容的细节(第 11—21 章)。虽然这些理论内容在其他的标准微观经济学教材中也可以看到,但本书的特点是,每章的理论都有相关的 GAMS 程序模拟说明和举例,以及相关代码的讲解。本书解释的 GAMS 程序通俗易懂,原来不懂编程的初学者也可以抄写并练习。本书第 22—27 章是 CGE 模型部分,在学习前面章节的基础上,把需求和供给放在一般均衡的框架上做介绍。这个 CGE 部分的内容相对简略。

国外农业经济(包括自然资源)学科中有很多人做 CGE 模型,衍生发展到国际贸易领域。这些人可能组成了目前国际上做 CGE 模型中研究人数最多的团队。全球著名的 GTAP 项目就挂在普渡大学的农业经济系下。对于国内学者而言,如果研究课题只局限于产业经济,譬如,研究农业经济、构建关注生产侧的一般能源资源模型,或者在研究投入产出模型时想把原来的固定投入产出系数改进为有价格弹性的投入产出系数来建立产出模型,本书的训练作为基础大致也够了。很多产出模型中的需求侧不重要,有的需求侧简化处理为外生决定,或者由生产侧推动决定。虽然这样做无法构建严格意义上的 CGE 模型,但因为研究目标关注的是产业和商品的产出,在研究上是可以接受的。本书的短板是在国民账户、储蓄、宏观闭合,以及包含这些账户和变量的综合的 CGE 模型构建方面的介绍相对较少,因此,如果要考虑 CGE 模型综合框架的问题,譬如,研究财政税收、宏观经济、国民账户体系(国民经济核算体系)等,本书提供的内容则是不够的。正因为本书的阐述集中在微观经济学和贸易,所以书名中没提及 CGE 模型,而说这是贸易理论与政策数值模拟的导论书。

无论书名如何,本书却是适合学习 CGE 模型和 GAMS 程序的入门教材,且循序渐进,易懂易学。涂涛涛博士读过我的《可计算一般均衡模型的原理与编程》(以下简称为《原理与编程》)一书,也和很多《原理与编程》的读者相交,因此请我写序。借此机会,我在《原理与编程》的读者圈推荐本书。我建议刚入门学习 CGE 模型的学生,特别是经济系本科高年级学生,可以先学本书的第 1—14 章,熟悉局部均衡下两商品两要素的企业、效用函数的微观经济学理论和相应的 GAMS 模型编程。有了这个基础,再学习《原理与编程》,那要容易得多。这是因为《原理与编程》书的读者对象为经济系硕士和博士,对数学、宏观经济学和一般均衡理论方面的要求比本书要高。因此,本书可以作为学习《原理与编程》的基础。如果学习的目标只是要做关注产业方面的局部均衡模型,可以把本书作为基础教材,而把《原理与编程》作为参考书。

中国的改革开放和经济发展与现代经济学理论的普及密切相关。在此,我感谢涂涛涛博士对本书的翻译和介绍,并祝本书读者为中国发展做贡献的事业成功。

张 欣

经济学教授

前　言

构建 CGE 模型的目的是什么呢？正如中国儒家学派的代表人物荀子所指出的，"闻之不若见之，见之不若知之，知之不若行之"。在经济学的学习过程中，我们会经历从聆听直观的故事到掌握图形分析的不同阶段。但在这个过程中，我们常常淡化了故事背后的逻辑，因而会使学生们认为利用代数方法来构建模型非常乏味。但是，如果我们通过方程来讲述故事，并使用计算机求解模型，那么这种学习经历将会变得非常有趣。调试 CGE 模型就像是在驾驶飞行模拟器，你可以从模拟仿真中感受经济的运行情况。在经济学的学习过程中，只有通过模拟仿真来感觉经济的运行状况，才能更加深刻地理解经济运行中的各种规律。

在本书中，我们首先会介绍经济学理论体系中相对简单的模型，然后逐步拓展至经济学中较为复杂的模型。通过对这些模型的学习，我们可以理解经济学中许多重要且微妙的观点。本书的主要内容涉及国际经济学的重要知识点，并且建立在微观经济学、宏观经济学及产业组织理论的基础之上。通过了解这些领域中的核心理论模型和观点，学生们能在阅读本书及拓展文献的基础之上逐渐掌握模型构建的基本技能。

我们发现，通过学习基于 GAMS 平台的模拟仿真，学生们能更好地理解并掌握我们所讲授的一系列经济学议题，例如，凯恩斯主义经济学与古典经济学的区别、税收归宿、税收政策中公平与效率的权衡、负所得税的作用机制，以及国际贸易理论中的一些重要观点。

在学习本书的过程中，学生们可以从阐释以下内容的经典模型开始：大卫·休谟（David Hume）提出的物价-现金流动机制（price-specie flow mechanism）；讨论进口关税与出口关税之间对称性的勒纳对称定理（Lerner symmetry theorem）；贾格迪什·巴格瓦蒂（Jagdish Bhagwati）的贫困化增长（immizerizing growth）；斯托尔珀-萨缪尔森定理（Stolper-Samuelson theorem）；索洛增长模型（Solow growth model）；梅茨勒悖论（Metzler paradox);不完全竞争条件下关税与配额的等价或非等价;从第 1 到第 n 个最佳政策的理念;尽可能接近扭曲的干预的重要性;所得税要优于差别消费税;在解决任何重要的经济问题时,总会找到比征收关税更好的解决办法。

在简单的一般均衡模型和计算机建模技术出现之前,由于计算能力相对薄弱,模型构建的主要技巧是将问题以易于处理的形式呈现出来,如 Corden(1997)和 Johnson(1960)所做的研究。随着计算机建模技术的出现,研究者逐渐摆脱了上述模型建构方法的约束。学生们通过学习贸易理论中的简单模型并进一步掌握复杂模型,可以更好地理解其他人所构建的各类模型。

一旦政策制定者认识到进口关税是不利于出口的,反对保护主义的智力斗争就在很大程度上取得了胜利。另一种情形是,政策制定者意识到,当名义工资无法灵活向下调整时,也不一定非要诉诸贸易保护主义来增加就业,实际上,浮动汇率制度就可以创造就业机会。

托尔的博士生安德鲁·斯托克尔(Andrew Stoeckel)是国际经济研究中心(Centre for International Economics,CIE)的联合创始人,他最喜欢说的一句话是:托马斯·卡莱尔(Thomas Carlyle)提出的"当你教会鹦鹉供求分析模型时,它就会成为一名经济学家"的观点是错误的。要想成为真正的经济学家,"这只鹦鹉需要懂得机会成本的概念",而 CGE 模型可以很好地评估不良政策的成本及更优政策的收益。安德鲁还经常提到,"真正重要的是你所提出的问题,而并非是你提供的答案",因为研究的目的是帮助政策制定者思考发达市场是如何解决问题的。在本书中,构建 CGE 模型并进行政策评估可以帮助读者理解市场运行的机制与规律。

那么,如何使用这本书呢? 在首堂课上,我们会问学生们如下问题:"政府支出的增加是否会提高就业?"学生们需要回答"是"或"否"。在接下来的几周里,我们会指导学生们构建模型,并回答上述问题。最终,学生们会发现,上述问题的答案取决于劳动力市场是如何闭合的(灵活的工资、固定的名义工资或固定的实际工资),以及资本存量是否取决于其收益率。只有在特定闭合情形下,政府支出的增加才会导致资本存量和劳动力需求的减少。我们还会问学生们:"削减进口关税是否会增加贸易赤字?"在学生们回答问题之前,我们会让学生们去设想固定汇率和浮动汇率两种情形,并让其分析不同情境下的差异化结论。我们指导学生构建简单线性模型(可有小幅变动),并通过微软 Excel 的矩阵代数运算功能进行求解。这种授课方式可以很好地给学生们揭示外生变量与内生变量的作用机制与路径。一旦学生们掌握了上述模型,他们就可以开始考虑有大幅变动的模型及最优干预问题,并采用 GAMS 来求解模型。当学生们熟悉了这些简单模型的核心思想后,他们就可以着手学习本书中更复杂的模型。在此基础上,学生们可以通过练习题或自主设计来构建并求解上述模型的扩展版本。

从这些学生的学习经历来看,CGE 建模是掌握和精炼国际经济学中核心思想的有效途径。例如,由于需要通过扭曲性税收来进行融资,政府转移性支付通常会导致额外成本。CGE 模型的构建是一种治学工具,当你不理解某个事件的含义和影响时,你会将其简单化,直到理解它。你还会发现,即使我们所构建的模型非常复杂,但其核心要素与简单的一般均衡模型仍然是一致的。

　　本书由一系列简短的章节所构成。每一章的末尾都附有完整模型的程序代码。这些代码都可以从网上进行下载。前面的章节是后面几章的基础。首先,本书简要介绍GAMS 的使用方法,并在后面的章节中介绍以下议题:

　　● 消费、生产与贸易理论:短期生产与长期生产、从短期均衡向长期均衡的转移、高维模型、中间投入品、自给自足经济、小国与大国、非贸易品、两国贸易、高维与贸易、相互倾销、垄断竞争。

　　● 贸易政策与扭曲:关税与配额、国内税与补贴、要素市场扭曲。

　　● 拓展:多个家庭、阿明顿偏好、联合生产、社会核算矩阵(social accounting matrix,简称"SAM 表")、闭合、单国竞争性 CGE 模型。

　　● 有关 GAMS 的编程技巧、敏感性分析和模型调试的附录。

　　在此,非常欢迎广大读者为本书提供宝贵的修改建议。欢迎大家给我们发邮件,我们的邮箱地址是 jgilbert@usu.edu 和 tower@econ.duke.edu。

约翰·吉尔伯特　爱德华·托尔

致　谢

在此，非常感谢下列学校的同学们为本书提供的宝贵的修改建议和帮助，这些学校包括奥克兰大学（新西兰）、杜克大学、犹他州立大学、朱拉隆功大学（泰国），以及札格雷布大学（克罗地亚）。

我们也非常感谢下列读者对本书的评论：贾斯汀娜·阿达曼蒂（Justina Adamanti）、本·巴伯（Ben Barber）、特维·查瓦（Tevy Chawwa）、陈卓（Zhuo Chen）、杰夫·法里斯（Jeff Faris）、付宁（Ning Fu）、龚先谷（Xiangu Gong）、沃拉波吉·宏品佑（Vorapoj Hongpinyo）、黄岩（Yan Huang）、加藤直也（Naoya Kato）、达克斯·凯尔索（Dax Kelso）、阿瑟·金（Arthur Kim）、凌梦晨（Mengchen Ling）、吕代静（Daijing Lv）、盛冈久美（Kumi Morioka）、阿迪蒂亚·拉奇曼托（Aditya Rachmanto）、何塞·塞拉·卡斯蒂略（José Sierra Castillo）、威尔·斯奈德温（Will Snyderwine）、艾丽莎·韦特（Alecia Waite）、王翔宇（Xiangyu Wang）、谢思璐（Silu Xie），以及赵静（Jing Zhao）。这些评论对于提升本书的质量意义非凡。

吉尔伯特要对米娅·米基奇（Mia Mikic）、拉维·拉特纳亚克（Ravi Ratnayake）和爱德华·托尔表达由衷的谢意，在他们的启迪下，吉尔伯特开始了CGE分析的学习，并对国际贸易理论和政策问题产生了浓厚的兴趣。同时，吉尔伯特也非常感谢罗伯特·斯科莱（Robert Scollay），在他的帮助下，吉尔伯特学会了如何提出有趣的政策问题。同样，吉尔伯特十分感谢犹他州立大学亨茨曼商学院为本书的写作提供了资金支持。

托尔非常感谢瓦西里·里昂惕夫（Wassily Leontief）、艾莉森·摩根（Allison Morgan）、卡伦·波伦斯基（Karen Polenski）及大卫·辛普森（David Simpson）帮助其进入了CGE建模领域。加里·帕塞尔（Garry Pursell）、谢尔曼·鲁宾逊（Sherman Robinson）及安德鲁·斯托克尔帮助托尔提升了建模技能。查理·贝克尔（Charlie Becker）、蒂拉纳·布洪马卡帕特（Teerana Bhongmakapat）、阿利斯泰尔·麦克科米克（Alistair MacCormick)及米娅·米基奇为托尔提供了诸多帮助,协助安排他为全球不同区域的学生们讲授 CGE 建模的课程。埃德·弗利顿(Ed Flitton)、阿曼多·拉戈(Armando Lago)、杰罗姆·L.斯坦(Jerome L. Stein)及汤姆·威利特(Tom Willett)激发了托尔学习经济学的热情与兴趣。托尔仍依稀记得,当 LMPST 团队计算出裁军经济效应的初次结果时,里昂惕夫高兴得像孩子一样。当托尔的学生们发现模型的结果与理论预期相符时,托尔的内心同样充满了喜悦。

当吉尔伯特还是奥克兰大学的一名研究生时,托尔讲授了 CGE 建模原理的相关课程。在该课程中,托尔通过一些"玩具"模型的介绍阐述了 CGE 模型的适用范围。至此,吉尔伯特开始了 CGE 建模的学术生涯。从那时起,吉尔伯特熟练掌握了国际贸易理论及 GAMS 编程的各种技巧。吉尔伯特的研究尝试将贸易与 GAMS 建模相结合,并参与了本书中绝大部分内容的撰写。对托尔教授而言,与吉尔伯特共事及在这个项目上的合作是一件令人身心愉悦的事情。在与吉尔伯特及其学生们的合作研究与探索中,托尔深刻体会到《塔木德》中一句经典名言的寓意所在——"我向所有的老师学习,但主要是向我的学生们学习"。

目　录

001　　1　简介

003　　　1.1　CGE 模型
004　　　1.2　本书概述

006　　2　GAMS 入门

006　　　2.1　GAMS 是什么?
006　　　2.2　获取和安装 GAMS
007　　　2.3　GAMS 快速入门
010　　　2.4　练习题
010　　　2.5　拓展阅读

第一篇　消费、生产与贸易理论

013　　3　效用最大化

013　　　3.1　问题的表述
014　　　3.2　示例
015　　　3.3　集合符号
016　　　3.4　模型在 GAMS 中的实现
019　　　3.5　练习题
020　　　3.6　拓展阅读

022　　4　成本最小化

022　　　4.1　问题的表述
023　　　4.2　示例
024　　　4.3　集合符号
025　　　4.4　模型在 GAMS 中的实现

026   4.5   练习题
027   4.6   拓展阅读

028   5   长期生产决策

028   5.1   问题的表述
030   5.2   示例
031   5.3   集合符号
031   5.4   模型在 GAMS 中的实现
033   5.5   练习题
033   5.6   拓展阅读

034   6   短期生产决策

034   6.1   问题的表述
036   6.2   模型在 GAMS 中的实现
038   6.3   练习题
038   6.4   拓展阅读

040   7   对偶法

040   7.1   问题的表述
043   7.2   示例
044   7.3   集合符号
044   7.4   模型在 GAMS 中的实现
046   7.5   练习题
046   7.6   拓展阅读

047   8   从短期均衡向长期均衡的转移

047   8.1   问题的表述
048   8.2   模型在 GAMS 中的实现
050   8.3   练习题
051   8.4   拓展阅读

052   9   高维模型

052   9.1   问题的表述
053   9.2   模型在 GAMS 中的实现
056   9.3   练习题
057   9.4   拓展阅读

058　　　10　中间投入品

058　　　　10.1　问题的表述
059　　　　10.2　嵌套函数形式
060　　　　10.3　固定比例情形
064　　　　10.4　可变比例情形
066　　　　10.5　练习题
066　　　　10.6　拓展阅读

067　　　11　自给自足经济

067　　　　11.1　问题的表述
069　　　　11.2　模型在 GAMS 中的实现
071　　　　11.3　练习题

073　　　12　小国贸易均衡

073　　　　12.1　问题的表述
075　　　　12.2　模型在 GAMS 中的实现
077　　　　12.3　练习题

078　　　13　非贸易品

078　　　　13.1　问题的表述
079　　　　13.2　模型在 GAMS 中的实现
082　　　　13.3　练习题
082　　　　13.4　拓展阅读

083　　　14　大国贸易均衡

083　　　　14.1　问题的表述
085　　　　14.2　外国供应条件
085　　　　14.3　模型在 GAMS 中的实现
086　　　　14.4　练习题
086　　　　14.5　拓展阅读

087　　　15　两国的贸易均衡

087　　　　15.1　问题的表述
090　　　　15.2　模型在 GAMS 中的实现
093　　　　15.3　练习题
094　　　　15.4　拓展阅读

095	16 高维与贸易
095	16.1 问题的表述
096	16.2 模型在 GAMS 中的实现
097	16.3 练习题
097	16.4 拓展阅读
098	17 相互倾销
098	17.1 相互倾销
099	17.2 模型在 GAMS 中的实现
103	17.3 练习题
103	17.4 拓展阅读
104	18 垄断竞争
104	18.1 封闭经济体
106	18.2 开放经济体
106	18.3 模型在 GAMS 中的实现
108	18.4 练习题
109	18.5 拓展阅读

第二篇　贸易政策与扭曲

113	19 关税与其他贸易干预措施
113	19.1 小国情形的问题表述
116	19.2 模型在 GAMS 中的实现
116	19.3 配额
117	19.4 大国情形
118	19.5 两国情形
122	19.6 练习题
123	19.7 拓展阅读
124	20 国内税与补贴
124	20.1 生产税与生产补贴
125	20.2 消费税与消费补贴
126	20.3 要素税与要素补贴

127	20.4	模型在 GAMS 中的实现
130	20.5	练习题
131	20.6	拓展阅读

132	**21**	**要素市场扭曲**
132	21.1	工资差异
135	21.2	黏性工资
139	21.3	特定行业的黏性工资
143	21.4	不完全要素流动
145	21.5	练习题
146	21.6	拓展阅读

第三篇　可计算一般均衡

149	**22**	**多个家庭和其他需求来源**
149	22.1	交换模型
152	22.2	生产和贸易
154	22.3	政府与投资
155	22.4	练习题

157	**23**	**阿明顿偏好**
157	23.1	问题的表述
159	23.2	示例
160	23.3	模型在 GAMS 中的实现
161	23.4	练习题
162	23.5	拓展阅读

163	**24**	**联合生产**
163	24.1	问题的表述
164	24.2	示例
165	24.3	模型在 GAMS 中的实现
166	24.4	练习题
166	24.5	拓展阅读

167	**25**	**社会核算矩阵**
167	25.1	SAM 表的结构

171   25.2   SAM 表的数据来源

172   25.3   SAM 表的平衡

174   25.4   练习题

175   25.5   拓展阅读

176   26 闭合

176   26.1   微观经济闭合

177   26.2   宏观经济闭合

179   26.3   开放经济中的货币、财富、税收和配额

180   26.4   练习题

180   26.5   拓展阅读

181   27 单国竞争性 CGE 模型

181   27.1   模型结构

182   27.2   模型数据

182   27.3   模型在 GAMS 中的实现

188   27.4   练习题

188   27.5   拓展阅读

189   28 总结

191   附录 A   拉格朗日乘子、影子价格和边际社会价值

191   A.1   拉格朗日乘子

192   A.2   影子价格与边际社会价值

193   附录 B   GAMS 使用的要诀与技巧

193   B.1   构造大型程序

194   B.2   敏感性分析

195   B.3   报告结果

198   B.4   调试

202   B.5   拓展阅读

204   参考文献

212   译后记

▶ 1

简　介

在传统的国际贸易理论学习中,我们通常会使用各种几何图形来阐述比较静态的分析结果。在高阶课程中,作为补充,我们会介绍关键结果的代数推导过程。此外,有一种尚未被广泛应用的方法叫作数值模型的模拟。

数值模拟技术的应用具有诸多优点。使用数值模拟有助于理解抽象材料的内容,用户可在给定基础数据、参数和模型结构的前提下进行各种政策的模拟。因此,该方法的应用有助于培养经济学直觉,洞悉核心参数与模型结构对模拟结果的影响。数值编程还有助于我们从完整系统的角度去思考国际贸易的理论模型,它可以让我们看到常规贸易理论框架拓展后的结果。这一点是很难用贸易理论中各式各样的代数方法和几何图形去解释的。

更为重要的是,数值编程是国际经济学家的研究工具箱中极其重要的一种技能。数值编程不仅可以帮助我们理解现有的理论,还可以应用于发展和检验新的经济理论。此外,大型数值模拟模型,特别是 CGE 模型,已成为现代贸易政策分析中不可或缺的一部分,这些模型已被广泛应用于现实世界中各类贸易政策问题的评估。一些知名的 CGE 模型包括世界生产和贸易的密歇根模型(Deardorff and Stern,1986,1990)、澳大利亚经济的 ORANI 模型(Dixon et al.,1982)、GTAP 模型(Hertel,1997),以及世界银行的 LINKAGE 模型(van der Mensbrugghe,2005)。

然而,不幸的是,对于初学者而言,CGE 模型的学习门槛是很高的。学习者需要具备多种不同的技能,如扎实的贸易理论基础、编程能力,以及处理复杂数据的能力。另外,许多 CGE 模型较为庞大且复杂。并且,这些模型的结构和内部运行有时是不透明的,它们常常受到的批评是"存在黑箱"。

然而,我们要指出的是,学习数值模拟方法和 CGE 建模技巧并没有大家想象中的那么困难。虽然 CGE 模型确实庞大且复杂,但它们的组成部分是相对简单的,系统地进行学习并不是那么困难的。

本书的主要目的在于帮助读者形成设计、执行和应用数值模拟模型的技能,从而能独立进行贸易与贸易政策分析的相关研究。在初始阶段,我们会介绍国际贸易纯理论中为人所熟知的简单"玩具"模型,随后我们会逐渐提高复杂程度,最终我们将介绍标准 CGE 模型。本书中讲授的内容,一部分来自托尔教授在奥克兰大学教授贸易理论时介绍的 GAMS 程序,另一部分来自吉尔伯特教授在犹他州立大学的授课内容。相关程序还被用于杜克大学和朱拉隆功大学的授课中。

本书有如下几个特点:首先,模型开发强调了定义经济模型及其构成的基本优化问题。在介绍模型时,我们尽可能确保内容和形式的一致性。即便读者之前并没有接触过贸易理论或 CGE 模型,读者仍然会发现,这些内容是易于理解的。

其次,我们特别强调通过使用"玩具"模型来培养编程技能与经济学直觉。熟练掌握贸易理论的读者会发现书中的模型与性质并不陌生,他们只需要学习如何将模型转换成数值模拟的代码。欠缺贸易理论基础的读者需要在学习国际贸易基本模型结构和表现的同时,提高数值模型的编程技能。

我们试图在模拟模型和纯粹的国际贸易理论之间建立一个明确的联系。事实上,本书中的内容涵盖了一门典型国际贸易理论高级课程中的大多数主题,本书也对贸易理论文献中的重要结论进行了介绍,并为进一步的阅读提供了参考资料。撰写本书并非是为了将其作为国际贸易理论的教科书,而是为了补充现有的处理方法,但模型和相关主题的介绍的确遵循了如 Bhagwati 等(1998)所著的经典教科书的做法。通过将贸易理论与计算模型的应用相结合,我们希望提供一套知识和技能,帮助读者最终成为优秀的数值建模者。

再次,本书的特点之一是循序渐进地介绍模型,即将模型的各种新特征分解为较小且易于理解的内容进行介绍。从本书内容的组织上来看,后续章节中相对复杂的模型实际上是前述章节中简单模型的组合与拼接。因此,在本书中,我们会按顺序介绍模型的各个子模块,并通过略为复杂但有趣的方式将各个模块结合在一起。这样处理的优点在于,读者可以更好地理解各个子模块的基本原理,避免在初始阶段就介绍完整且复杂的 CGE 模型而使读者不知所措。

最后,读者可以免费获取本书所讨论的所有程序代码和模型。具体而言,可以通过 RePEc 数据库(https://econpapers.repec.org/software/uthsfware/)或者任何其他 RePEc 服务下载每章中介绍的程序代码。另外,通过在网上搜索关键词"GAMS Models for Trade Theory",同样也可以找到上述网址。我们提供的代码为读者的研究提供了代码基础和参考,大家可以根据研究的需要对这些代码进行修改,从而实现既定的研究目标。

本书中介绍的所有模型都是基于 GAMS 开发的。它具备高级编程语言环境,非常适合于构建大型数值模拟模型。另外,GAMS 的应用十分广泛。换言之,学习如何在 GAMS 中编程本身就是一项非常有用的技能。

在阅读本书的过程中,对编程语言有一定了解的读者会感觉较为轻松。然而,在撰写本书时,我们仍假设读者之前并没有接触过关于 GAMS 或编程的相关知识。这本书并非要成为一本 GAMS 编程的用户指南,实际上,GAMS 公司提供的 GAMS 用户指南已经是一本令人满意的编程指南。但是,我们在本书中还是介绍了关于 GAMS 编程原理和方法的详细内容,并讨论了如何应对数值模型构建中无法避免的各类问题。

当然,在构建本书中提到的各类模型时,GAMS 只是可选的编程语言之一。实际上,我们还可以采用其他编程语言来构建 CGE 模型,如 GEMPACK 和 Matlab。我们甚至可以使用 Excel 等常规软件来构建非常复杂的模型[例如,见 Gilbert 和 Oladi(2011)]。尽管编程的技巧略有不同,但本书中介绍的模型构建的基本原则同样适合在 GEMPACK 和 Matlab 中建模的读者。

正如书名所示,本书从本质上而言是导论性读物。对于尝试学习数值模拟模型(或 CGE 模型)入门知识的研究人员而言,我们力争让本书中的素材和方法更具亲和力,同时,我们尽量让本书对高年级本科生或研究生新生来说是易于理解的。因此,本书对学生们的背景知识储备的要求相对适中。尽管我们并不要求学生们提前掌握高深的理论模型与方法,但是,熟悉中级微观经济学的分析方法、掌握基础代数和微积分仍然是研读本书的先决条件。关于中级微观经济学的相关资料,可以参考 Varian(1992)、Varian(2009)或 Perloff(2011)。如果想了解本书中使用的约束最优化方法,可以参考 Dixit(1990)。如果想了解相关数学知识,可以参考 Chiang 和 Wainwright(2005)。

1.1 CGE 模型

那么,究竟什么是 CGE 模型? 学习构建 CGE 模型究竟有何用处? 一般而言,CGE 模型是基于一般均衡理论而构建的数值模拟模型。从本质上来说,CGE 模型通过选取特定的函数形式将经济理论中的抽象模型具体化。CGE 模型需要与现实世界的数据进行匹配,并通过计算机程序来实现模型的建构。然后,通过在模型中引入扰动或冲击,可以设定政策变动或结构变迁的模拟情景,依托 CGE 模型的数值模拟分析可评估各类冲击产生的经济效应。一般均衡理论通常讨论均衡的存在性和唯一性,CGE 模型的基本目标则是将一般均衡理论的抽象模型转化为政策评估的实用工具。

与国际经济学中常用的其他量化方法(如局部均衡模型或引力模型)相比,CGE 模型具有诸多特点。CGE 模型通常是多部门的,并且在许多情形下是多地区的。在模型构建时,模型中经济主体(经济人)的行为遵循效用最大化和利润最大化的假设。此外,在 CGE 模型中,必须严格满足经济系统的约束条件。换言之,在 CGE 模型中,所有市场是相互关联的。因此,经济体系中任何部门的扭曲所产生的冲击会波及其他部门。通过将市场联系起来,CGE 模型可以有效评估外生冲击及政策调整的反馈效应(feedback effect)和传递效应(flow-through effect)。

作为一种政策分析工具,CGE 模型还具有一系列的优点。首先,CGE 模型以微观经济理论作为模型构建的基础,故与已有理论是一致的。此外,我们在构建任何 CGE 模型时,要根据研究对象的实际情况做出相应的理论选择,并且在 CGE 模型编程时要明确设定模型结构、选择合适的闭合方案等(略为遗憾的是,我们在结果报告中通常没有提及这些理论选择)。

其次,CGE 模型可以融入经济系统的各类特征。一般而言,大多数 CGE 模型的基本结构是瓦尔拉斯式的,但是,CGE 模型也能够融合许多其他的经济特征(如不完全竞争及其他类型的扭曲)。考虑到 CGE 模型的拓展性,该模型可以很好地适用于对各类问题和经济环境的相关分析。

最后,CGE 模型还可用于预测经济系统中各类经济变量的数值。需要指出的是,CGE 模型的预测与引力模型存在差异。具体而言,引力模型主要用于帮助我们理解或预测贸易流量,而 CGE 模型则是对完整经济系统的建模分析。因此,基于 CGE 模型,我们可以评估政策变迁对产出、就业、贸易、政府收入等指标的潜在影响,甚至是对所有这些变量或更多变量的影响。此外,CGE 模型还重点强调了这些经济变量之间的关联性。

当然,CGE 模型同样也存在一些局限性。①第一,CGE 模型对数据的需求量非常大(尽管相对于模型中经济变量的数量而言,数据量可能显得并不大)。第二,CGE 模型在参数、模型设置及实验设计上经常存在着不确定性。第三,由于 CGE 模型涵盖了经济系统中的所有部门,因此该模型很可能会遗漏关键部门的重要特征。第四,由于模型过于复杂,有时候很难判断是什么原因导致了 CGE 模型模拟的结果。第五,为了建立和使用 CGE 模型所投入的人力资本可能会很高。

毫无疑问,CGE 分析并不适用于所有类型的问题。一般而言,CGE 模型适合研究以下问题:(1)探讨的政策问题涉及影响深远的变革,并且没有任何历史经验可循;(2)有可能存在显著的一般均衡效应;(3)政策问题所关注的是涉及经济系统而非经济总量的信息。

第一类问题的适用性是显而易见的,为了评估这类变革的影响,需要使用适宜的模拟技术。第二类问题的适用性则不那么直观。"显著的一般均衡效应"究竟是什么意思呢?从根本上说,一般均衡效应是指所关注的政策问题涉及了多个部门。例如,一个典型的自由贸易协定至少涉及两个国家同时开放多个不同的经济部门。为了捕捉冲击的全局效应,我们需要采用一般均衡的分析方法而非局部均衡方法。另一个例子是,相关政策问题虽然只直接涉及某一个部门,但该部门的规模大到足以对整体经济产生影响。例如,对于许多最不发达的经济体而言,纺织业的经济规模在它们总量经济中的份额是较高的,因此,即使政策模拟情景只涉及该部门,采用一般均衡分析方法也是合情合理的。

最后一类问题的含义是,在构建 CGE 模型时,需要对 CGE 模型中的部门细节进行权衡。换言之,如果贸易流量是政策分析中唯一感兴趣的变量,那么,基于引力模型进行的推断可能比 CGE 分析更可取。然而,如果我们希望评估一项贸易政策对部门就业模式的影响,那么,基于 CGE 模型的分析将更有现实意义。

我们认为,CGE 模型的弱点在很大程度上往往来自建模实践,而并非模型本身。模型参数和设置的不确定性可以通过细致的模型构建和敏感性分析来解决,参数估计方法也在不断改进[例如,见 Jansson 和 Heckelei(2010)]。此外,我们希望本书的读者会发现,随着学习的不断深入,在构建 CGE 模型时可能遇到的问题会越来越少,对 CGE 模型模拟结果背后的理论机制的理解会越来越深。

1.2　本书概述

如上所述,本书的主要目的是说明如何使用数值模拟方法来构建一系列有用的国际贸易理论和贸易政策理论模型,并帮助读者掌握独立构建模型所需的必备技能。在本书中,我们会使用 GAMS 作为模型开发平台。

由于我们假设大多数读者并不熟悉 GAMS,为了使读者快速入门,我们会介绍如何获取、安装和使用 GAMS 以解决各类简单问题。在后续章节中,我们会介绍更多关于

---

① 以下观点来自 Mikic 和 Gilbert(2009),他们的研究对此进行了更为详细的讨论。

GAMS 编程的细节问题。在附录 B 中，我们介绍了一些关于 GAMS 编程的高级议题，如敏感度分析、数据接口、报告选项及调试等。

本书的其余内容可以分为三篇。在第一篇，我们将重点介绍消费、生产和贸易理论的模型构建。在第二篇，我们将介绍贸易政策理论及其他扭曲的模型构建。在本书的最后一篇，我们将介绍贸易理论基本模型的拓展，现代的 CGE 模型通常包含了这些内容。

在本书的第一篇，我们首先会介绍大家熟知的效用最大化和成本最小化问题。然后，我们会介绍短期生产和长期生产的模型，以及考虑高维模型和含有中间投入品的拓展模型。接下来，我们会在一系列模型中将需求与供给两部分相结合，这些模型包括自给自足经济体、小型与大型开放经济体、完整的全球经济及包含非贸易品的拓展情形。最后，我们考虑不完全竞争市场的国际贸易影响。

第二篇包括三章（第 19—21 章）。第 19 章探讨不同情形（小国、大国、两国）下贸易干预（关税、出口补贴、配额等）的影响。第 20 章讨论生产的国内税和补贴、消费及要素使用。第 21 章对各种要素市场扭曲的影响进行建模，其中包括工资差异、最低工资和不完全要素流动三种扭曲情形。

在本书的第三篇中，我们主要考虑三类问题：将多个家庭和其他来源的需求纳入模型；通过设置阿明顿偏好来考虑行业内贸易；联合生产问题。我们还会讨论 CGE 模型数据的收集获取，以及模型闭合规则的选择等。在第 27 章，我们将上述所有知识点融合在一起，介绍标准 CGE 模型的相关内容。当然，在最后一章，我们将向读者提供一些进一步学习的建议。

在围绕模型进行讲解的章节里，我们首先会介绍基本的优化问题，并展示求解这类问题的一般方法。然后，我们会介绍如何选择特定的函数形式来构建模型。接下来，我们会概述将模型转换为 GAMS 代码的过程。在本书的前几章中，我们对 GAMS 程序进行了完整而详细的介绍。但是，随着我们对内容介绍的不断推进，在大多数情形下，我们只会讨论代码中增量变化的部分。当然，每一章介绍的模型代码都可以从网上下载。

在每一章的最后都包含一系列的练习题。通过改变数据或参数来实现对相应章节模型的冲击，就可以完成练习题中的大多数问题。练习题的目的在于，通过模拟实践，可以帮助大家对模型的表现形成一种直觉意识。其他的练习题涉及以各种形式拓展模型、放宽约束条件、改变函数形式、融入新元素或前面章节中的元素等。简而言之，设置这些练习题是为了帮助读者培养独立的编程技能。大多数章节的结尾还会推荐一系列关于所涉及主题的经典文献。

此外，学习本书的顺序也很重要，后面的章节经常会回顾前面章节所涵盖的内容与结果。因此，我们强烈建议读者按照本书所呈现的章节顺序进行阅读与学习。

▶2

GAMS 入门

在本书中,我们将使用 GAMS 构建一系列模拟模型。为了帮助你学习 GAMS,我们将在本章介绍 GAMS 的基本功能。随后,我们会介绍 GAMS 更为复杂的功能。附录 B 会介绍使用 GAMS 的其他要诀和技巧。

2.1 GAMS 是什么?

GAMS 的全称是通用代数建模系统(general algebraic modeling system)。它是一种高级编程语言,专为建立和求解数学模型而设计。GAMS 为模型开发提供了一个基础框架,该框架独立于模型运行的平台,并且区别于求解模型的数学算法。[①]这意味着,在 GAMS 中构建的模型可以在不同的机器上运行,并使用不同的方法来求解,而无须对模型本身进行任何调整。GAMS 可用于求解各式各样的问题,并且能够处理大型的数学系统。GAMS 不仅在学术界和商界都得到了非常广泛的应用,而且它是使用最为广泛的构建 CGE 模型的开发平台。

2.2 获取和安装 GAMS

GAMS 公司免费提供学生版(或演示版)的 GAMS,此版本的 GAMS 会受到构建模型大小的限制。当然,由于本书中开发的模型都非常小,故可以使用 GAMS 学生版进行求解。如果希望获取 GAMS 的最新版本,可以在 https://www.gams.com/download/上下载。该网站提供了 GAMS 的多种版本。对于大多数用户而言,32 位 Windows 版本将是适用的。如果你使用的是 64 位的 Windows 系统,推荐你下载 64 位 Windows 版本的 GAMS 安装程序包。此外,Linux 和 Mac OS X 的用户也可以下载使用相应的 GAMS 版本。

如果希望安装 GAMS 的任何 Windows 版本,首先请右键单击 GAMS 站点上的链接,然后从相关菜单中选择"链接另存为"(Save Link As)选项。随后,请将安装文件保存在本地计算机上的合适位置(文件大小约为 60 兆字节)。在下载完程序文件后,请双击该文件以启动安装进程。GAMS 的安装程序包会提示你输入希望安装 GAMS 系统的目录(你可

---

① GAMS 实际上是众多商业算法的前端程序,它对这些算法进行了封装。为了使用这些算法,用户可能需要单独购买许可证。

以选择默认路径),还会提示你输入开始菜单的位置,同样可以选择默认设置。接着,还将出现询问你是否要复制许可证文件的提示,你可以点击"否"(在缺失许可证文件的情形下,GAMS 将默认运行学生版或演示版)。一旦程序安装完毕,GAMS 将询问你是否要启动 IDE(集成开发环境),这是 GAMS 的主要用户界面。如果点击"是",GAMS 程序就会被启动。

你的第一个任务是设置默认求解器(solver)。针对本书中的练习,我们将使用非线性规划(NLP)求解器。首先,在"文件"(File)菜单下选择"选项"(Options),然后选择"求解器"(Solvers)选项卡。在 NLP 列向下滚动,当看到 CONOPT 时,在框中点击选中 CONOPT。此时,将出现一个 X,这表示你已选择 CONOPT 作为 NLP 问题的默认求解器。然后,你可以单击"确定"(OK)以关闭选项框。

关于不同平台下 GAMS 安装的更多详细信息,请访问 GAMS 网站(https://www.gams.com/docs/document.htm)。在该网站上,还可以找到详细的 GAMS 用户指南、GAMS 教程和其他电子形式的实用文档。

2.3　GAMS 快速入门

GAMS 程序是一个文本文件,它根据模型的变量、参数和方程来描述模型结构。文本文件通常被赋予后缀名.gms。如果要运行 GAMS 程序,需要将文本文件提交给 GAMS 系统。然后,GAMS 会检查代码中的语法错误,并将模型转换为求解算法可识别的形式。当然,这个过程对用户来说是不可见的。求解算法会尝试求解模型,并将结果报告给 GAMS。随后,GAMS 会生成一个包含求解结果信息的列表(list)文件(该文件的后缀名为.lst)。图 2.1 说明了该过程。如果在此过程中代码运行出现错误,列表文件会给出可能的原因。

图 2.1　GAMS 的输入与输出

为了说明这一点,我们将使用 GAMS 来解决一个简单的代数问题。假设我们想知道 $y = 10 + 2x$ 和 $y = 100 - x$ 的联立解(在我们开始之前,请先自行验证答案)。

首先,我们打开 GAMS,从"文件"菜单中选取"新建"(New)选项。GAMS 会生成一个新的程序文件(文件的默认名为 untitled_1.gms)供我们使用。现在可在程序文件中输入以下代码:

```
VARIABLES
Y,X;
EQUATIONS
EQ1,EQ2;
EQ1 .. Y = E = 10 + 2 * X;
EQ2 .. Y = E = 100 - X;
MODEL EXAMPLE / ALL/ ;
SOLVE EXAMPLE USING LP MAXIMIZING Y;
```

在上述代码中,前两行定义了模型中两个变量的名称(即 Y 和 X)。接下来的两行代码定义了两个方程的名称(即 EQ1 和 EQ2)。上述变量及方程名称可以随意命名。接下来的两行代码定义了方程的内容。其中,代码 = E = 的含义是等于。最后的两行代码告诉GAMS,该模型由这两个方程组成,并要求 GAMS 进行求解。在后面的章节中,我们将更详细地讨论 GAMS 的语法。

如果想运行模型,可以从"文件"菜单中选择"运行"(Run)选项。此时,GAMS 界面将会出现一个新的窗口(即 log 窗口)。这表明,GAMS 正在处理该程序。如果一切顺利的话,你将会看到如下信息:

*** Status: Normal Completion

此时,你可以关闭 log 窗口。GAMS 会自动打开一个列表文件。该列表文件包含了模型运行的结果和其他有用的信息。我们将依次介绍列表文件中一些最重要的元素(下面只是介绍了列表文件的部分内容)。

2.3.1　回显打印

在列表文件中的回显打印部分,GAMS 会将你的输入回显(重现)在列表中。它的形式应该是这样的:

```
1   VARIABLES
2   Y,X;
3   EQUATIONS
4   EQ1,EQ2;
5   EQ1 .. Y = E = 10 + 2 * X;
6   EQ2 .. Y = E = 100 - X;
7   MODEL EXAMPLE / ALL/ ;
8   SOLVE EXAMPLE USING LP MAXIMIZING Y;
```

请注意 GAMS 是如何为每一个输入行指定一个数字的(这还包括空行)。如果GAMS 在模型中发现错误,它将会引用出现错误的行号。[1]

2.3.2　方程清单

在列表文件的这一部分,GAMS 显示了变量当前值被替换成模型一般代数形式时的模型实例。这一部分的形式如下:

EQ1..　Y - 2 * X = E = 10; (LHS = 0, INFES = 10 ****)
EQ2..　Y + X = E = 100; (LHS = 0, INFES = 100 ****)

如果我们不设定变量的初始值,GAMS 将以零值为起点进行模型的求解(通常,我们希望在 GAMS 中设定更优的初始值)。INFES 告诉我们,对应的数值不满足方程式。对于

---

① 关于 GAMS 中错误提示信息的详细介绍,请参见附录 B。

非线性模型而言,此部分还包含按变量当前值计算的全微分。

2.3.3 模型统计

在列表文件的这一部分,GAMS 将汇报有关模型大小的相关统计量。这一部分的形式如下:

```
MODEL STATISTICS

BLOCKS OF EQUATIONS     2      SINGLE EQUATIONS   2
BLOCKS OF VARIABLES     2      SINGLE VARIABLES   2
NON ZERO ELEMENTS       4
```

在上述模型中,我们有两个方程和两个变量。由于我们的模型是用标量定义的,所以方程组、变量组的数量与单方程、单变量的数量相同。稍后我们将看到,GAMS 最强大的功能之一是能够使用单个方程组来定义多个方程,并通过索引赋值的方式定义多个变量。

2.3.4 状态报告

在尝试求解模型之后,GAMS 将报告求解的状态。列表文件的状态报告部分如下所示:

```
SOLVE   SUMMARY

MODEL      EXAMPLE            OBJECTIVE   Y
TYPE       LP                 DIRECTION   MAXIMIZE
SOLVER     CPLEX              FROM LINE   13

**** SOLVER STATUS        1 Normal Completion
**** MODEL STATUS         1 Optimal
**** OBJECTIVE VALUE      70.0000
```

该列表此部分最重要的是求解器状态(SOLVER STATUS)和模型状态(MODEL STATUS)行。求解器状态取值为 1 表示正常完成求解,否则,此处将报告错误(这与我们在日志文件中看到的一致)。模型状态为 1 表示已找到最优解。我们将处理的大多数问题通常是非线性的,因此,我们通常希望看到模型状态为 2,这意味着我们找到了局部最优解。

2.3.5 结果报告

如果 GAMS 已经求出一个结果,而我们希望了解该结果的详细信息。我们可以在列表文件的结果报告部分找到答案。列表中这一部分的格式如下:

	LOWER	LEVEL	UPPER	MARGINAL
---- VAR Y	- INF	70.000	+ INF	.
---- VAR X	- INF	30.000	+ INF	.

此时,我们通常会对每个变量的水平值(LEVEL)感兴趣。你会发现,这些变量的水平值实际上和你手工计算的解是一致的。稍后,我们会介绍更便捷的获取结果的方法。

2.4 练习题

(1) 看看你是否可以使用 GAMS 构造并求解几个简单的线性代数问题。

(2) 如果你尝试求解 $y=10+2x$ 和 $y=10+2x$ 的联立方程,会发生什么? 如果是求解 $y=10+2x$ 和 $y=12+2x$ 的联立方程,又会发生什么? 在这两种情形下,GAMS 报告了哪些信息?

2.5 拓展阅读

如果希望获取 GAMS 建模的更多详细介绍,可以参考 GAMS 用户指南。关于GAMS 功能的另一个有参考价值的资料是 Zenios(1996)。GAMS 用户指南包含一份教程(见第 2 章),这是学习 GAMS 基本编程的实用的入门教程。布鲁斯·麦卡尔(Bruce Mc-Carl)也提供了一份 GAMS 的在线参考资料,其中提出了很多有价值的编程建议。

第一篇　消费、生产与贸易理论

▶3

效用最大化

在本章中,我们从微观经济学理论出发,提出一个常见的问题——消费者选择问题,其特征是在预算约束下实现效用最大化。然后,我们展示如何选择特定的函数形式和数据,并通过 GAMS 将这个问题用数值模拟模型进行实现。这个问题很容易理解,但详细求解该模型的过程可以使我们掌握 GAMS 构建数值模型的所有技巧。同时,该问题的最优解也会构成后续贸易模型的需求模块。

3.1 问题的表述

假设存在一个消费者,其偏好满足消费者选择公理,并且采用效用函数 $U=U(c_1, c_2)$ 来刻画其偏好,其中,c_i 为第 i 种商品的消费。假定该效用函数满足连续性、单调性和拟凹性等特征。消费者选择问题实际上是选择 c_1 和 c_2,使消费者在预算约束 $Y=p_1c_1+p_2c_2$ 下实现效用 $U=U(c_1, c_2)$ 的最大化,其中,Y 是货币收入。出于简化考虑,我们假定模型存在一个内点解。[1]通过构造拉格朗日函数,就可以求解消费者在给定约束条件下的效用最大化问题:[2]

$$\mathscr{L}=U(c_1, c_2)+\lambda[Y-p_1c_1-p_2c_2] \tag{3.1}$$

其中,λ 为拉格朗日乘子(此时代表收入的边际效用)。将拉格朗日函数分别对消费和 λ 求偏导,可以得到求解消费者效用最大化问题的一阶条件:

$$\partial\mathscr{L}/\partial c_1=\partial U/\partial c_1-\lambda p_1=0 \tag{3.2}$$

$$\partial\mathscr{L}/\partial c_2=\partial U/\partial c_2-\lambda p_2=0 \tag{3.3}$$

$$\partial\mathscr{L}/\lambda=Y-p_1c_1-p_2c_2=0 \tag{3.4}$$

最大化问题的解是上述关于 c_1、c_2 和 λ 的联立方程的解,且可以用 p_1、p_2 和 Y 来表示。式(3.4)是原始的预算约束条件。式(3.2)和式(3.3)表明,在最优选择下,消费者在每种商品上花费的一美元的边际效用必须等于收入的边际效用,或者说,消费者购买最后一

---

[1]　当消费者对两种商品的偏好具有非饱和性时,就会存在内点解。

[2]　为了简洁起见,我们在介绍最优化问题时省略了 max 或 min 语句,因为联系上下文来看它是显而易见的。

单位商品所产生的效用的货币价值必须等于其价格。[①]基于一阶条件[式(3.2)和式(3.3)]，我们可以消除 λ：

$$\frac{\partial U/\partial c_1}{\partial U/\partial c_2}=\frac{p_1}{p_2} \tag{3.5}$$

式(3.5)表示的是收入消费曲线，该曲线描述了在商品价格保持不变的情况下，随着消费者收入水平的变动，消费者均衡点变动的轨迹。式(3.5)表明，在最优消费点时，消费者的无差异曲线始终与预算约束线相切。通过联立式(3.4)和式(3.5)来求解最优消费点，可得到马歇尔需求函数。将马歇尔需求函数代入效用函数可以得到间接效用函数，该间接效用函数是价格和收入的函数。

为了求解上述问题，可以采用图 3.1 进行分析。如图所示，消费决策的最优解在点 $(c_1^*，c_2^*)$ 处，该点位于消费者可以达到的最高无差异曲线（标记为 U^*）上。无差异曲线 U^* 与预算约束线在点 $(c_1^*，c_2^*)$ 处相切。

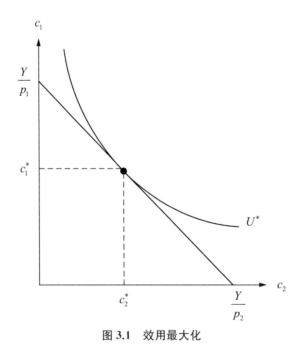

图 3.1　效用最大化

3.2　示例

假定消费者的效用函数满足柯布-道格拉斯(Cobb-Douglas)形式 $U=\alpha c_1^{\beta}c_2^{1-\beta}$，其中，$0<\beta<1$。为了求解这一特殊情形下的消费者效用最大化问题，我们可以构建拉格朗日

---

①　约束条件的影子价格的含义为，约束条件放松时目标值的增量变化。因此，如果允许选择变量不断调整到最优解，影子价格表示的是约束条件每放宽一单位时，最优解的增量变化。此时，如果以效用价格基准(numéraire)来度量收入的影子价格，则收入的影子价格将等于收入的边际效用。关于拉格朗日函数的基本逻辑，以及将拉格朗日乘子解释为影子价格的讨论，可参见附录 A。

函数：

$$\mathcal{L}=\alpha c_1^{\beta}c_2^{1-\beta}+\lambda\left[Y-p_1c_1-p_2c_2\right] \tag{3.6}$$

将拉格朗日函数分别对消费和 λ 求偏导，可以得到消费者效用最大化问题的一阶条件：

$$\partial\mathcal{L}/\partial c_1=\alpha\beta c_1^{\beta-1}c_2^{1-\beta}-\lambda p_1=0 \tag{3.7}$$

$$\partial\mathcal{L}/\partial c_2=\alpha c_1^{\beta}(1-\beta)c_2^{-\beta}-\lambda p_2=0 \tag{3.8}$$

$$\partial\mathcal{L}/\partial\lambda=Y-p_1c_1-p_2c_2=0 \tag{3.9}$$

利用式(3.7)和式(3.8)消除 λ 后可得：

$$p_1c_1=\frac{\beta}{1-\beta}p_2c_2 \tag{3.10}$$

由式(3.9)可以得到：

$$p_2c_2=Y-p_1c_1 \tag{3.11}$$

通过联立求解式(3.10)和式(3.11)，可以得到马歇尔需求函数：

$$c_1=\beta Y/p_1 \tag{3.12}$$

$$c_2=(1-\beta)Y/p_2 \tag{3.13}$$

基于上述结果，我们可以构建间接效用函数，从而计算效用水平。

3.3 集合符号

我们的下一个任务是在 GAMS 中将上述问题模型化。首先，我们会使用集合符号来重新描述上述问题。GAMS 是一种基于集合的编程语言，它允许我们随意构建任意维度的模型。当然，在 GAMS 语言环境中，我们也可以采用标量来构建模型，但这将意味着巨大的编程工作量。

在消费者选择问题中，基本集合是消费者可选择的商品集合 $\mathbf{I}=\{1,\ 2\}$。此时，我们可将马歇尔需求函数简写为：

$$c_i=\beta_i Y/p_i \quad \forall\,i\in\mathbf{I}$$

该表达式与式(3.12)和式(3.13)是等价的。请注意，此时的指数 β_i 是独立的，如果我们希望该式与式(3.12)和式(3.13)完全等价，还需要满足条件 $\sum\limits_{\forall i\in\mathbf{I}}\beta_i=1$。效用函数也可以改写为如下形式：

$$U=\alpha\prod_{\forall i\in\mathbf{I}}c_i^{\beta_i}$$

上述模型的表达形式十分简洁，且更容易进行拓展。例如，如果我们打算在模型中考虑更多种类的商品，只需要在集合 $\mathbf{I}$ 中添加新的商品元素即可。在今后的 GAMS 程序中，我们都会采用上述集合表达的形式。

3.4 模型在 GAMS 中的实现

现在让我们考虑一下如何用 GAMS 语言来准确地表达上述问题。如上文所述，在 GAMS 中可以使用集合表达的形式，通过使用集合而非标量就可以节省大量的编程时间。因此，我们的首要任务是创建一个对商品进行索引的集合：

SET I Goods / 1,2 / ;

在 GAMS 中，关键词 SET(对大小写不敏感)后面是集合的名称 I、可选的描述性语句，以及用正斜杠括起来并用逗号进行分隔的集合元素。集合元素的命名也可以是任意的。SET 命令以分号结束。

接下来，我们需要为模型中所有的参数和外生变量定义名称，同时，还将为内生变量的初始值定义参数名：

PARAMETERS

ALPHA   Shift parameter in utility

BETA(I)   Share parameters in utility

Y   Income

P(I)   Prices

U0   Initial utility level

C0(I)   Initial consumption levels;

在 GAMS 中，关键词 PARAMETER 表示任何取固定值的参数。PARAMETER 后面紧跟着一系列的参数名及可选的描述性语句。在参数名的结尾，我们用一个分号来结束 PARAMETER 命令。请注意我们在参数 BETA、P 和 C0 的定义中是如何使用集合 I 的。通过定义，我们告诉 GAMS，BETA 将从 I 的所有元素中取值，此时 BETA 将有两个取值。在我们使用集合 I 来命名参数之前，必须对集合 I 本身进行定义。在创建了参数名之后，我们就可以给参数进行赋值：

P(I) = 1;

Y = 100;

C0(I) = 50;

U0 = Y;

BETA(I) = P(I) * C0(I)/Y;

ALPHA = U0/ PROD(I,C0(I) ** BETA(I));

PROD 表示乘积运算符，* 表示相乘，** 表示求幂运算。PROD 命令的使用格式为 PROD 后紧跟着左括号，然后是计算乘积的索引、一个逗号和表达式，最后是右括号。每个参数赋值都是一个单独完整的语句，且语句的最后会紧跟着一个分号。

当我们对上述参数进行赋值时，所有索引匹配项都被进行了赋值。因此，在上述代码中，第一行表示将所有商品的价格标准化为 1。如果我们想给不同的商品赋不同的值，我们可以精确地设定期望的数值。例如，P('1') = 1 命令仅会将商品 1 的价格设为 1。请留意我们随后是如何给其他参数进行赋值的。由于所有商品的价格都被设为 1，如果我们设置 Y = 100,那么,消费量的总和将满足等于 100 的条件,否则就会违反预算约束条件。另外还需注意到,我们可以使用先前定义的值进行后续的赋值。在模型中,对效用的赋值可以是任意的,其原因在于,效用水平是序数而非基数。出于便利考虑,我们将效用水平设为与 Y 相等的值(即 100)。类似地,我们会基于需求函数来确定 BETA(I) 的一致估计值,同时,通过效用函数来估计 ALPHA 的取值。基于初始均衡水平来求解参数的过程被称为模型的校准(calibration)。从数学上讲,首先通过求解模型来确定参数值似乎很奇怪,毕竟 GAMS 能够在任何给定参数情形下求解模型的最优解。但是,在实际建模过程中,我们通常希望复制一个特定的经济系统,因此,这个特定经济系统的解我们是知道的。此时,我们不知道的往往是模型中的参数。当然,我们可以手工计算 BETA 和 ALPHA 的数值并将其输入模型中,但用 GAMS 进行计算将会更容易。尤其是当我们还打算改变模型的基础数据时,使用 GAMS 进行计算将为建模节省大量宝贵的时间。

我们的下一个任务是为变量指定名称:

```
VARIABLES
U            Utility level
C(I)         Consumption levels;
```

这与 PARAMETERS 语句非常相似:关键词 VARIABLES 的后面紧跟着一系列的变量名(有些变量会进行索引)及变量说明。由于变量的值通常是由模型解来确定的,因此我们无法像参数那样为变量进行赋值。但在 GAMS 中,我们可以给这些变量的起始点进行赋值,通常我们会将计算出来的初始值作为变量的水平值:

```
U.L = UO;
C.L(I) = CO(I);
```

水平值赋值的格式为变量名,后跟.L(表示水平值),然后跟具体的数值(该数值可以是数字,也可以是先前定义的参数值)。[1]上述赋值定义了 GAMS 寻找最优解时内生变量的起始点。如果校准正确,GAMS 很快就可找到最优解。同样,我们还可以为变量的取值设置上界或下界:

```
C.LO(I) = 0;
```

设置上界或下界的格式与设置水平值的格式类似,即变量名后紧跟着.LO(表示下界)。设置上界的格式是类似的,使用.UP。后缀名.FX 表示固定变量的取值(等价于将上界和下界设置为相同值)。上述语句告诉 GAMS,消费的取值不能小于 0,从而限制了 GAMS 寻找最优解的取值范围。[2]只要有可能,在建模时都应基于经济逻辑对变量的取值范围施加限制。请注意,此处并未对效用 U 的取值施加约束。原因在于,效用值是我们的优化目标,即它必须能够取任何值。

给模型中方程命名的方式与参数、变量的命名方式相同,我们可以使用描述性的

---

① 建议读者培养给变量定义初始值的习惯。原因在于,一组接近于真实解的初始值将有助于求解算法快速搜寻最优解。此外,在默认设置下,如果不给变量赋予初始值,则 GAMS 程序会将变量的初始值默认设为 0。此时,如果模型中出现在 0 值上无定义的运算(例如,分母为 0),程序就会报错。

② 在通常情况下,模型中相关变量的下限为 0。在设置下限为 0 时,GAMS 提供了一个快捷的方法。在进行变量的声明时,通过 POSITIVE VARIABLE 命令就可以自动将变量的下限设为 0。

名称：

EQUATIONS

UTILITY   Utility function

DEMAND(I)   Demand functions;

关键词 EQUATIONS 的后面跟着一系列的方程名(有些方程会进行索引)及可选的描述性语句。该语句的结尾以分号结束。接下来,我们根据已有的变量和参数来定义方程:

UTILITY..U = E = ALPHA * PROD(I,C(I) ** BETA(I));

DEMAND(I)..C(I) = E = BETA(I) * Y / P(I);

上述代码是上一节推导的效用函数和马歇尔需求函数的 GAMS 等价形式。方程名的后面跟着..,然后是表达式。= E = 的含义是该表达式是一个等式。

在最后一个阶段,我们需要在 GAMS 中定义模型所包含的方程。在本例中,模型包含了所有的方程。随后,我们就可以对模型进行求解:

MODEL UMAX / ALL/;

SOLVE UMAX USING NLP MAXIMIZING U;

上述第一条语句的含义是,我们所定义的名为 UMAX 的模型中包含了所有的方程(换言之,这条语句等价于 MODEL UMAX / UTILITY,DEMAND /)。在定义模型时,有时将方程单独列出来是有帮助的,例如,我们有时需要在相同的基本模型结构下进行略微不同的设定。定义模型的格式是关键词 MODEL 后面紧跟着一个可任意定义的模型名称,然后,我们在正斜杠之间定义模型中所包含的方程(或是使用关键词 ALL),这些方程需要用逗号进行分隔。第二行代码的含义是我们用非线性规划来求解(SOLVE)该模型,从而使效用 U 最大化。在定义模型时,目标值必须是一个不受约束的标量。在我们设置的模型中,方程数与变量数是相同的,因此,目标值的选择是任意的。

本模型的完整程序见表 3.1,该程序可通过 RePEc 网站进行下载。GAMS 编译器会识别文本中的所有命令,从而运行该模型。在 GAMS 程序中,以 * 开头的行是解释性的,在编译时这些以 * 开头的内容会被 GAMS 忽略。模型的结果应该能够复制出我们设定的原始均衡状态。

现在,我们已经建立了第一个简单的数值模拟模型。如果我们认为模型输出的结果是正确的,那么,就可以通过改变参数值和外生变量,并通过执行 SOLVE 命令来模拟分析经济形势变化的各种影响。例如,我们可以在第一个 SOLVE 语句之后增加如下代码:

Y = Y * 1.1;

SOLVE UMAX USING NLP MAXIMIZING U;

当我们再次运行该模型时,我们就可以得到收入增加 10% 的经济影响。如果我们连续改变 Y 的取值,并且在每个 Y 的最新赋值后执行一次 SOLVE 语句,我们就可以构造出收入变动如何影响效用水平和消费的完整画面。①通过改变模型中的其他参数或外生变量并观察最优解的变动,我们便能够在效用最大化的假设下,了解不同偏好时消费者

---

① 我们会在第 8 章中看到,通过循环语句的使用,GAMS 可以非常高效地实现这一操作。GAMS 还可以直接将结果输出到 Excel 表格中,而这对于绘制图表是非常有帮助的。更多的详细信息可以在附录 B 中找到。

的行为特征。

表 3.1　效用最大化的 GAMS 程序

```
* Define the indexes for the problem
SET I Goods / 1,2/ ;

* Create names for parameters
PARAMETERS
ALPHA            Shift parameter in utility
BETA(I)          Share parameters in utility
Y                Income
P(I)             Prices
UO               Initial utility level
CO(I)            Initial consumption levels;

* Assign values to the parameters
P(I) = 1;
Y = 100;
CO(I) = 50;
UO = Y;
BETA(I) = P(I) * CO(I)/ Y;
ALPHA = UO/ PROD(I,CO(I) ** BETA(I));

* Create names for variables
VARIABLES
U                Utility level
C(I)             Consumption levels;

* Assign initial values to variables, and set lower bounds
U.L = UO;
C.L(I) = CO(I);
C.LO(I) = 0;

* Create names for equations
EQUATIONS
UTILITY          Utility function
DEMAND(I)        Demand functions;

* Assign the expressions to the equation names
UTILITY..U = E = ALPHA * PROD(I,C(I) ** BETA(I));
DEMAND(I)..C(I) = E = BETA(I) * Y/ P(I);

* Define the equations that make the model, and solve
MODEL UMAX / ALL/ ;
SOLVE UMAX USING NLP MAXIMIZING U;
```

3.5　练习题

（1）a.如果将商品 1 的价格提高 10％，会出现什么结果？ b.如果将两种商品的价格同时提高 10%,会出现什么结果? c.如果收入水平增加 10%,会出现什么结果? 关于效用函数所描述的消费者对商品的感知,你得出了什么结论? d.如果所有价格和收入同时增加 10%,会出现什么结果? 请仔细考察相关结果,这些结果是否与你的直觉一致? 一个调试程序的好方法是,比较 GAMS 模拟的结果与你根据理论知识推演的结果是否一致。

(2) 改变 ALPHA 的数值是否会改变模型的结果? 如果会,原因是什么? 如果不会,原因又是什么? 如果你把效用函数替换为 $U=\ln \alpha+\beta\ln c_1+(1-\beta)\ln c_2$,模型的结论是否会改变?

(3) 现在,让我们抛开效用最大化问题,去尝试构建支出最小化问题的 GAMS 模型。也就是说,我们需要在给定效用水平 $\bar{U}=U(c_1, c_2)$ 的前提下实现支出水平 $E=p_1c_1+p_2c_2$ 的最小化。通过对这一问题进行求解,就可以得到希克斯需求函数 $c_1(p_1, p_2, \bar{U})$、$c_2(p_1, p_2, \bar{U})$,以及支出函数 $E(p_1, p_2, \bar{U})$。其中,支出函数描述了实现目标效用水平时的最小支出。请思考,如果你用从效用最大化问题中得到的效用作为目标效用来求解该问题,你会发现什么?

(4) 要描述经济环境变化所导致的效用变化,通常可使用货币单位计量的指标。为了度量效应的变化,我们可以使用等价变化(equivalent variation,EV)和补偿变化(compensating variation,CV)指标。EV 被定义为 $E(p_1^0, p_2^0, U^1)-E(p_1^0, p_2^0, U^0)$,CV 被定义为 $E(p_1^1, p_2^1, U^1)-E(p_1^1, p_2^1, U^0)$。其中,上标 0 表示初始值,上标 1 表示变化后的值,$E(.)$ 为支出函数。请尝试在 SOLVE 语句之后将 EV 和 CV 的计算添加到模型中。(提示:你可以使用变量名后加 .L 的方式来获得模型求解后的变量水平值。在第 3.2 节中,将马歇尔需求函数代入效用函数,就可以得到间接效用函数。进一步对间接效用函数进行调整,并将收入或支出放在左边,就可以得到支出函数。)

(5) 柯布-道格拉斯效用函数的优点是使用方便,缺点是约束太多。其他一些灵活的效用函数包括常数替代弹性(constant elasticity of substitution,CES)效用函数、斯通-吉尔里(Stone-Geary)效用函数、超越对数(translog)效用函数。CES 函数的形式为 $U=\alpha[\beta c_1^\rho+(1-\beta)c_2^\rho]^{1/\rho}$,其中,$\rho$ 为与消费替代弹性相关的自由(无约束)参数[请验证一下,替代弹性等于 $1/(1-\rho)$]。随着 $\rho\to0$,CES 函数将收敛为柯布-道格拉斯函数;当 $\rho=1$ 时,CES 变为线性函数;当 $\rho\to-\infty$,CES 函数将收敛为里昂惕夫(min)函数。斯通-吉尔里效用函数的形式为 $U=\alpha(c_1-\gamma_1)^\beta(c_2-\gamma_2)^{1-\beta}$。其中,参数 γ 是不受约束的,可以被视为基本生存消费量。如果给定收入的边际效用,参数 γ 可以通过需求的收入弹性值进行校准。超越对数效用函数的形式为 $U=\ln\alpha+\beta_1\ln c_1+\beta_2\ln c_2+\beta_{11}(\ln c_1)^2+\beta_{22}(\ln c_2)^2+\beta_{12}(\ln c_1\ln c_2)$。其中,参数 β 是无约束的,该函数形式很容易通过计量经济学方法进行估计。然而,超越对数效用函数并不满足全局凸性。请尝试使用上述函数形式来度量效用水平,并构建相应的模拟模型。

3.6 拓展阅读

本章中讨论的大多数内容都可以从中级微观经济学的教材中找到,如 Perloff(2011)

或 Varian(2009)。如果读者想了解更深入但仍然容易理解的讨论,请参见 Varian(1992)。Varian(1992)介绍了本章练习题 4 中描述的货币度量的效用函数,并详细介绍了如何使用各种形式的效用函数,如柯布-道格拉斯效用函数、CES 效用函数。关于经济学中最优化问题(尤其是拉格朗日方法及其扩展)的介绍,请参见 Dixit(1990)。

成本最小化

在本章中,我们将探讨企业的最优化问题。从数学上来说,企业的优化问题与消费者选择问题非常类似。给定产出水平,企业会在技术约束条件下追求投入成本最小化。尽管在微观经济学中这是非常常见的问题,但理解如何在 GAMS 中对该问题进行数值模拟,将有助于我们掌握 GAMS 编程的基本技能,并为后续章节介绍经济系统的生产侧建模奠定基础。在本章中,我们将介绍和使用 CES 生产函数。这种函数形式在数值模型中被广泛使用。

4.1 问题的表述

假定企业使用劳动力(L)和资本(K)两种生产要素,并为此支付要素的市场价格 w 和 r。企业的技术约束用生产函数 $q=q(K, L)$ 来表示。此生产函数代表了投入和最大产出之间的关系,该函数假定满足连续和要素报酬递减的特征。如果企业的目标是在给定产出水平时最小化支出,那么,就可以通过构建如下拉格朗日函数来求解这一受约束的最优化问题:

$$\mathcal{L}=rK+wL+\lambda[\bar{q}-q(K, L)] \tag{4.1}$$

其中,λ 为产出的影子价格(边际成本),在完全竞争的均衡状态下等于产出价格。它代表了当外生给定的产出约束 $\bar{q}$ 增加一单位时,目标值(成本)的变化量。将拉格朗日函数分别对要素投入、拉格朗日乘子求偏导,可以得到成本最小化问题的一阶条件:

$$\partial\mathcal{L}/\partial K=r-\lambda\partial q/\partial K=0 \tag{4.2}$$

$$\partial\mathcal{L}/\partial L=w-\lambda\partial q/\partial L=0 \tag{4.3}$$

$$\partial\mathcal{L}/\partial\lambda=\bar{q}-q(K, L)=0 \tag{4.4}$$

前两个条件表明,要素价格必须等于边际产出价值。第三个条件刻画了生产约束,即最优要素投入需要在给定生产函数的情形下实现产量目标。成本最小化问题的最优解就是上述三个关于 K、L、λ 的方程的联立解。要素投入的最优解可以用 w、r、$\bar{q}$ 来表示。利用式(4.2)和式(4.3)可消除 λ,从而有:

$$\frac{\partial q/\partial L}{\partial q/\partial K}=\frac{w}{r} \tag{4.5}$$

式(4.5)描述了扩张路径(生产扩张线)。生产扩张线是在假定生产要素价格不变的情形下,企业的等产量线与等成本线的切点所形成的轨迹。其含义为,在最优解处,企业把最后一块钱花在资本或劳动力上是没有区别的。通过求解式(4.4)和式(4.5),就可以得到要素需求函数。以此为基础,我们可以通过将要素需求函数代入目标函数来求解支出水平,从而得到成本函数。成本函数描述了给定要素价格和产出水平时的最低生产成本。

关于成本最小化问题的图示见图 4.1。标记为 $\bar{q}$ 的等产量线表示能够生产出目标产量的要素投入的所有组合点。如图所示,企业的最优要素投入为位于最低等成本线上的 (K^*, L^*),此时,生产的总成本为 C^*。

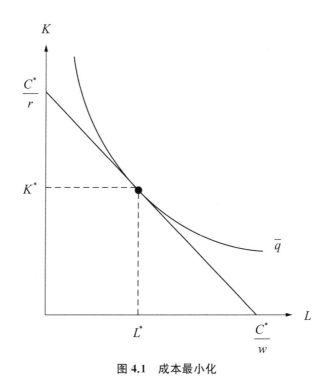

图 4.1 成本最小化

4.2 示例

假定该企业的技术可以用 CES 生产函数 $q=\gamma[\delta K^\rho+(1-\delta)L^\rho]^{1/\rho}$ 来描述,其中,$\rho\leqslant 1$ 且 $\rho\neq 0$。在本书中,CES 函数形式被广泛应用于各种情景的模拟模型中,因此,我们仔细研究 CES 函数是非常值得的。可以注意到:当 $\rho\to 0$ 时,CES 函数与柯布-道格拉斯生产函数等价;当 $\rho=1$ 时,CES 函数变为线性生产函数(此时,要素投入之间是完全替代的关系);当 $\rho\to -\infty$ 时,CES 函数等价于里昂惕夫生产函数(此时,要素投入之间是完全互补的关系)。针对企业受约束的最优化问题,我们可以构建如下拉格朗日函数:

$$\mathscr{L}=rK+wL+\lambda\left[\bar{q}-\gamma[\delta K^\rho+(1-\delta)L^\rho]^{1/\rho}\right] \tag{4.6}$$

将拉格朗日函数分别对 K、L、λ 求偏导可得到最优化问题的一阶条件:

$$\partial \mathscr{L}/\partial K = r - \lambda q [\delta K^{\rho} + (1-\delta)L^{\rho}]^{-1}\delta K^{\rho-1} = 0 \tag{4.7}$$

$$\partial \mathscr{L}/\partial L = w - \lambda q [\delta K^{\rho} + (1-\delta)L^{\rho}]^{-1}(1-\delta)L^{\rho-1} = 0 \tag{4.8}$$

$$\partial \mathscr{L}/\partial \lambda = \bar{q} - \gamma [\delta K^{\rho} + (1-\delta)L^{\rho}]^{1/\rho} = 0 \tag{4.9}$$

利用式(4.7)和式(4.8),可以消除 λ:

$$K = \left[\frac{1-\delta}{\delta} \cdot \frac{r}{w}\right]^{\frac{1}{\rho-1}} L \tag{4.10}$$

式(4.10)即为生产扩张线。变换式(4.9)可以得到:

$$\delta K^{\rho} + (1-\delta)L^{\rho} = [\bar{q}/\gamma]^{\rho} \tag{4.11}$$

通过求解式(4.10)和式(4.11),可以得到要素需求函数:

$$K = \frac{\bar{q}\delta^{\sigma}r^{-\sigma}}{\gamma \left[(\delta r^{-\rho})^{\sigma} + ((1-\delta)w^{-\rho})^{\sigma}\right]^{\frac{1}{\rho}}} \tag{4.12}$$

$$L = \frac{\bar{q}(1-\delta)^{\sigma}w^{-\sigma}}{\gamma \left[(\delta r^{-\rho})^{\sigma} + ((1-\delta)w^{-\rho})^{\sigma}\right]^{\frac{1}{\rho}}} \tag{4.13}$$

其中,$\sigma = 1/(1-\rho)$ 为要素替代弹性,即在技术水平和投入价格不变的条件下,要素投入比例的相对变动与要素价格比例(或边际技术替代率)的相对变动之比。从几何角度来看,要素替代弹性衡量的是等产量线的曲率。在得到上述表达式以后,我们就可以推导出成本函数。

4.3 集合符号

与上一章类似,接下来的任务是使用索引方法将模型转换为更易于在 GAMS 中编程的形式。令要素集合 $\mathbf{J}=\{K,L\}$,我们可以将要素需求表示为 F_j,将要素价格表示为 r_j。采用上述符号,我们可以将要素需求简洁地写成:

$$F_j = \frac{\bar{q}\delta_j^{\sigma}r_j^{-\sigma}}{\gamma \left[\sum_{\forall k \in \mathbf{J}} (\delta_k r_k^{-\rho})^{\sigma}\right]^{\frac{1}{\rho}}} \quad \forall j \in \mathbf{J}$$

此式与式(4.12)和式(4.13)是等价的。需要留意的是,上述表达式分母中的加总是在 k 上定义的,而非 j。这样处理的原因在于,该表达式给集合 $\mathbf{J}$ 中的每个元素都定义了一个要素需求方程,而在同一条语句中,我们不能让 j 既表示单个元素,又表示多个元素。* 此时,支出函数可以改写为:

$$E = \sum_{\forall j \in \mathbf{J}} r_j F_j$$

在 GAMS 程序中,我们会采取上述模型形式来构建模型。

---

* 如果加总是在 j 上定义的,则此时 j 表示多个元素。——译者注

4.4 模型在 GAMS 中的实现

本章成本最小化问题的实现与第 3 章讨论的效用最大化问题非常相似,其完整的代码如表 4.1 所示。首先,我们需要定义一个包含所有生产要素的集合 J。然后,我们用 ALIAS 命令来定义另一个名为 JJ 的集合,该集合与集合 J 拥有完全相同的元素。[①]

表 4.1 成本最小化问题的 GAMS 程序

```
SET J Factors / K,L / ;
ALIAS(J,JJ);

PARAMETERS
GAMMA            Shift parameter in production
DELTA(J)         Share parameters in production
RHO              Elasticity parameter in production
Q                Output level
R(J)             Factor prices
EO               Initial expenditure
FO(J)            Initial factor use levels;

R(J) = 1;
Q = 100;
FO(J) = 50;
EO = SUM(J,R(J) * FO(J));
RHO = 0.1;
DELTA(J) = (R(J)/ FO(J) ** (RHO - 1))/(SUM(JJ,R(JJ)/ FO(JJ) ** (RHO - 1)));
GAMMA = Q/(SUM(J,DELTA(J) * FO(J) ** RHO)) ** (1/ RHO);

VARIABLES
E                Expenditure level
F(J)             Factor use levels;

E.L = EO;
F.L(J) = FO(J);
F.LO(J) = 0;

EQUATIONS
EXPENDITURE      Expenditure function
FDEMAND(J)       Factor demand functions;

EXPENDITURE..E = E = SUM(J,R(J) * F(J));
FDEMAND(J)..F(J) = E = Q * DELTA(J) ** (1/(1 - RHO)) * R(J) ** ( -1/(1 - RHO))/(GAMMA * SUM(JJ,
(DELTA(JJ) * R(JJ) ** ( - RHO)) ** (1/(1 - RHO))) ** (1/ RHO));

MODEL PRODUCTION / ALL/ ;
SOLVE PRODUCTION USING NLP MINIMIZING E;
```

① ALIAS 命令的使用是必要的。原因在于,在定义要素需求方程时,需要同时在集合 J 上进行索引和加总。关于 ALIAS 命令的详细介绍,请参见附录 B。

接下来,我们通过校准对各种参数、外生变量和内生变量的初始值进行定义和赋值。首先,我们把产量设为100单位,投入要素的价格设为1,要素需求设为50单位。然后,我们将支出的初始值定义为初级生产要素报酬的加总。在上述代码中,SUM命令是求和运算符,该命令的格式与PROD命令基本相同。RHO为自由参数,并且通常可设为小于1的数。通过求解式(4.10),我们可以得到DELTA的表达式,然后利用生产函数就可以校准GAMMA参数。请自行核对上述校准的计算公式。请留意一下,在校准DELTA参数的表达式的分母中,进行加总运算时使用的索引集为JJ。其原因与上一节中使用k而不是j的原因相同。[①]随后,我们会定义变量名,并设置变量的初始值和取值边界,这一过程与消费者选择问题的示例大体相同。在本例中,支出水平是本研究问题的目标,并且是不受约束的。

随后,采用上一节中的符号形式,我们设置方程名,并定义方程。请注意,要素需求函数的表达式非常长,且占据多行的空间。在GAMS中,我们用分号表示表达式的结束,换言之,我们可以在方程定义的任何适当位置自由换行。

最后,我们会定义模型并通过测试求解来检验模型校准的正确性。一旦确认了模型校准的准确性,你就可以对模型进行各种模拟实验:首先,更改参数和外生变量;然后,重新求解模型;最后,观察模型的最优解相对初始最优解的变动情况。在下面的练习中,可以找到一些相关建议。

4.5 练习题

(1) 如果劳动力价格上升了10%,请问企业的要素投入决策会如何变化? 此时,最低支出水平会发生什么变化?

(2) 如果劳动力和资本的价格同时上升了10%,企业的要素投入决策会如何变化? 最低支出水平会如何变化?

(3) 本例中的生产函数是否呈现规模报酬不变的特征? 你能设计一个实验来验证你的判断吗?

(4) GAMMA参数的增加意味着什么?

(5) 对于给定的要素价格冲击,当我们改变RHO参数的大小时,会如何影响上述冲击的结果? 如果令RHO参数等于0,情形又会如何?

(6) 请采用柯布-道格拉斯生产函数 $q = \gamma K^{\delta} L^{1-\delta}$,并以此为基础来构建一个成本最小化问题的模型。请对该模型进行校准,从而复制出与示例中初始值相同的结果。在此基础上,请验证当RHO被设置为接近0的数值时,该模型模拟经济冲击的影响大小将与示例模型高度接近。

(7) 与消费者选择问题类似,我们也可以为企业成本最小化问题设定一个对偶问题(dual problem)。请尝试构建如下模型:在给定总支出水平的前提下,描述企业如何选择要素投入从而实现总产出的最大化。如果我们将支出水平设置为本章初始问题中得到的

---

① 请尝试将K修改为J,然后查看GAMS提示的错误信息。

最小支出值,会出现什么情况?

4.6　拓展阅读

与第 3 章类似,本章中的大部分内容读者可能都很熟悉。本章讨论的内容在中级微观经济学教科书［如 Perloff（2011）、Varian（2009）］或更高级的微观经济学教科书（Varian,1992）中都有所涉及。

▶ 5

长期生产决策

我们已经讨论了消费者和企业的基本问题,现在我们转向考虑一个更为复杂的问题——跨行业的资源配置。在接下来的章节中,我们会深入讨论这一议题。首先,假设在完全竞争市场中存在着两个生产部门。在完全竞争的假设条件下,行业中企业的数量是无关紧要的,因为所有企业是价格的接受者且具有规模报酬不变的特征。因此,我们可以考虑两个具有代表性的企业的生产决策问题。假定两家企业同时从共同的要素市场上雇用劳动力和获得资本,而资本和劳动力的供给固定不变。在投入和产出价格给定的情形下,两家企业都会试图根据现有的生产技术来实现利润最大化的目标。如果资本和劳动力可以在行业间完全自由流动,我们便可以构建生产的赫克歇尔-俄林-萨缪尔森(Heck-scher-Ohlin-Samuelson,HOS)模型。该模型是标准贸易理论中最为重要的模型之一。

5.1 问题的表述

长期生产决策问题可以采用不同的方式进行表述。在本章中,我们将仅考虑经济体的生产侧。在后面的章节中,我们将逐步考虑并引入需求侧。长期生产决策问题考虑的是,在资源禀赋受到约束和给定商品价格的情形下,如何选择要素禀赋在不同行业间的配置从而实现总产出价值(GDP)的最大化。[①]上述问题的拉格朗日函数如下:

$$\mathcal{L} = p_1 q_1(K_1, L_1) + p_2 q_2(K_2, L_2) + \lambda[\bar{K} - K_1 - K_2] + \mu[\bar{L} - L_1 - L_2] \quad (5.1)$$

其中,$\bar{K}$ 和 $\bar{L}$ 分别表示资本和劳动力的要素禀赋。假定生产函数满足新古典主义经济理论的性质,如规模报酬不变。资源约束条件意味着,资源的总使用量必须等于固定的要素禀赋;此外,资源约束条件还隐含着生产要素可在不同行业间自由流动的假设。

取拉格朗日函数关于要素投入和拉格朗日乘子的偏导,能得到长期生产决策问题的一阶条件:

$$\partial\mathcal{L}/\partial K_1 = p_1 \partial q_1/\partial K_1 - \lambda = 0 \quad (5.2)$$

$$\partial\mathcal{L}/\partial L_1 = p_1 \partial q_1/\partial L_1 - \mu = 0 \quad (5.3)$$

---

① 虽然这看起来似乎是一个社会规划问题,实际上的确可以这样看待,但没有必要这样处理。如果不存在要素市场的扭曲,同时给定要素禀赋及完全竞争的市场状态,市场会在既定产出价格下实现产值的最大化。

$$\partial \mathscr{L}/\partial K_2 = p_2 \partial q_2/\partial K_2 - \lambda = 0 \qquad (5.4)$$

$$\partial \mathscr{L}/\partial L_2 = p_2 \partial q_2/\partial L_2 - \mu = 0 \qquad (5.5)$$

$$\partial \mathscr{L}/\partial \lambda = \bar{K} - K_1 - K_2 = 0 \qquad (5.6)$$

$$\partial \mathscr{L}/\partial \mu = \bar{L} - L_1 - L_2 = 0 \qquad (5.7)$$

在本模型中,拉格朗日乘子 λ 和 μ 分别表示资本和劳动力的影子价格。上述影子价格表示当外生给定的资源供给增加一单位时,目标值(产出价值)的边际增量。因此,λ 和 μ 是用市场价值价格基准来度量的影子价格,或者更简单地说是用市场价格来衡量的影子价格。在完全竞争市场均衡的情形下,资本和劳动力的影子价格将等于要素价格 r 和 w。因此,式(5.2)和式(5.3)的含义与上一章式(4.2)和式(4.3)相同。它们表明,工资(租金)必须等于劳动力(资本)边际产出价值。[①]式(5.4)和式(5.5)是第二个行业的一阶条件,其含义与第一个行业类似。式(5.6)和式(5.7)为模型的资源约束条件。联立上述六个方程就可以得到要素价格(拉格朗日乘子),以及要素投入的最优配置。随后,通过生产函数可以计算得到相应的产出水平。[②]重新整理式(5.2)—式(5.5)可以得到:

$$\frac{\partial q_1/\partial L_1}{\partial q_1/\partial K_1} = \frac{\partial q_2/\partial L_2}{\partial q_2/\partial K_2} = \frac{w}{r} \qquad (5.8)$$

该式的含义是,两个行业的等产量线在最优解处是相切的。上述表达式实际上还定义了最优效率轨迹,即实现了生产帕累托有效的要素投入配置的轨迹。

图 5.1 为上述生产决策问题的埃奇沃斯盒状图。盒子的尺寸表示资本和劳动力的禀

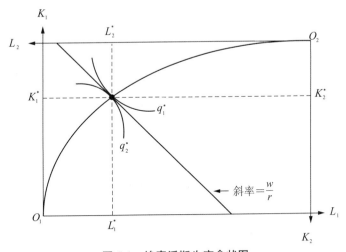

图 5.1 埃奇沃斯生产盒状图

---

① 为了理解这一点,可以回顾式(4.2)和式(4.3),其中,拉格朗日乘子 λ 被解释为价格 p。

② 此时,我们假设存在内点解。在这个特定问题中,只有当资本与劳动力要素禀赋的比值介于每个行业最优资本与劳动力比率(要素密集度比率)之间时,才会存在内点解。如果该条件不满足,则最优解时将只会生产一种产品。当要素密集度不发生逆转时,解是唯一的。换句话说,每种商品相同产值对应的等产量线应该只会相交一次。如果使用 CES 生产函数且每个部门的弹性不同,就会违背后一个条件。

赋。最优解位于连接两个起始点的最优效率轨迹上。位于效率轨迹上的所有点都是有效率的,而最优解取决于两种商品的相对价格。如图 5.1 所示,最优解为(K_1^*, L_1^*)、(K_2^*, L_2^*)和(q_1^*, q_2^*)。其中,行业 1 是资本密集型行业。在最优产出水平时,与两个等产量线同时相切的直线的斜率绝对值为劳动力的相对价格(即 w/r)。

联立式(5.2)和式(5.4),或式(5.3)和式(5.5),同时由式(5.6)和式(5.7)可得$\partial K_1 = -\partial K_2$、$\partial L_1 = -\partial L_2$,综合变换后可得:

$$\frac{\partial q_1}{\partial q_2} = -\frac{p_2}{p_1} \tag{5.9}$$

该式的含义为,为了在给定商品价格时使总产出价值最大化,产品的边际转换率(即生产可能性边界的斜率)必须等于(负的)价格比率,如图 5.2 所示。①

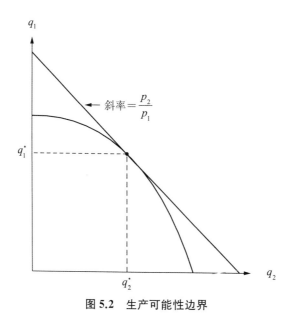

图 5.2　生产可能性边界

5.2　示例

假定两家代表性企业的生产技术满足第 4 章中介绍的 CES 函数形式,那么长期生产决策问题的拉格朗日函数如下:

$$\mathcal{L} = p_1\gamma_1[\delta_1 K_1^{\rho_1} + (1-\delta_1)L_1^{\rho_1}]^{1/\rho_1} + p_2\gamma_2[\delta_2 K_2^{\rho_2} + (1-\delta_2)L_2^{\rho_2}]^{1/\rho_2}$$
$$+ r[\bar{K} - K_1 - K_2] + w[\bar{L} - L_1 - L_2] \tag{5.10}$$

在完全竞争市场假设条件下,拉格朗日乘子表示的是要素价格,故在式(5.10)中,我们直接使用更合适的符号(即 r 和 w),而未使用希腊字母 λ 和 μ。对拉格朗日函数中的 K_1、L_1、K_2、L_2、r 和 w 分别求偏导,可得到一阶条件如下:

---

① 给定商品 2 的产出水平和资源约束条件,通过最大化商品 1 的产出就可直接得到生产可能性边界。

$$p_1 q_1 [\delta_1 K_1^{\rho_1} + (1-\delta_1) L_1^{\rho_1}]^{-1} \delta_1 K_1^{\rho_1-1} - r = 0 \tag{5.11}$$

$$p_1 q_1 [\delta_1 K_1^{\rho_1} + (1-\delta_1) L_1^{\rho_1}]^{-1} (1-\delta_1) L_1^{\rho_1-1} - w = 0 \tag{5.12}$$

$$p_2 q_2 [\delta_2 K_2^{\rho_2} + (1-\delta_2) L_2^{\rho_2}]^{-1} \delta_2 K_2^{\rho_2-1} - r = 0 \tag{5.13}$$

$$p_2 q_2 [\delta_2 K_2^{\rho_2} + (1-\delta_2) L_2^{\rho_2}]^{-1} (1-\delta_2) L_2^{\rho_2-1} - w = 0 \tag{5.14}$$

$$\bar{K} - K_1 - K_2 = 0 \tag{5.15}$$

$$\bar{L} - L_1 - L_2 = 0 \tag{5.16}$$

我们将在 GAMS 程序中直接使用这些表达式,而无须像第 4 章那样对它们做进一步的处理。

5.3　集合符号

与前面的章节一样,采用集合符号而非标量来表述问题会更便捷。令要素集合 $\mathbf{J} = \{K, L\}$,行业集合 $\mathbf{I} = \{1, 2\}$。那么,要素禀赋可表示为 $\bar{F}_j$,行业 i 对要素 j 的需求为 F_{ji}。使用上述符号,我们可以将式(5.11)—式(5.14)写成如下简洁的形式:

$$r_j = p_i q_i \Big[\sum_{\forall k \in \mathbf{J}} \delta_{ki} F_{kl}^{\rho_i} \Big]^{-1} \delta_{ji} F_{ji}^{\rho_i-1} \quad \forall j \in \mathbf{J}, \ \forall i \in \mathbf{I}$$

使用这个表达式的明显优势在于可以通过一条语句来定义四个一阶条件。此时,资源约束条件可改写为:

$$\bar{F}_j = \sum_{\forall i \in \mathbf{I}} F_{ji} \quad \forall j \in \mathbf{J}$$

最后,生产函数可以表示为:

$$q_i = \gamma_i \Big[\sum_{\forall j \in \mathbf{J}} \delta_{ji} F_{ji}^{\rho_i} \Big]^{\frac{1}{\rho_i}} \quad \forall i \in \mathbf{I}$$

在本章的 GAMS 程序中,我们将使用上述模型表达形式。

5.4　模型在 GAMS 中的实现

本章模型的 GAMS 代码如表 5.1 所示,且遵循与前文示例相似的模式。事实上,大部分代码(包括校准)与第 4 章是相同的。首先,我们会定义商品集和要素集,并为要素集定义别名。然后,我们会设置参数和外生变量的名称,以及内生变量的初始值。此时,要素需求的定义需要同时在行业集和要素集上进行索引,生产函数中的参数也需要同时在行业集和要素集上进行索引。

第一步,我们会给参数赋值。需要注意的是,为了定义每个部门使用资本的初始值,我们利用了产品价值耗尽原理。[①]基于资源约束条件,我们定义了总的要素禀赋。同时,我

---

① 产品耗尽是指根据要素的边际生产率向每种要素支付报酬恰好耗尽了总产出。换句话说,对资本和劳动力的报酬支付总额必须等于总产值。

们用产出价值来定义 GDP。同样需要注意的是,对 DELTA 和 GAMMA 参数的校准过程与成本最小化例子是完全相同的。

　　第二步,我们会定义变量。模型中的变量同样需要在行业集或要素集上进行索引,并且,这些变量还被设定了初始值和边界。作为目标值,GDP 仍然是无界的。利用第 5.3 节的表达式,我们可以进行方程的声明和定义。最后,我们使用 MODEL 和 SOLVE 语句对模型进行设定和求解。通过运行测试求解,可以验证模型校准的准确与否。一旦我们确认了校准的准确性,就可以对模型进行各种模拟实验:首先,更改参数和外生变量;然后,重新求解模型;最后,观察模型的最优解相对于初始最优解的变动情况。

　　与前文的两个示例不同,本章中的模型虽然很简单,但仍然是一个完整经济系统供给侧的一般均衡模型。生产的 HOS 模型是标准贸易理论中的经典模型,充分理解该模型有助于我们更好地掌握现代 CGE 分析中更复杂的模型。

表 5.1　长期生产决策的 GAMS 程序

```
SET I Goods / 1,2 / ;
SET J Factors / K, L/ ;
ALIAS (J,JJ);

PARAMETERS
GAMMA(I)          Shift parameters in production
DELTA(J,I)        Share parameters in production
RHO(I)            Elasticity parameters in production
P(I)              Output prices
FBAR(J)           Endowments
QO(I)             Initial output levels
RO(J)             Initial factor prices
FO(J,I)           Initial factor use levels
GDPO              Initial gross domestic product;

P(I) = 1;
RO(J) = 1;
QO(I) = 100;
FO('L','1') = 20;
FO('L','2') = 80;
FO('K',I) = (QO(I) * P(I) - FO('L',I) * RO('L'))/RO('K');
FBAR(J) = SUM(I, FO(J,I));
GDPO = SUM(I, P(I) * QO(I));
RHO(I) = 0.1;
DELTA(J,I) = (RO(J)/FO(J,I) ** (RHO(I) - 1))/(SUM(JJ, RO(JJ)/FO(JJ,I) ** (RHO(I) - 1)));
GAMMA(I) = QO(I)/(SUM(J, DELTA(J,I) * FO(J,I) ** RHO(I))) ** (1/RHO(I));

VARIABLES
Q(I)              Output levels
R(J)              Factor prices
F(J,I)            Factor use levels
GDP               Gross domestic product;

Q.L(I) = QO(I);
R.L(J) = RO(J);
```

```
F.L(J,I) = FO(J,I);
GDP.L = GDPO;
Q.LO(I) = 0;
R.LO(J) = 0;
F.LO(J,I) = 0;

EQUATIONS
PRODUCTION(I)      Production functions
RESOURCE(J)        Resource constraints
FDEMAND(J,I)       Factor demand functions
INCOME             Gross domestic product;

PRODUCTION(I)..Q(I) = E = GAMMA(I) * SUM(J, DELTA(J,I) * F(J,I) ** RHO(I)) ** (1/RHO(I));
RESOURCE(J)..FBAR(J) = E = SUM(I, F(J,I));
FDEMAND(J,I)..R(J) = E = P(I) * Q(I) * SUM(JJ, DELTA(JJ,I) * F(JJ,I) ** RHO(I)) ** (-1) * DELTA(J,
I) * F(J,I) ** (RHO(I) - 1);
INCOME..GDP = E = SUM(I, P(I) * Q(I));

MODEL HOS / ALL /;
SOLVE HOS USING NLP MAXIMIZING GDP;
```

5.5　练习题

（1）如果将商品 1 的价格提高 10%，要素价格会如何变动？如果将商品 2 的价格提高 10%，要素价格又会如何变动？

（2）如果将两种商品的价格同时提高 10%，产量和要素价格会如何变动？从这个结果中判断，一般均衡模型中价格的本质是什么？

（3）如果将资本的禀赋增加 10%，生产模式会发生什么变化？如果将劳动力的禀赋增加 10%，生产模式又会如何变化？在两种模拟情景中，要素价格是否会变动？为什么会这样？

（4）在本模型中，GDP 被定义为产出价值的加总。我们能否采用其他等价的方式来定义 GDP？

（5）在本模型中，我们可以通过改变 GAMMA 参数来实现要素中性技术冲击的模拟。你能否对模型进行重新编码，以模拟行业中特定要素面临的技术冲击（即要素增强型技术进步）？

（6）你能否采用柯布-道格拉斯生产函数而非 CES 生产函数进行建模？

5.6　拓展阅读

Bhagwati 等（1998）深入讨论了 HOS 模型及其特点。在研读了他们的文献之后，你可能会发现重温 Stolper 和 Samuelson（1941）及 Rybczynski（1955）的经典文献是值得的。

▶6

短期生产决策

短期指生产者来不及调整全部生产要素的数量,至少有一种生产要素的数量是固定不变的时间周期。为了描述短期生产,我们可以对已构建的生产侧模型进行修改,即固定资本,但允许劳动力在不同部门之间流动。由此,我们可以得到生产的特定要素模型。

6.1 问题的表述

这个问题与上一章研究的问题没有太多的不同。在资源限制和流动性限制的约束条件下,企业将进行要素的最优配置,从而实现给定商品价格时的总产值最大化。这一问题的拉格朗日函数如下:

$$\mathscr{L}=p_1 q_1(K_1,L_1)+p_2 q_2(K_2,L_2)+\lambda_1[\bar{K}_1-K_1]+\lambda_2[\bar{K}_2-K_2]+\mu[\bar{L}-L_1-L_2] \tag{6.1}$$

其中,$\bar{K}_j$ 表示行业 j 可利用的资本存量,$\bar{L}$ 表示给定的劳动力禀赋。在本模型中,我们仍然假定生产函数具有新古典主义经济理论的基本性质,如规模报酬不变。将拉格朗日函数分别对要素投入、拉格朗日乘子求偏导可得:

$$\partial\mathscr{L}/\partial K_1=p_1\partial q_1/\partial K_1-\lambda_1=0 \tag{6.2}$$

$$\partial\mathscr{L}/\partial L_1=p_1\partial q_1/\partial L_1-\mu=0 \tag{6.3}$$

$$\partial\mathscr{L}/\partial K_2=p_2\partial q_2/\partial K_2-\lambda_2=0 \tag{6.4}$$

$$\partial\mathscr{L}/\partial L_2=p_2\partial q_2/\partial L_2-\mu=0 \tag{6.5}$$

$$\partial\mathscr{L}/\partial\lambda_1=\bar{K}_1-K_1=0 \tag{6.6}$$

$$\partial\mathscr{L}/\partial\lambda_2=\bar{K}_2-K_2=0 \tag{6.7}$$

$$\partial\mathscr{L}/\partial\mu=\bar{L}-L_1-L_2=0 \tag{6.8}$$

我们可以将 λ_j、μ 解释为资本和劳动力的影子价格。在完全竞争市场的情形下,上述影子价格将等于要素价格,即 r_j 和 w。此时我们发现,不同行业中的资本将获得不同的回报,而回报率的大小将取决于它所处的行业。①联立求解上述七个方程便能得到要素价格

---

① 实际上,该模型可以被视为一个三要素模型,即将不同资本看作是不同的投入要素(如土地和机器)。

（拉格朗日乘子），以及投入的最优配置。随后，利用生产函数能计算出行业的产出水平。

上述模型看似十分复杂，其实不然。式(6.6)和式(6.7)决定了每个行业的资本投入。而利用式(6.3)、式(6.5)和式(6.8)，我们可以得到生产可能性边界。给定既有的商品价格水平，我们可以确定最优的产出水平。然后，通过式(6.2)和式(6.4)，可以确定资本的回报率。由式(6.3)和式(6.5)可知，模型的最优解需要满足各个行业的劳动边际产出价值（value of the marginal product of labor，VMPL）相等的条件。重新整理后，我们可以得到如下表达式：

$$\frac{\partial q_1}{\partial q_2} = -\frac{p_2}{p_1} \tag{6.9}$$

该式的含义为，短期生产决策的最优解需要满足边际转换率等于（负的）价格比率的条件。利用式(6.2)—式(6.5)，我们可以得到等产量线与等成本线相切的条件。需要指出的是，在特定要素模型中，由于两个行业要素的相对价格存在差异，等成本线的斜率在不同行业中也是不同的。

我们将利用图6.1和图6.2来说明上述一阶条件。图6.1关注劳动力市场，图6.2则关注商品市场。在图6.1中，横轴的长度代表了劳动力约束[式(6.8)]，纵轴衡量的是工资水平。在完全竞争市场条件下，工资等于劳动力的影子价格(μ)。式(6.6)和式(6.7)直接决定了资本的配置，可被直接代入式(6.1)—式(6.5)。式(6.3)和式(6.5)表示的是劳动边际产出价值，通过联立求解可以得到最优劳动力价格。如图6.1所示，最优解为L_1^*和$w^*(=\mu^*)$。

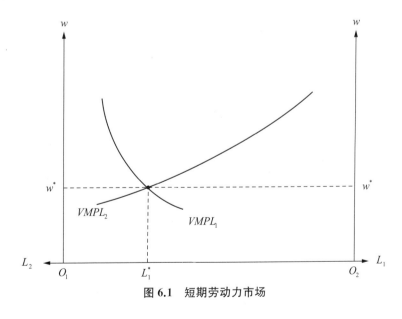

图6.1　短期劳动力市场

图6.2刻画了边际转换率等于（负的）价格比率的条件[式(6.9)]。图6.2被划分为四个象限。其中，第二象限和第四象限展示的是总产出曲线，该曲线可在既定资本配置的前提下从生产函数中直接推导得到。第三象限展示的是劳动力约束。通过映射劳动力配置与总产出曲线TP_1和TP_2的所有可能组合(q_1, q_2)，可以得到第一象限中的生产可能性

边界。等值线上的产出组合点都具有相同的 GDP,并且,等值线的斜率为 $-p_2/p_1$。图 6.2 所示的等值线表示的是给定资源和技术约束时的最大 GDP。最优生产点为 (q_1^*, q_2^*),它是由生产可能性边界与斜率为负的价格比的等值线的切点所确定的。最优生产点对应的劳动力投入为 (L_1^*, L_2^*)。总产出曲线在点 L_1^* 和 L_2^* 的斜率等于各行业实现均衡时的劳动边际产出,即以生产的产品来度量的工资。

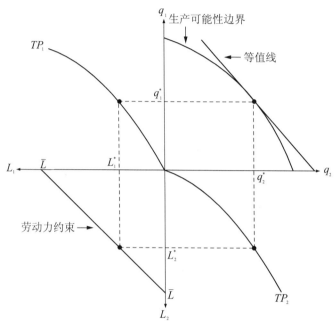

图 6.2　生产可能性象限

6.2　模型在 GAMS 中的实现

　　本章的模型在结构上与第 5 章相比并没有什么不同,因此,我们将直接介绍如何在 GAMS 中实现该模型。换言之,我们并不打算构建一个全新的模型,而是在上一章模型的基础上进行修改。本章模型的完整 GAMS 代码见章末表 6.1。

　　为了对特定要素模型进行建模,有几种修改程序的方法。一种方法是定义两种不同类型的要素,即可流动要素和特定要素。实际上,还有另外一种更有效的方法来处理特定要素模型,即使用 GAMS 的高级功能——异常处理(exception handling)。如上所述,在短期内,第一个行业使用的资本无法转移到第二个行业,反之亦然。因此,我们可以将两个行业的资本视为两种完全不同的生产要素。为此,可以将要素集合定义为 $\mathbf{J} = \{K, L, N\}$,其中 N 为新的生产要素。在 GAMS 中,通过扩展集合元素定义的范围能容易地实现生产要素种类的增加:

```
SET J Factors / K,L,N /;
```

　　在特定要素模型中,所有参数仍保持不变,我们将均衡产量和价格维持在与之前相同的水平。然而,我们需要将资本投入的校准修改成:

```
FO('K','1') = (QO('1') * P('1') - FO('L','1') * RO('L'))/RO('K');
```

FO('N','2') = (QO('2') * P('2') − FO('L','2') * RO('L'))/RO('N');

请留意第一行代码中使用的'K'和第二行中使用的'N'。在上述代码中,N表示行业2中的资本投入,K表示行业1的资本投入。在GAMS中,任何未被赋值的参数的默认取值均为0。由于我们并没有对行业2中的K或行业1中的N进行赋值,这意味着,行业2中使用的K为0,行业1中使用的N为0(即K是行业1的特定要素,而N是行业2的特定要素)。接下来,我们对参数DELTA和GAMMA的校准进行如下形式的微调:

DELTA(J,I) $ FO(J,I) = (RO(J)/FO(J,I) ** (RHO(I) − 1))

/(SUM(JJ $ FO(JJ,I), RO(JJ)/FO(JJ,I) ** (RHO(I) − 1)));

与第5章模型的不同之处在于,此处我们使用了 $ 控制符号,其功能是进行异常处理。在上述校准的左侧,DELTA(J,I) $ FO(J,I) 的含义为:只有当 FO(J,I) 的值不等于0时,我们才会给相应的 DELTA(J,I) 参数进行赋值。或者,我们还可以将上述条件写成完整的表达形式 DELTA(J,I) $ (FO(J,I) NE 0),该形式与简化形式的效果相同(在 GAMS 中,NE 的含义是 ≠)。该表达式说明了进行异常处理的一般方法。此处,$ 控制符号的作用是确保 GAMS 不会给行业2中的K或行业1中的N的份额参数进行赋值。

上述表达式右边的 $ 控制符号也具有类似的作用,其含义为,仅对集合 JJ 中 FO(JJ, I) 不为0的那些元素进行求和,从而可以剔除在生产中未使用的生产要素。此外,GAMMA 参数的校准在表达式的右侧使用了 $ 控制符,其作用也相同。[①]

GAMMA(I) = QO(I)/(SUM(J $ FO(J,I),DELTA(J,I) * FO(J,I) ** RHO(I))) ** (1/RHO(I));

除了生产函数和要素需求函数以外,本章程序的其余部分与第5章中的 HOS 模型相同。在定义产出和要素需求时,我们同样采用了异常处理的操作:

PRODUCTION(I)..Q(I) = E = GAMMA(I) * SUM(J $ FO(J,I),DELTA(J,I) * F(J,I) ** RHO(I))
** (1/RHO(I));

FDEMAND(J,I) $ FO(J,I)..R(J) = E = P(I) * Q(I) * SUM(JJ $ FO(JJ,I), DELTA(JJ,I) *
F(JJ,I) ** RHO(I)) ** (−1) * DELTA(J,I) * F(J,I) ** (RHO(I) − 1);

在对生产函数进行定义时,我们再次控制了右侧加总的索引。$ 控制符的含义为,只有当(初级生产要素需求)FO(J,I) NE 0 时,才存在行业 i 要素 j 的需求函数。在对参数进行赋值时,异常操作阻止了特定赋值的发生;在定义方程时,异常操作阻止了 GAMS 生成该方程。因此,在本模型中,GAMS 既没有生成部门2对要素 K 的需求,也没有生成部门1对要素 N 的需求,而这正是我们希望达到的效果。由此可见,上述异常操作方法是行之有效的。

接下来,我们在不考虑任何外部冲击的背景下,通过运行初始 SOLVE 来验证模型校准的准确性,然后,可以通过模拟各类经济系统的冲击来探索模型的性质。与第5章描述的 HOS 模型一样,特定要素模型也是标准贸易理论的核心模型之一,理解该模型的构建及

① 由于对应的 DELTA 值为零,故在右侧使用 $ 控制符是一个很好的习惯,但并非是必须的。然而,如果生产函数满足柯布-道格拉斯函数而非 CES 函数,则右侧采取异常处理操作将是必须的,因为乘积中的任何零值都意味着零产量。当然,如果 CES 函数中的 RHO 接近但并不等于0(即近似于柯布-道格拉斯函数形式),将不会受该问题的影响。在柯布-道格拉斯函数情形下,相应的命令为 GAMMA(I) = QO(I)/(PROD(J $ FO(J,I), FO(J,I) ** DELTA(J,I))),其中 DELTA 项是柯布-道格拉斯函数中生产要素的指数。

其特征对于构建和解释更复杂的模型是非常有用的。在第 8 章,我们将再次讨论特定要素模型,并讨论该模型与 HOS 模型的联系。

6.3 练习题

(1) 如果将商品 1 的价格提高 10%,要素价格会如何变动? 如果将商品 2 的价格提高 10%,要素价格又会如何变动? 与第 5 章的 HOS 模型相比,上述问题的答案有何不同? 其在政治经济学层面的含义是什么?

(2) 如果将商品 1 的价格提高 10%,按实际值计算,劳动力真的受益了吗? 决定你答案的因素有哪些?

(3) 如果你增加某种特定要素的禀赋数量,生产模式会发生什么变化? 如果你增加劳动力禀赋的数量,生产模式又会如何变动?

(4) 在特定要素模型中,如果你增加了禀赋数量,要素价格是否会变动? 与第 5 章的 HOS 模型相比,上述问题的答案有何不同?

(5) 如果将所有产品的价格都提高 10%,要素价格和产出会如何变化?

(6) 如果所有禀赋都增加 10%,要素价格和产出会如何变动? 你应该能够凭直觉得出第 5 题和第 6 题的答案。正如我们已经提到过的,在理论解释十分清楚的前提下,对照你的直觉来审视 GAMS 模拟的结果是我们调试 GAMS 模型最好的办法之一。

6.4 拓展阅读

与 HOS 模型一样,你可以首先参考 Bhagwati 等(1998)对特定要素模型的介绍。关于特定要素模型的经典文献,可以参考 Jones(1971)。

表 6.1　短期生产的 GAMS 程序

```
SET I Goods / 1,2/ ;
SET J Factors / K,L,N/ ;
ALIAS (J,JJ) ;

PARAMETERS
GAMMA(I)        Shift parameters in production
DELTA(J,I)      Share parameters in production
RHO(I)          Elasticity parameters in production
P(I)            Output prices
FBAR(J)         Endowments
QO(I)           Initial output levels
RO(J)           Initial factor prices
FO(J,I)         Initial factor use levels
GDPO            Initial gross domestic product;

P(I) = 1;
RO(J) = 1;
QO(I) = 100;
FO('L','1') = 20;
```

```
FO('L','2') = 80;
FO('K','1') = (QO('1') * P('1') - FO('L','1') * RO('L'))/ RO('K');
FO('N','2') = (QO('2') * P('2') - FO('L','2') * RO('L'))/ RO('N');
FBAR(J) = SUM(I, FO(J,I));
GDPO = SUM(I, P(I) * QO(I));
RHO(I) = 0.1;
DELTA(J,I) $ FO(J,I) = (RO(J)/ FO(J,I) ** (RHO(I) - 1))/ (SUM(JJ $ FO(JJ,I), RO(JJ)/ FO(JJ,I) **
(RHO(I) - 1)));
GAMMA(I) = QO(I)/ (SUM(J $ FO(J,I), DELTA(J,I) * FO(J,I) ** RHO(I))) ** (1/ RHO(I));


VARIABLES
Q(I)             Output levels
R(J)             Factor prices
F(J,I)           Factor use levels
GDP              Gross domestic product;


Q.L(I) = QO(I);
R.L(J) = RO(J);
F.L(J,I) = FO(J,I);
GDP.L = GDPO;
Q.LO(I) = 0;
R.LO(J) = 0;
F.LO(J,I) = 0;


EQUATIONS
PRODUCTION(I)    Production functions
RESOURCE(J)      Resource constraints
FDEMAND(J,I)     Factor demand functions
INCOME           Gross domestic product;


PRODUCTION(I)..Q(I) = E = GAMMA(I) * SUM(J $ FO(J,I), DELTA(J,I) * F(J,I) ** RHO(I)) ** (1/ RHO
(I));
RESOURCE(J)..FBAR(J) = E = SUM(I, F(J,I));
FDEMAND(J,I) $ FO(J,I)..R(J) = E = P(I) * Q(I) * SUM(JJ $ FO(JJ,I), DELTA(JJ,I) * F(JJ,I) ** RHO
(I)) ** (-1) * DELTA(J,I) * F(J,I) ** (RHO(I) - 1);
INCOME..GDP = E = SUM(I, P(I) * Q(I));


MODEL SF / ALL / ;
SOLVE SF USING NLP MAXIMIZING GDP;
```

▶7

对偶法

前面两章中介绍的模型是使用原始法（primal approach）来进行表述的。在原始法中，决策变量为数量，而拉格朗日乘子表示影子价格，并且，影子价格在完全竞争市场条件下等于市场价格。在许多优化问题中，我们可以采用等价的对偶问题来表示原始问题。这意味着，在 HOS 模型或特定要素模型中，我们会直接求解出价格，而非数量。对偶法在某些情形下有许多的优点，并且被广泛使用。在本章中，我们将利用对偶法重新构建生产侧的 HOS 模型，并在 GAMS 中实现这一模型。

7.1　问题的表述

让我们重新考虑第 4 章中企业成本最小化问题的一阶条件：

$$r-\lambda\partial q/\partial K=0 \tag{7.1}$$

$$w-\lambda\partial q/\partial L=0 \tag{7.2}$$

$$\bar{q}-q(K,L)=0 \tag{7.3}$$

通过联立这些方程，我们可以得到企业对资本和劳动力的最优购买决策，它们是要素价格和目标产出水平的函数。资本和劳动力的最优购买量分别为 $K^*=K(w,r,\bar{q})$ 和 $L^*=L(w,r,\bar{q})$。它们代表的是要素需求。此时，成本可表示为 $C=wL+rK$。因此，当企业的要素投入实现了最优水平时，总成本为 $C(w,r,\bar{q})=wL(w,r,\bar{q})+rK(w,r,\bar{q})$。我们将 $C(w,r,\bar{q})$ 定义为成本函数。成本函数拥有一些非常有用的性质。在给定要素价格的前提下，成本函数可以告诉我们为实现目标产出水平所需的最低支出。根据谢泼德引理（包络定理的一个应用），成本函数对要素价格求导就可得到该要素的最优要素需求。[①]因此，

$$\partial C/\partial w=L^* \tag{7.4}$$

$$\partial C/\partial r=K^* \tag{7.5}$$

---

① 　为了阐明这一点，取 C 对 w 的偏导可得$\partial C/\partial w=L+w(\partial L/\partial w)+r(\partial K/\partial w)$。上式中的最后两项是可以去掉的。令最后两项为 0，重新整理后可得$\partial K/\partial L=-w/r$。这恰好是等成本线与等产量线相切的条件。我们使用该条件来得到最优要素投入，因而在最优解时该条件必须成立。

其中,最优要素需求 L^* 和 K^* 均为要素价格和产出水平的函数。如果生产函数 q 满足规模报酬不变的假设,那么,对于任意给定的产出水平,既定要素价格的最优要素投入选择都具有相同的要素比例。换言之,在任何给定的要素价格下,对于任意产出水平,企业总会选择相同的资本劳动比。此时,我们可以定义单位成本函数 $c(w, r) = wa_L(w, r) + ra_K(w, r)$,其中,$a_j$ 为单位产出的最优投入(出于方便,我们省略了 $*$ 标记)。使用谢泼德引理,可以得到:

$$\partial c / \partial w = a_L \tag{7.6}$$

$$\partial c / \partial r = a_K \tag{7.7}$$

其中,a_L、a_K 均为要素价格的函数。现在,我们来考虑第 5 章长期生产决策的 HOS 模型的一阶条件。为了方便起见,我们用完全竞争条件下的要素价格来替换拉格朗日乘子,结果如下所示:

$$p_1 \partial q_1 / \partial K_1 - r = 0 \tag{7.8}$$

$$p_1 \partial q_1 / \partial L_1 - w = 0 \tag{7.9}$$

$$p_2 \partial q_2 / \partial K_2 - r = 0 \tag{7.10}$$

$$p_2 \partial q_2 / \partial L_2 - w = 0 \tag{7.11}$$

$$\bar{K} - K_1 - K_2 = 0 \tag{7.12}$$

$$\bar{L} - L_1 - L_2 = 0 \tag{7.13}$$

此外,最优产量可以直接从成本最小化问题中的生产函数计算得到:

$$q_1 = q_1(K_1, L_1) \tag{7.14}$$

$$q_2 = q_2(K_2, L_2) \tag{7.15}$$

就整体而言,我们的模型系统由 8 个未知数、8 个联立方程构成。给定价格和要素禀赋,我们就可以对模型系统进行求解(请注意,对于任意等价的相对价格集,我们都会得到相同的最优解)。这是第 5 章中采用原始法所介绍的 HOS 模型的具体结构。

在第 5 章中,我们使用生产盒状图和生产可能性边界图对该问题进行了描述分析。另一种等价的分析思路是采用图 7.1 所示的单位价值等产量线。在规模报酬不变的情形下,每一单位商品生产的方式相同。现在,我们来考虑价值均为 1 美元的两种商品的等产量线(分别记为 q_1 和 q_2)。由于每家企业的目标都是实现利润最大化,故每一条等产量线都必须与等成本线相切。此外,由于利润为零且企业为生产要素支付的价格相同,等产量线 q_1 和 q_2 必须与同一条代表 1 美元支出的等成本线相切。如果两种商品的产量都为正数,等成本线的截距项表示均衡时要素价格的倒数。连接原点与切点的射线的斜率表示要素密集度。①

利用单位成本函数,我们可以将方程组改写为如下形式:

---

① 图中切线上的数量表示单位价值的最优需求量。

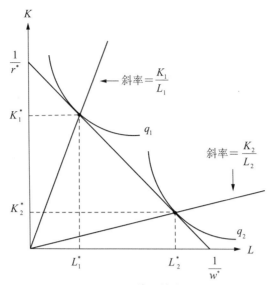

图 7.1　单位价值等产量线

$$c_1(w, r) = p_1 \tag{7.16}$$

$$c_2(w, r) = p_2 \tag{7.17}$$

$$a_{K1}(w, r)q_1 + a_{K2}(w, r)q_2 = \overline{K} \tag{7.18}$$

$$a_{L1}(w, r)q_1 + a_{L2}(w, r)q_2 = \overline{L} \tag{7.19}$$

此方程组为模型的对偶形式,其使用非常广泛。原因在于,在对偶法中,要素价格完全由商品价格所决定(在 2×2 模型中),并且,在很多情况下可用更紧凑的形式来刻画经济系统。式(7.16)和式(7.17)表明,在完全竞争市场条件下,生产每种商品的单位最小成本必须等于价格(即满足零利润条件)。式(7.16)与原始法中的式(7.8)、式(7.9)和式(7.14)相对应。类似的是,式(7.17)与原始法中的式(7.10)、式(7.11)和式(7.15)相对应。式(7.18)和式(7.19)表示的是资源约束,它们与式(7.12)和式(7.13)是等价的。其原因在于,用单位要素需求乘以商品的产量,就可以得到生产该产品所需的要素需求的总量。在上述对偶法中,总共包含 4 个未知数、4 个方程。此时,给定相对价格和要素禀赋的集合,我们可以求出最优解。需要留意的是,对偶法是如何简便地对模型进行表述的。给定商品价格,通过求解式(7.16)和式(7.17)可得到要素价格。然后,利用谢泼德引理,可以确定所有的 a_{ji}。最后,在求解出最优单位要素需求的基础上,求解生产的要素约束条件。

关于对偶法最优解的图示见图 7.2。其中,标记为 p_1 和 p_2 的等价格线表示的是与给定商品价格(即 p_1 和 p_2)一致的要素价格的所有组合点。等价格线的定义见式(7.16)和式(7.17)。通过对这些方程进行联立求解,可以得到要素价格 w^* 和 r^*。

无论是关于生产的埃奇沃斯盒状图,还是与之密切相关的单位价值等产量线图,两种图形都直接描述了要素投入的决策,间接描述了要素价格。与上述两图不同的是,等价格线图直接刻画了要素价格,间接体现了要素密集度(图 7.2 中通过等价格线 p_1 和 p_2 交点的两条切线就可以间接体现要素密集度)。在图 7.2 中,p_1 比 p_2 更为陡峭。背后隐含的

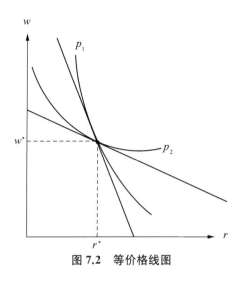

图 7.2 等价格线图

假设是,相比行业 2,行业 1 是资本密集型的。在行业 1 不使用劳动力的极端情况下,工资将不会影响行业 1 的成本,此时 p_1 将变为垂直线。

7.2 示例

在本例中,我们将采用 CES 生产函数 $q = \gamma[\delta K^\rho + (1-\delta)L^\rho]^{1/\rho}$。如第 4 章[式(4.12)和式(4.13)]所示,最优要素需求函数可以写为:

$$K = \frac{\bar{q}\delta^\sigma r^{-\sigma}}{\gamma\left[(\delta r^{-\rho})^\sigma + ((1-\delta)w^{-\rho})^\sigma\right]^{\frac{1}{\rho}}} \qquad (7.20)$$

$$L = \frac{\bar{q}(1-\delta)^\sigma w^{-\sigma}}{\gamma\left[(\delta r^{-\rho})^\sigma + ((1-\delta)w^{-\rho})^\sigma\right]^{\frac{1}{\rho}}} \qquad (7.21)$$

用资本和劳动力的价格分别乘以要素需求函数[式(7.20)和式(7.21)],然后进行相加,可以得到成本函数,具体形式如下:

$$C = \bar{q}\gamma^{-1}\left[\delta^\sigma r^{1-\sigma} + (1-\delta)^\sigma w^{1-\sigma}\right]^{\frac{\rho-1}{\rho}} \qquad (7.22)$$

单位成本函数可定义为:

$$c = \gamma^{-1}\left[\delta^\sigma r^{1-\sigma} + (1-\delta)^\sigma w^{1-\sigma}\right]^{\frac{\rho-1}{\rho}} \qquad (7.23)$$

为了求解单位要素需求,我们可以采取两种办法:方法一是直接用要素需求除以 $\bar{q}$;方法二是利用谢泼德引理,即令单位成本函数对要素价格求偏导[1]。我们可以得到:

$$a_K = \frac{\delta^\sigma r^{-\sigma}}{\gamma\left[(\delta r^{-\rho})^\sigma + ((1-\delta)w^{-\rho})^\sigma\right]^{\frac{1}{\rho}}} \qquad (7.24)$$

---

[1] 作为练习,你可以自己验证一下,无论采取哪种方法,你都会得到相同的答案。

$$a_L = \frac{(1-\delta)^\sigma w^{-\sigma}}{\gamma\left[(\delta r^{-\rho})^\sigma + ((1-\delta)w^{-\rho})^\sigma\right]^{\frac{1}{\rho}}} \tag{7.25}$$

7.3　集合符号

令要素集合 $\mathbf{J}=\{K, L\}$，行业集合 $\mathbf{I}=\{1, 2\}$。要素禀赋为 $\overline{F}_j$，行业 i 中对 j 要素的最优单位需求为 a_{ji}。使用这些符号，我们可以将零利润条件写为：

$$p_i = \gamma_i^{-1}\left[\sum_{\forall j \in \mathbf{J}} \delta_{ji}^{\sigma_i} r_j^{1-\sigma_i}\right]^{\frac{\rho_i-1}{\rho_i}} \quad \forall i \in \mathbf{I}$$

资源约束条件可写为：

$$\overline{F}_j = \sum_{\forall i \in \mathbf{I}} a_{ji} q_i \quad \forall j \in \mathbf{J}$$

最后，最优单位要素需求写为：

$$a_{ji} = \frac{\delta_{ji}^{\sigma_i} r_j^{-\sigma_i}}{r_i\left[\sum_{\forall k \in \mathbf{J}} (\delta_{ki} r_k^{-\rho_i})^{\sigma_i}\right]^{\frac{1}{\rho_i}}} \quad \forall j \in \mathbf{J}, \ \forall i \in \mathbf{I}$$

现在，我们可以在 GAMS 中编写并求解上述模型。

7.4　模型在 GAMS 中的实现

本章模型在 GAMS 中实现的代码见表 7.1。如表 7.1 所示，我们可以将第 5 章中的大部分代码直接复制过来。在本例中，我们打算复制出与第 5 章模型相同的均衡结果，考虑到大家对基本的程序结构比较熟悉，我们会将重点放在新元素上。

表 7.1　对偶一般均衡问题的 GAMS 程序

```
SET I Goods / 1,2/ ;
SET J Factors / K,L/ ;
ALIAS (J,JJ);

PARAMETERS
GAMMA(I)        Shift parameters in production
DELTA(J,I)      Share parameters in production
RHO(I)          Elasticity parameters in production
ESUB(I)         Elasticities of substitution
P(I)            Output prices
FBAR(J)         Endowments
QO(I)           Initial output levels
RO(J)           Initial factor prices
AO(J,I)         Initial per unit factor use levels
GDPO            Initial gross domestic product;

P(I) = 1;
RO(J) = 1;
QO(I) = 100;
```

```
AO('L','1') = 0.2;
AO('L','2') = 0.8;
AO('K',I) = (P(I) - AO('L',I) * RO('L'))/ RO('K');
FBAR(J) = SUM(I, AO(J,I) * QO(I));
GDPO = SUM(I, P(I) * QO(I));
RHO(I) = 0.1;
ESUB(I) = 1/ (1 - RHO(I));
DELTA(J,I) = (RO(J)/ AO(J,I) ** (RHO(I) - 1))/ (SUM(JJ, RO(JJ)/ AO(JJ,I) ** (RHO(I) - 1)));
GAMMA(I) = QO(I)/ (SUM(J, DELTA(J,I) * (AO(J,I) * QO(I)) ** RHO(I))) ** (1/ RHO(I));

VARIABLES
Q(I)              Output levels
R(J)              Factor prices
A(J,I)            Per unit factor use levels
GDP               Gross domestic product;

Q.L(I) = QO(I);
R.L(J) = RO(J);
A.L(J,I) = AO(J,I);
GDP.L = GDPO;
Q.LO(I) = 0;
R.LO(J) = 0;
A.LO(J,I) = 0;

EQUATIONS
ZERO(I)           Zero profit functions
RESOURCE(J)       Resource constraints
UFDEMAND(J,I)     Unit factor demand functions
INCOME            Gross domestic product;

ZERO(I)..P(I) = E = GAMMA(I) ** ( - 1) * SUM(J, DELTA(J,I) ** ESUB(I) * R(J) ** (1 - ESUB(I))) **
((RHO(I) - 1)/ (RHO(I)));
RESOURCE(J)..FBAR(J) = E = SUM(I, A(J,I) * Q(I));
UFDEMAND(J,I)..A(J,I) = E = DELTA(J,I) ** (1/ (1 - RHO(I))) * R(J) ** ( - 1/ (1 - RHO(I)))/ (GAMMA
(I) * SUM(JJ, (DELTA(JJ,I) * R(JJ) ** ( - RHO(I))) ** (1/ (1 - RHO(I)))) ** (1/ RHO(I)));
INCOME..GDP = E = SUM(I, P(I) * Q(I));

MODEL HOSD / ALL / ;
SOLVE HOSD USING NLP MAXIMIZING GDP;
```

　　参数部分的唯一变化是，我们定义了替代弹性（ESUB），并用对偶法中的初始单位要素需求 AO(J,I) 去替换原始法中的初级生产要素需求 FO(J,I)。然后，我们对校准部分做相应的调整[即用 AO(J,I) * QO(I) 去替代 FO(J,I)]。在变量定义、赋值和取值边界设置部分，我们用单位要素需求 A(J,I) 去替代 F(J,I)。

　　模型主要的变化来自方程部分。首先，我们剔除了生产函数，并用前文中的零利润条件（ZERO）对其进行替代；然后，我们对资源约束条件进行了调整，即用 A(J,I) * Q(I) 去替代 F(J,I)；最后，我们将要素需求方程替换成上一节中的单位要素需求（UFDEMAND）函数。

在此基础上,我们定义、求解该模型,并检查模型的基准均衡结果。该基准均衡结果应该与第 5 章中的结果相同。你或许想尝试用此模型复制你在第 5 章中进行的模拟,以验证本模型确实与第 5 章的模型等价。

7.5　练习题

（1）请尝试使用柯布-道格拉斯生产函数来构建本章的模型。提示:你需要先推导出单位成本函数的形式。

（2）根据欧拉定理,我们可以将式(7.23)中的单位成本函数写为 $c = a_K r + a_L w$。基于上述新的单位成本函数,请重写 GAMS 代码。(你可以简化零利润函数。)

（3）请使用对偶法来构建第 6 章的特定要素模型,同时,请写出该模型的 GAMS 程序。实现上述模型最简单的方法是采用第 6 章中的 $ 控制语句。一旦程序正常运行,请验证最优解是否与你在上一章练习题中得到的最优解相同。

7.6　拓展阅读

Jones(1965)是一篇非常有影响力的论文,这篇论文可以作为应用对偶法的范例。关于 HOS 模型对偶法的图示可以参见 Mussa(1979)。在国际贸易领域,关于对偶法更高阶的应用(对成本函数及其他内容更深入的讨论)可以参见 Dixit 和 Norman(1980)及 Woodland(1982)。

从短期均衡向长期均衡的转移

如第 6 章所示,我们可以将特定要素模型视为"短期"经济的模型,而第 5 章、第 7 章的 HOS 模型可被视为长期经济的模型。在本章中,我们将考虑上述两个模型的关联性,并引入 GAMS 程序中"循环"(looping)的概念。

8.1 问题的表述

考虑两个模型关联性的方法之一是比较两个模型背后的基本优化问题。我们考虑第 5 章中的优化问题,即在资源和技术约束条件下实现产出价值最大化。假设我们要求解要素的最优配置。现在,我们考虑增加一个额外的约束条件,即资本配置被固定。此时,最优化问题与第 6 章中所讨论的问题相同。如果技术和资源相同,并且我们将资本配置固定在长期生产决策的最优解所确定的资本配置水平,则短期生产决策的最优解与长期生产决策相同。资本是否固定其实无关紧要,因为资本终究会处于最优水平。换言之,根据定义,每一个长期均衡都是短期均衡,但反过来并不成立。

探索上述模型关联性的另一种方法是考虑资本在短期内的激励。正如我们所看到的,要素禀赋或价格的变化在短期内对资本价格会产生不同的影响。例如,如果商品 1 的价格上涨,行业 1 的资本回报率会伴随着工资上涨一起上升,而行业 2 的资本回报率会下降。在短期内,这代表着一种均衡。但在长期,如果资本从行业 1 获得的回报高于行业 2,那么资本将从行业 2 转移到行业 1。我们将假设一系列渐变的短期均衡,即允许少量资本从一个行业转移到另一个行业。当资本转移的激励消失时(即当各行业的资本回报率相等时),这一过程就能趋于稳定。

图 8.1 借鉴了 Neary(1978)的思路来阐明上述观点。在图的上半部分,我们直接复制了图 6.1;在图的下部分,我们复制了图 5.1。当位于 w^*、L_1^* 和 K_1^* 时,经济既处于短期均衡又处于长期均衡,并且特定要素水平等于长期生产决策的最优解。随着商品 1 价格的上涨,商品 1 的 VMPL 曲线会向上移动。行业 1 的工资和资本收益会增加,而行业 2 的资本收益会减少。在短期内,资本是固定的,我们将效率轨迹转移到 L_1'。此时,资本会转移到行业 1。由于行业 2 会流失资本,故商品 2 的 VMPL 曲线会向下移动,而商品 1 的 VMPL 曲线会向上移动。与此同时,劳动力要素会得到释放。由于商品 2 是劳动力密集型商品(如图 8.1 所示),商品 2 的 VMPL 曲线会比商品 1 的 VMPL 曲线更进一步向右移动。随着这一过程的推进,经济会沿着以点状线表示的转移路径移动,最终会抵达 w''、

L_1''和K_2''的最优解,从而回到了效率轨迹上并回到长期均衡状态。在该均衡点,工资下降,资本回报率上升(要理解这一结论,请考虑每个行业在新的最优解时的要素密集度)。

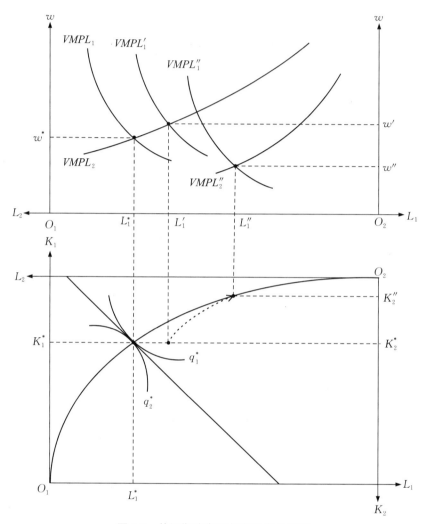

图 8.1　从短期均衡向长期均衡的转移

同样,我们可以对其他情景进行模拟分析,并且我们可以使用 GAMS 程序的循环语句来探索各种可能性。

8.2　模型在 GAMS 中的实现

为了构建 GAMS 程序来探讨特定要素模型的转移动态性特征,我们将使用第 6 章中的基准模型,并在代码末尾添加一些新的元素(见表 8.1)。新代码第一行的含义是在模型中引入价格冲击。首先,我们将商品 1 的价格提高 5%,然后对该模型进行求解。这将产生一个新的短期均衡解。需要注意的是,无论我们在何时求解模型,GAMS 都会默认将模型的解储存在变量的水平值。因此,我们可以采用类似 R.L('L') = RO 的语句来定义劳动报酬的水平值，其中 RO = 1。如果我们随后在模型中引入冲击并求解出一个新的均衡解，R.L('L')将包含模型求解后的最新数值。只要我们愿意，在随后的计算中可以在任意地方使用上述变量的水平值。

表 8.1　转移动态模拟的模型修改

```
P('1') = P('1') * 1.05;
SOLVE SF USING NLP MAXIMIZING GDP;

PARAMETERS
TOLERANCE       Control on the accuracy
DIRECTION       Direction of capital flow;

TOLERANCE = 0.01

WHILE(ABS(R.L('N') - R.L('K')) > TOLERANCE,

IF (R.L('N')>R.L('K'),
DIRECTION =  - 1;
ELSE
DIRECTION =  1;
);

FBAR('N') = FBAR('N') - (DIRECTION * TOLERANCE);
FBAR('K') = FBAR('K') + (DIRECTION * TOLERANCE);

SOLVE SF USING NLP MAXIMIZING GDP;
);
```

　　假设资本会跨行业流动，直到收益相同。当然，我们可以手动检查这一点，即每次小幅调整资本存量并求解模型，直到观察到资本收益率相同。幸运的是，GAMS 可以更便捷地实现上述功能。要了解这是如何实现的，首先需要定义两个新参数：参数 TOLERANCE 和参数 DIRECTION。其中，设定参数 TOLERANCE 的目的在于控制精度，即设定终止模型运行的容差大小；另一个参数 DIRECTION 被用来控制资本的流向（即控制资本从收益低的行业流向收益高的行业）。我们选择的容差为 0.01。也就是说，如果两个行业资本回报率的差额在 0.01 以内，就可以认为它们是相等的。当然，我们可以将容差缩小到任何想要的数值，代价是需要更长的时间来求解模型。

　　接下来的模型代码是全新的。此时，我们引入了循环语句。循环语句的便利之处在于，可以让我们自动对模型进行多次求解。在 GAMS 中，我们可以采用多种不同的方法来实现循环。在本章中，我们将使用 WHILE 循环命令，该命令在 SOLVE 命令上循环执行，直到满足特定条件。对于一组求解运算，可以用类似的方式使用 FOR 和 LOOP 语句。①让我们

---

　　① FOR命令会在指定范围内以相同步长进行循环操作，因此，它在评估模型对参数变动的敏感性时是非常有用的。LOOP命令可用于循环访问集合中的元素。例如，FOR命令可用于计算劳动力禀赋在一定区间变动的均衡结果。LOOP命令可用于对每个要素分别进行操作，例如，首先增加资本禀赋，然后改变劳动力禀赋。两个命令的语法与WHILE语句非常相似。关于命令使用的详细信息，请参见本章练习题中的第4题和第5题。

详细查看下列语句：

```
WHILE(ABS(R.L('N')-R.L('K'))>TOLERANCE,
.
.
.
);
```

上述语句以关键词 WHILE 开头，然后是左括号。接下来是条件语句加逗号，紧接着是一系列在 GAMS 中重复执行的命令。除了定义以外，我们可以在循环语句中使用任何命令。最后，我们用右括号加分号来结束循环语句。简而言之，WHILE 语句告诉 GAMS 重复执行循环中指定的操作（在逗号和右括号之间），直到满足条件。在本例中，停止循环的条件是资本市场出清，即两个行业的资本回报率应当是相同的（在容差允许范围内）。ABS 在 GAMS 中的功能是取绝对值。

现在让我们考虑 WHILE 循环语句中的具体命令，在这些命令中还引入了一些新的功能。第一组命令说明了逻辑判断 IF...THEN...ELSE 命令的用法。

```
IF (R.L('N')>R.L('K'),
DIRECTION = -1;
ELSE
DIRECTION = 1;
);
```

该命令的语法与 WHILE 命令非常相似。首先以关键词 IF 开头，然后是左括号，接着是逻辑条件，再然后是逗号。如果满足条件，下一行语句将被执行。ELSE 的作用是告诉 GAMS 当条件不满足时（默认值是无）该如何处理。最后，我们用右括号和分号来结束循环语句。换句话说，上述代码的含义为，如果行业 2 的资本收益率高于行业 1，就将资本流动的方向设置为流出行业 1；如果行业 2 的资本收益率小于行业 1，就将资本流动的方向设为流入行业 1。

表 8.1 中的下一组代码相对简单。其作用是将少量资本（等于 TOLERANCE 的大小）转入（或转出）行业 2，并将对应数量的资本转出（或转入）行业 1，然后求出新的均衡解。整个过程会重复进行，直到满足资本市场出清条件。

当你运行模型时，你会发现 GAMS 会重复求解模型。根据代码执行的顺序，列表文件会显示每个 SOLVE 语句的结果。如果你滚动到列表文件的底部，你会看到最终的（完成转移过程的）最优解。如果打算探讨经济中任何其他变化的转移过程，你可以修改表 8.1 中第一行代码的冲击部分。

8.3 练习题

（1）基于第 5 章的 HOS 模型，模拟商品 1 的价格上涨 5％的冲击。请仔细观察这一均衡解。如果使用第 6 章的特定要素模型运行相同的模拟情景，均衡解会有何不同？两组模型中租金价格有何不同？

（2）现在，请在特定要素模型中添加转移进程的模块，并考虑相同的模拟情景。请运行模型并将最终结果与 HOS 模型的结果进行比较。上述结果给你的启示是什么？

（3）考虑经济系统中劳动力和资本数量增加的情形（需要注意的是，HOS 模型中的禀赋指的是经济系统中的全部资本，即特定要素模型中两个部门使用资本的加总）。此时，会发生什么？在这类转移进程中，你认为 HOS 模型与特定要素模型之间有什么关联性？

（4）在本章中，我们介绍了 WHILE 命令，该命令可用于重复一系列的 GAMS 语句，直到满足某个条件。类似的命令还包括 FOR 语句。请尝试将以下代码添加到第 6 章中模型的末尾：

```
FOR(H = 100 TO 150 BY 10, FBAR('L') = H;
SOLVE SF USING NLP MAXIMIZING GDP; );
```

对于 100—150 之间的劳动力存量，上述代码将以 10 为增量重复求解模型。请尝试用相同的方法来求出资本、价格、技术变动时的均衡解。

（5）另一种程序控制的方法是使用 LOOP 命令，它可以为集合中的每个元素重复执行一系列的 GAMS 语句。请尝试将以下代码添加到第 6 章中模型的末尾：

```
LOOP(I, GAMMA(I) = GAMMA(I) * 1.1;
SOLVE SF USING NLP MAXIMIZING GDP; );
```

这些代码可以模拟技术进步的效果，首先，我们考虑行业 1 中技术进步的影响，然后，同时考虑行业 1 和行业 2 中技术进步的影响。你已经掌握了如何进行这些模拟，现在可以尝试用 LOOP 语句实现价格和禀赋的连续调整。

8.4　拓展阅读

Mayer(1974)和 Neary(1978)探讨了短期与长期均衡的关联性，他们的研究更多地关注要素市场。Gilbert 和 Oladi(2008)介绍了如何将 Neary(1978)的图示与 Mayer(1974)的图示相结合，以及如何将长期和短期的生产可能性边界图关联起来。

9

高维模型

在生产的 HOS 模型中,存在两种商品、两种生产要素,故也被称为 2×2 贸易理论模型。特定要素模型有时被称为 2×3 模型。上述两个模型都是"高维"模型的特例,我们会在本章进一步讨论它们。

2×2 模型的预测能力非常强。在高维背景下,其预测能力将不可避免地被削弱。然而,在特定情形下,我们之前分析的大多数结果仍然适用。正如我们将看到的,当模型维度增加时,采用集合符号的方法将给模型构建带来巨大的便利。

9.1 问题的表述

本章中的优化问题与第 5 章、第 6 章的问题在本质上是相同的,只不过我们采用更一般化的方式来表达它。让我们考虑如下一种经济体:给定商品的价格,该经济体在完全竞争市场条件下通过使用 m 种生产要素来生产 n 种商品,并且生产要素的供给量是固定的。假定生产函数满足规模报酬不变等常规特征。令所有商品的集合为 **I**,其元素采用 i 进行索引;所有要素的集合为 **J**,其元素采用 j 进行索引。此时,GDP 最大化问题的拉格朗日函数可以写为:

$$\mathscr{L} = \sum_{\forall i \in \mathbf{I}} p_i q_i(V_i) + \sum_{\forall j \in \mathbf{J}} \lambda_j \left[V_j - \sum_{\forall i \in \mathbf{I}} v_{ji} \right] \tag{9.1}$$

其中,V_i 为行业 i 中要素投入 v_{ji} 的向量,V_j 为要素 j 的禀赋。[①]在任意给定的部门中,并不一定要使用所有要素作为投入。但如果 $q_i > 0$,则行业 i 至少必须有一项要素投入大于 0。拉格朗日乘子 λ_j 表示的是生产要素的影子价格,在完全竞争市场条件下等于要素价格。对拉格朗日函数中的 v_{ji} 和拉格朗日乘子分别求偏导,可以得到如下一阶条件:

$$p_i \frac{\partial q_i}{\partial v_{ji}} - \lambda_j \leqslant 0 \quad \text{如果 } v_{ji} > 0, \text{取等号} \quad \forall i \in \mathbf{I}, \ \forall j \in \mathbf{J} \tag{9.2}$$

$$V_j - \sum_{\forall i \in \mathbf{I}} v_{ji} = 0 \quad \forall j \in \mathbf{J} \tag{9.3}$$

通过联立求解式(9.2)和式(9.3),就可以得到每个行业的最优要素需求和要素价格

---

① 此处,我们遵循 Dixit 和 Norman(1980)的做法,即采用 V 而非 F 来表示生产要素。

(即拉格朗日乘子)。请注意,我们使用了一阶条件的不等式形式,原因有两点。首先,一些要素可能未被某些行业使用,此时,该行业中该要素的边际产出价值必须小于(或等于)要素价格。其次,对于给定的商品价格,均衡时产品的数量必须小于或等于要素的数量[参见 Samuelson(1953)]。因此,虽然我们可以设定有两种(可流动)要素、三种商品的均衡状态,但这是一种非常特殊的情形。因为当商品的数量大于生产要素的数量时,商品价格的微小变动将导致一种商品生产的完全终止。当要素数量等于商品数量时,要素价格将完全独立于要素禀赋(正如 HOS 模型中的情形)。当要素数量大于商品数量时,要素价格将取决于要素禀赋(正如特定要素模型中的情形)。[①]

9.2 模型在 GAMS 中的实现

在 GAMS 中,我们可以采用集合符号的定义,因此,实现高维模型并不困难。我们可以使用第 6 章的模型,对集合的维度进行拓展,同时对初始数据进行赋值。[②]

表 9.1 高维模型的 GAMS 程序

```
SET I Goods/1,2,3/;
SET J Factors/K,L,N/;
SET H(J)/K,L/;
ALIAS (J, JJ);

PARAMETERS
GAMMA(I)        Shift parameters in production
DELTA(J,I)      Share parameters in production
RHO(I)          Elasticity parameters in production
P(I)            Output prices
FBAR(J)         Endowments
QO(I)           Initial output levels
RO(J)           Initial factor prices
FO(J,I)         Initial factor use levels
GDPO            Initial gross domestic product;
```

---

① 当采用对偶法时,我们可以更容易地看清问题的本质。假定生产要素的数量为 m,商品种类数为 n。令 $\mathbf{A}$ 表示最优单位要素需求的 $n \times m$ 阶矩阵,$\mathbf{R}$ 表示要素价格的 m 维向量,$\mathbf{P}$ 表示商品价格的 n 维向量,$\mathbf{Q}$ 表示产出的 n 维向量,$\mathbf{V}$ 表示禀赋的 m 维向量。此时,一阶条件可简写为 $\mathbf{AR}=\mathbf{P}$ 和 $\mathbf{A}^{\mathrm{T}}\mathbf{Q}=\mathbf{V}$。由于 $\mathbf{A}$ 是 $\mathbf{V}$ 的函数,一阶条件包含 $n+m$ 个方程和 $n+m$ 个变量(要素价格和产量)。注意到,与要素价格相关的方程有 n 个,与产出相关的方程有 m 个。如果 $m=n$ 的条件得到满足(如同 HOS 模型那样),那么,第一个方程组将形成独立的区块,换言之,我们可以独立于禀赋来求解要素价格。然而,如果 $m>n$,那么仅靠零利润条件将无法求解要素价格,此时,要素价格的求解还需要依赖资源约束条件(如同特定要素模型那样)。如果 $n>m$,会产生更多问题。从表面来看,我们有足够多的方程来求解模型系统。然而,n 个零利润条件中仅有 m 个是独立的。思考这一问题的一种思路是,当考虑两种生产要素时,如果两条等价格线在特定点相交并决定了一组要素价格,那么,当所有种类的商品都在均衡状态被生产时,所有其他商品的等价格线必定相交于同一点。

② 我们之所以使用第 6 章而非第 5 章的模型,原因在于,构建特定要素模型时所采用的异常处理方法能让我们设置更一般的要素配置模式,包括允许某些要素不在特定行业使用。作为练习,你可以验证对于相同的集合与数据,上述两个模型的结果是一致的。

```
TABLE FO(J,I)    Initial factor use levels
            1       2       3
L           20      80      10
K           80      20      15;

P(I) = 1;
RO(J) = 1;
QO(I) = 150;
FO('N',I) = (QO(I) * P(I) - SUM(H,FO(H,I) * RO(H)))/RO('N');
FBAR(J) = SUM(I, FO(J,I));
GDPO = SUM(I, P(I) * QO(I));
RHO(I) = 0.1;
DELTA(J,I) $ FO(J,I) = (RO(J)/FO(J,I) ** (RHO(I) - 1))/(SUM(JJ $ FO(JJ,I), RO(JJ)/FO(JJ,I) **
(RHO(I) - 1)));
GAMMA(I) = QO(I)/(SUM(J $ FO(J,I), DELTA(J,I) * FO(J,I) ** RHO(I))) ** (1/RHO(I));


VARIABLES
Q(I)             Output levels
R(J)             Factor prices
F(J,I)           Factor use levels
GDP              Gross domestic product;


Q.L(I) = QO(I);
R.L(J) = RO(J);
F.L(J,I) = FO(J,I);
GDP.L = GDPO;
Q.LO(I) = 0;
R.LO(J) = 0;
F.LO(J,I) = 0;


EQUATIONS
PRODUCTION(I)    Production functions
RESOURCE(J)      Resource constraints
FDEMAND(J,I)     Factor demand functions
INCOME           Gross domestic product;


PRODUCTION(I)..Q(I) = E = GAMMA(I) * SUM(J $ FO(J,I), DELTA(J,I) * F(J,I) ** RHO(I)) ** (1/RHO(I));
RESOURCE(J)..FBAR(J) = E = SUM(I, F(J,I));
FDEMAND(J,I) $ FO(J,I)..R(J) = E = P(I) * Q(I) * SUM(JJ $ FO(JJ,I), DELTA(JJ,I) * F(JJ,I) ** RHO
(I)) ** (-1) * DELTA(J,I) * F(J,I) ** (RHO(I) - 1);
INCOME..GDP = E = SUM(I, P(I) * Q(I));


MODEL HD / ALL /;
SOLVE HD USING NLP MAXIMIZING GDP;
```

具体程序代码见表 9.1，该程序遵循与前面示例类似的结构。因此，我们将主要讨论新的元素。第一个不同之处在于，我们对集合的维度进行了调整。针对 3×3 模型，商品集合调整为 $i = \{1, 2, 3\}$，要素集合 $j = \{K, L, N\}$。接下来，我们介绍了一种新的

GAMS 编程思路,即使用子集。下列一行代码包含了子集的定义:

```
SET H(J)/K,L/;
```

如果集合 J 已经定义,则该表达式会在 GAMS 中生成一个新的集合 H,集合 H 为 J 的子集且包含 K 和 L 元素(必须是集合 J 的元素)。当然,使用命令 `SET H/K,L/;`,我们可生成一个新的集合 H,且无须定义 H 为 J 的子集。但是,将 H 定义为 J 的子集有如下几个优点:首先,GAMS 会检查 H 的元素是否与 J 的元素相对应,从而帮助我们查找错误;其次,我们可以在本来需要使用 J 的地方使用 H,从而将操作限定于子集。这样做的好处将在后文中显现出来。

与第 6 章相同,接下来我们会声明参数的名称。为了给参数赋值,我们再次使用了校准方法,首先,我们给要素需求、价格和产出赋值,然后基于模型定义计算出余下的数值。如果我们的数据是高维的,那么,逐行输入数据会很麻烦。另一种高维数据的输入方法是使用 TABLE 命令。利用 TABLE 命令,我们就可以同步实现定义和赋值,并可以方便地用表格形式来呈现数据。我们利用 TABLE 命令来设置要素需求的初始值:

```
TABLE FO(J,I)      Initial factor use levels
        1       2       3
L       20      80      10
K       80      20      15;
```

关键词 TABLE 后紧跟着一个二维的参数,以及描述性说明。下一行为描述一维元素的列标签(此处为商品),然后是行标签(此处为要素)。TABLE 中定义的数据必须在正确的列和行中对齐。请注意,我们在表中并没有给 N 赋值。原因在于,我们需要对 N 进行校准,从而确保模型的平衡。校准的 GAMS 代码如下:

```
FO('N',I) = (QO(I)*P(I) - SUM(H,FO(H,I)*RO(H)))/RO('N');
```

该语句与第 5 章、第 6 章中的非常类似。此处,我们还使用了子集 H,来定义分子中的求和索引。上述语句的含义为,为了得到每个部门中要素 N 的使用量,我们需要从产出价值中剔除所有其他投入的成本,然后再除以 N 的价格。

该程序的其余部分与第 6 章相同。一旦你验证了初始平衡,请尝试下面的练习,以了解模型的特征。

在本章所构建的程序中,存在三种商品、三种生产要素。正如我们在第 9.1 节中指出的,当商品的种类超过要素的种类时,商品价格向量的微小变化会导致一些商品的生产变得无利可图,最终会出现商品数量与生产要素数量一致的均衡解。换言之,此时会出现角点解。请从要素集合中删除 N,并删除校准 N 值的行。基于产品耗尽原理,你还需要将商品 3 中 K 和 L 初始投入的加总更改为 100。运行该模型,就可以求出模型的最优解。现在请尝试将商品 1 的价格提高 10%,此时会发生什么?该模型将无法求解,而 GAMS 将其报告为不可行(infeasible)。

问题的根源在于,在构建模型时我们假设存在内点解,但根据我们提出的条件,模型解实际上是角点解,并且有些条件无法成立。虽然对这类复杂问题处理的完整讨论超出了本书范围(本书中的大多数模型都存在内点解),我们仍然可对程序进行修改,从而有效地处理角点解问题。处理角点解的方法之一是指定目标值(作为等式)和约束条件(作为不等式),允许 GAMS 自行确定边际条件,从而实现 GAMS 对非线性规划问题的求解。

换言之,我们从模型中删除了要素需求方程,并用不等式形式替代了生产函数和资源约束。此时,方程部分变为:

PRODUCTION(I)..Q(I) = L = GAMMA(I) * SUM(J $ FO(J,I),DELTA(J,I) * F(J,I) ** RHO(I))
　　 ** (1/RHO(I));

RESOURCE(J).. SUM(I,F(J,I)) = L = FBAR(J);

INCOME..GDP = E = SUM(I,P(I) * Q(I));

请注意,我们在约束条件中使用了 = L = ,而并非 = E = 。 = L = 的含义为"小于或等于", = G = 的含义为"大于或等于"。在生产函数中, = L = 表明在给定技术水平下,右侧是可以生产的最大产量。类似的是,在资源约束条件中,FBAR 是生产中可以使用的要素的最大数量。注意到,我们将 FBAR 移到了约束条件的右侧。当然,我们也可以将 FBAR 置于约束条件的左侧,此时只需要将 = L = 替换为 = G = 即可。但是,采取 = L = 的形式看起来会更清晰(为什么?)。

通过代码 F.LO(J,I) = 0 等,我们设置了变量的下界。对于不等式形式的模型而言,下界的设定是至关重要的。下界不仅缩小了 GAMS 求解模型时的搜索空间,而且决定了当最优解是角点解时的求解结果。

运行上述模型,GAMS 可以求解出要素需求、产出和 GDP。如果施加价格冲击,模型将继续求解,GAMS 也会找到一个角点解(即一种商品的生产会停止)。不同之处在于,我们没有定义要素价格的方程或变量,故 GAMS 也不会报告它们。然而,获取这些要素价格并不困难,因为要素价格实际上是资源限制条件中的拉格朗日乘子。在列表文件中,拉格朗日乘子为资源约束方程的"边际"价值。要找到边际价值,请查找列表文件中如下的内容:

---- EQU RESOURCE Resource constraints

	LOWER	LEVEL	UPPER	MARGINAL
K	− INF	150.0	150.0	0.9418
L	− INF	150.0	150.0	1.2762

MARGINAL 标题下的数字是资源约束的影子价格,此时,该影子价格等于完全竞争条件下的要素价格。另外请注意,生产函数的边际价值等于商品的价格,正如我们所预期的。

9.3　练习题

(1) 请尝试将程序拓展为 4×4 模型的情形。

(2) 在高维模型中,如果某种商品价格的上涨导致某种要素的价格以更高比例增加,从而导致该要素实际回报的增加,该商品则被称为此要素的"朋友"。在 3×3 模型中,你能辨别出哪些商品是哪种要素的"朋友"吗?

(3) 如果某种商品价格的上涨导致某种要素价格的下降,从而导致该要素实际回报的减少,该商品则被称为此要素的"敌人"。[①]在 3×3 模型中,你能辨别出哪些商品是哪种要

---

① Deardorff(2010)对国际经济学中的此类术语提供了明确的定义。

素的"敌人"吗?

(4) 如果一种要素禀赋的增加会导致某种商品产量以更高比例提高,那么,该要素被称为此商品的"朋友";如果它导致了某种商品产量的减少,该要素就是此商品的"敌人"。在 3×3 模型中,你能辨别出哪种要素是哪些商品的"朋友"或"敌人"吗?

(5) 试着建立一个模型,在此模型中存在三种商品、两种要素。你能得到初始最优解吗? 当你小幅提高或降低价格时,会发生什么? 依据斯托尔珀-萨缪尔森定理得到的结论是否仍然适用? 在何种意义上?

(6) 你能使用第 7 章中讨论的对偶法来实现高维模型吗?

(7) 采用存在角点解的模型版本,模拟价格上涨导致只生产商品 1 和商品 2 的情形。与最初只存在商品 1 和商品 2 的模型中的相同价格集合相比,结果会有何不同?

(8) 在商品种类多于要素种类的模型中,当一种商品的价格上涨时,有没有可能价格上涨的商品就是生产终止的商品? 为什么或为什么不?

(9) 一般而言,生产商品的种类不会超过要素的种类。在什么情况下生产商品的种类会少于要素的种类? 你能构建一个模拟模型来加以说明吗?

9.4 拓展阅读

关于处理商品种类多于要素种类的经典方法,可以参见 Samuelson(1953)。关于多商品、多要素国际贸易理论的讨论,可参见 Ethier(1974)。关于斯托尔珀-萨缪尔森定理及罗伯津斯基(Rybczynski)定理在高维模型中的一般化运用,可以参见 Jones 和 Scheinkman(1977)。

► 10

中间投入品

在目前我们所讨论的模型中,生产阶段通常仅考虑了初级生产要素(资本、劳动力等)。然而,现实的生产过程不仅会使用初级生产要素,还会使用其他行业生产的商品(即中间投入品),如钢铁、混凝土等。事实上,在国内贸易和国际贸易中占很大比例的并非是最终产品,而是中间投入品。因此,如果我们希望构建的模型更符合实际经济现实,就有必要在模型中考虑中间投入品。换言之,引入中间投入品是非常重要的。在本章中,我们将思考如何对生产的一般均衡模型进行修改,从而引入中间投入品,同时,我们还会探讨函数形式选择的相关问题。

10.1 问题的表述

本章所考虑的问题实质上仍然是第 4 章中的成本最小化问题,只不过额外考虑了单个中间投入品。假设存在行业 1,该行业使用资本、劳动力及中间投入品 2 来生产商品 q_1。行业 1 的生产函数满足标准的性质。该行业成本最小化问题的拉格朗日函数如下所示:

$$\mathscr{L} = rK_1 + wL_1 + p_2 q_{21} + \lambda[\bar{q}_1 - q_1(K_1, L_1, q_{21})] \tag{10.1}$$

其中,q_{21} 表示行业 1 购买的商品 2 的数量,λ 的含义仍然是边际成本。将拉格朗日函数分别对生产要素、中间投入品及拉格朗日乘子求偏导,可以得到成本最小化问题的一阶条件:

$$\partial \mathscr{L}/\partial K_1 = r - \lambda \partial q_1/\partial K_1 = 0 \tag{10.2}$$

$$\partial \mathscr{L}/\partial L_1 = w - \lambda \partial q_1/\partial L_1 = 0 \tag{10.3}$$

$$\partial \mathscr{L}/\partial q_{21} = p_2 - \lambda \partial q_1/\partial q_{21} = 0 \tag{10.4}$$

$$\partial \mathscr{L}/\partial \lambda = \bar{q}_1 - q_1(K_1, L_1, q_{21}) = 0 \tag{10.5}$$

式(10.5)为约束条件,其含义是最优选择必须实现产出目标。大家应该对式(10.2)—式(10.4)非常熟悉。它们表明,对于生产过程中的所有投入(无论是初级生产要素还是中间投入品),企业为投入所支付的价格应该等于投入的边际产出价值。求解上述 4 个方程就可以得到最优要素需求(K_1^* 和 L_1^*)和最优中间投入品需求(q_{21}^*),它们均为目标产出水平和投入价格的函数。由此可见,引入中间投入品并没有从根本上改变企业决策的模型。

现在,我们开始考虑包含中间投入品的生产决策模型。为了简化模型,假设每个行业仅有一种生产要素(劳动力)和一种中间投入品。当然,在此基础上对模型进行拓展并不困难。如第 5 章和第 6 章所述,上述问题可以视为在既定技术和资源约束下实现 GDP 的最大化。该问题对应的拉格朗日函数如下:

$$\mathscr{L}=p_1\big[q_1(L_1,q_{21})-q_{12}\big]+p_2\big[q_2(L_2,q_{12})-q_{21}\big]+\lambda\big[\bar{L}-L_1-L_2\big] \qquad (10.6)$$

请注意,为了避免重复计算,最大化的目标值为行业净产值的加总,即增加值。[①]对拉格朗日函数中的投入(包括生产要素和中间投入品)和拉格朗日乘子求偏导,可以得到如下一阶条件:

$$\partial\mathscr{L}/\partial L_1=p_1\partial q_1/\partial L_1-\lambda\leqslant0 \quad \text{当 } L_1>0 \text{ 时,取等号} \qquad (10.7)$$

$$\partial\mathscr{L}/\partial L_2=p_2\partial q_2/\partial L_2-\lambda\leqslant0 \quad \text{当 } L_2>0 \text{ 时,取等号} \qquad (10.8)$$

$$\partial\mathscr{L}/\partial q_{21}=p_1\partial q_1/\partial q_{21}-p_2\leqslant0 \quad \text{当 } q_{21}>0 \text{ 时,取等号} \qquad (10.9)$$

$$\partial\mathscr{L}/\partial q_{12}=p_2\partial q_2/\partial q_{12}-p_1\leqslant0 \quad \text{当 } q_{12}>0 \text{ 时,取等号} \qquad (10.10)$$

$$\partial\mathscr{L}/\partial\lambda=\bar{L}-L_1-L_2=0 \qquad (10.11)$$

请注意,与第 9 章一样,我们使用了一阶条件的不等式形式。Samuelson(1951)已经证实了该模型的生产可能性边界是线性的,故可能存在一个角点解(商品的种类多于要素的种类)。我们将拉格朗日乘子 λ 解释为劳动力的影子价格,即工资。然而,需要指明的是,引入中间投入品并没有改变生产决策模型的基本结构。

10.2　嵌套函数形式

事实上,当我们在生产和贸易的数值模型中引入中间投入品时,最关键的问题是生产函数形式的选择,而并非优化问题的经济学原理。

如果我们认为中间投入品与初级生产要素没有本质区别,那么,一种可能做法是仍采用柯布-道格拉斯或 CES 函数。虽然这种做法可行且相对简单,但大多数 CGE 模型并未采取这种思路。其原因在于,CES 生产函数的限制性假设太强,而柯布-道格拉斯也只是 CES 函数的一个特例。需要特别说明的是,CES 函数假设不同投入之间具有相同的替代弹性。这意味着,资本和劳动力的替代弹性等于劳动力和钢铁的替代弹性。显然,这不太符合实际情况。因而,更为常见的处理办法是采取"嵌套"函数形式。[②]图 10.1 阐述了嵌套的具体思路。

我们可以认为,初级生产要素(资本、劳动力等)被组合成复合增加值(value-added composite)。类似的是,企业使用的中间投入品也被组合成一个复合品,我们称之为中间复合品(intermediates composite)。我们将上述两个复合品简称为增加值和中间品。最

---

① 增加值必须为正数,换言之,每个行业中间投入的使用量不能超过其产量。
② 正如即将看到的,此类嵌套结构在联合生产建模中也会出现,且被用于在需求模型中引入偏好多样性。因此,了解嵌套结构的基本原理是非常有必要的。

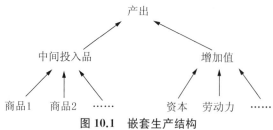

图 10.1　嵌套生产结构

后,企业通过使用增加值和中间品进行生产,并最终形成产出。

一般而言,中间投入品的复合会采用里昂惕夫(min)函数,而初级生产要素的复合使用会采用 CES 函数。随后,采用里昂惕夫函数将中间品和增加值进行组合,从而得到最终的产出。由于里昂惕夫函数意味着固定比例的投入,因此中间品之间是不能替代的,同时,中间品也不能与增加值相互替代。

或者,我们也可以在每一层级使用 CES 函数进行复合。具体来说,我们可以用一个 CES 函数来构建中间品,用另一个 CES 函数来构建增加值,最后,我们用一个 CES 函数将中间品和增加值进行组合。在多层级的 CES 嵌套中,我们可以设置三个替代弹性值。换言之,单一层级的生产函数只是一个特例,并且其中的所有替代弹性值都是相同的。我们将每种中间投入品按固定比例组合并进行生产的情形称为固定比例设定。我们将每种中间投入品不按固定比例组合并进行生产的情形称为可变比例设定。[①]在接下来的几节中,我们将详细地介绍这两种设定。

10.3　固定比例情形

现在,我们来考虑一个存在两种商品、两种初级生产要素的经济体。每个行业的最终产品都能作为其他行业的中间投入品,当然也能作为该行业自身的。在本模型中,商品价格是固定的。假设增加值和中间品使用的复合关系满足里昂惕夫函数。由于里昂惕夫生产函数是不可微的,故边际分析并不直接适用于中间品使用,但边际分析仍然适用于增加值的组成部分。[②]

引入此种形式的中间品使用时需要意识到,每个行业的中间投入品都是以固定比例用于生产的,而无须考虑相对价格。同样,中间复合品的使用与增加值也保持着固定比例,并且这一比例也不受价格的影响。

目前的分析只考虑了行业 1,但分析的基本思路同样也适用于其他行业。给定固定比例及两种中间投入品,生产函数的形式为 $q_1 = \min(V_1, q_{11}, q_{21})$,其中,$V_1$ 为复合增加值,q_{11} 是在生产商品 1 的过程中作为中间投入的商品 1 的数量,q_{21} 为在生产商品 1 的过程中作为中间投入的商品 2 的数量。

若 a_{11} 表示每生产一单位商品 1 所使用的商品 1 的数量,那么 $a_{11} = q_{11}/q_1$。类似地,

---

① 通过在嵌套结构中引入更多层级,就可以实现不同生产要素和中间投入间具有不同替代可能性的设置。例如,在某些生产活动中,钢可能很容易被铝取代,但钢不太容易被混凝土取代。

② 我们可以使用连续函数来尽可能接近里昂惕夫函数,详见本章的练习题 2。

可以令 a_{21} 表示每生产一单位商品 1 所使用的商品 2 的数量。a_{11} 和 a_{21} 被称为投入产出系数,我们可以将其视为单位中间投入品需求。需要指出的是,与第 7 章中的单位要素需求不同,单位中间投入品需求通常是常数。类似地,我们可以得到复合增加值的单位需求 $a_{V1}=V_1/q_1$。a_{V1} 同样是一个常数。

为方便起见,我们将所有商品的初始价格标准化为 1,其中包括复合增加值的初始价格(我们将其表示为 p_1^Y)。[1]基于这一标准化设定,可以得到 $a_{V1}+a_{11}+a_{21}=1$。每单位的需求量必须少于 1,否则生产在经济上是不可行的。此外,$a_{V1}=1-a_{11}-a_{21}$。要理解这一点需要注意的是,当所有价格标准化为 1 时,根据产品耗尽原理可得:

$$V_1=q_1-q_{11}-q_{21} \tag{10.12}$$

由于 $q_{11}=a_{11}q_1$ 与 $q_{21}=a_{21}q_1$,将它们代入式(10.12),可以得到:

$$V_1=[1-a_{11}-a_{21}]q_1 \tag{10.13}$$

接下来,我们使用 CES 函数来定义行业 1 的复合增加值,其形式与前述章节的完全相同:

$$V_1=\gamma_1[\delta_1 K_1^{\rho_1}+(1-\delta_1)L_1^{\rho_1}]^{1/\rho_1} \tag{10.14}$$

最后,联立式(10.13)和式(10.14),可得到生产函数:

$$q_1=\gamma_1[\delta_1 K_1^{\rho_1}+(1-\delta_1)L_1^{\rho_1}]^{1/\rho_1}(1-a_{11}-a_{21})^{-1} \tag{10.15}$$

现在我们得到了生产函数,接下来需要推导中间投入和生产要素的需求函数。由于中间投入品不取决于相对价格,中间投入品的需求函数为:$q_{11}=a_{11}q_1$ 与 $q_{21}=a_{21}q_1$。对于要素的使用而言,要素价格需要等于要素边际产出的价值。通过对生产函数求偏导,就可以得到每种要素的边际产出。然而,在进行数值转换时需要格外小心。给定市场价格,对于每一单位的产出,需要按比例购买每一种中间投入品。因此,支付给增加值的金额是扣除中间投入成本后的净值(这实际上是一个产品耗尽问题,即产出价值必须等于生产过程中所有投入的支出成本)。因此,我们可将净价格定义为:

$$p_1^N=p_1-p_1 a_{11}-p_2 a_{21} \tag{10.16}$$

p_1^N 是企业用来购买复合增加值的价格,也是计算边际产出价值时用到的价格。资本的需求函数为 $r=p_1^N(\partial q_1/\partial K_1)$,利用式(10.15)可将其改写为:

$$r=p_1^N q_1[\delta_1 K_1^{\rho_1}+(1-\delta_1)L_1^{\rho_1}]^{-1}\delta_1 K_1^{\rho_1-1} \tag{10.17}$$

在最优选择状态时,净价格必须等于生产一单位产出所需购买的复合增加值的成本。我们将复合增加值的单位需求 a_{V1} 定义为 $1-a_{11}-a_{21}$,由此得出复合增加值的价格为 $p_1^Y=p_1^N/[1-a_{11}-a_{21}]$。因此,$p_1^N q_1=p_1^Y V_1$,我们还可以基于 $r=p_1^Y(\partial V_1/\partial K_1)$ 推导出式(10.17),即支付给资本的报酬等于复合增加值的价格乘以资本单位增量所带来的复合增加值的变动。对劳动力需求的处理也是类似的。我们把推导过程作为练习留给

①　事实上,在所有数值模拟的示例中,我们都使用了这种便利的标准化方法。

读者。

与前面的示例一样,在 GAMS 中实现模型之前,用集合符号来描述问题会更加便利。令要素集合 $\mathbf{J}=\{K,L\}$,行业集合 $\mathbf{I}=\{1,2\}$。行业 i 对要素 j 的需求为 F_{ji}。此时,生产函数可以写为:

$$q_i = \frac{\gamma_i}{1 - \sum_{\forall h \in \mathbf{I}} a_{hi}} \Big[\sum_{\forall j \in \mathbf{J}} \delta_{ji} F_{ji}^{\rho_i} \Big]^{\frac{1}{\rho_i}} \quad \forall i \in \mathbf{I}$$

净价格的计算公式为:

$$p_i^N = p_i - \sum_{\forall h \in \mathbf{I}} p_h a_{hi} \quad \forall i \in \mathbf{I}$$

要素需求方程为:

$$r_j = p_i^N q_i \Big[\sum_{\forall k \in \mathbf{J}} \delta_{ki} F_{ki}^{\rho_i} \Big]^{-1} \delta_{ji} F_{ji}^{\rho_i - 1} \quad \forall j \in \mathbf{J}, \ \forall i \in \mathbf{I}$$

与不考虑中间投入品的生产模型相比,此模型在本质上并没有什么不同。不同之处在于,我们需要定义每个行业中间投入品的使用及单位需求,调整生产函数以考虑中间投入,增加新的公式来计算净价格(以及相关变量),使用净价格重新定义要素需求,并将 GDP 定义为净产值而非总产值。

基于第 6 章模型完成的程序见表 10.1。对比第 6 章的代码可以发现,不同之处在于此处的代码引入了商品集的别名,原因在于,我们需要在生产和净价格方程中对商品进行求和。在 PARAMETERS 部分,我们引入了新的参数名,如初始净价格(PNO)、投入产出系数(A),以及初始中间投入品使用(INTO)。我们使用第 9 章中介绍的 TABLE 命令对 INTO 进行定义和赋值。

然后,基于上述定义,我们对投入产出系数、初始净价格进行校准。我们利用产品耗尽原理来决定每个行业中投入的价值。请注意,为了考虑中间投入品的报酬,我们需要对校准进行调整。此外,模型的校准部分还有两个变化。其一,我们将 GDP 定义为初级生产要素的报酬(在每个行业,它等于增加值的价格与复合增加值的乘积)。其二,我们调整了校准 GAMMA 参数的方程,以考虑生产函数的新结构。

在 VARIABLES 部分,我们增加了一个新变量 PN,即净价格。然后,我们给 PN 设置水平值和下界。在 EQUATIONS 部分,我们增加了一个新的方程 NET_PRICE,调整了生产的定义以考虑中间投入,并使用净价格重新定义了要素需求。现在我们的模型已经包含了中间投入品,并且具有良好的拓展性。

表 10.1　考虑中间投入品的模型的 GAMS 程序(固定比例情形)

```
SET I Goods / 1,2/ ;
SET J Factors / K,L,N / ;
ALIAS (J,JJ) ;
ALIAS (I,II) ;

PARAMETERS
GAMMA(I)              Shift parameters in production
DELTA(J,I)            Share parameters in production
RHO(I)               Elasticity parameters in production
```

```
P(I)                            Output prices
PNO(I)                          Initial net prices
FBAR(J)                         Endowments
QO(I)                           Initial output levels
RO(J)                           Initial factor prices
FO(J,I)                         Initial factor use levels
A(II,I)                         Input-output coefficients
GDPO                            Initial gross domestic product;

TABLE INTO(II,I)                Initial intermediate use levels
        1      2
1       40     10
2       10     40;

P(I) = 1;
RO(J) = 1;
QO(I) = 150;
FO('L','1') = 20;
FO('L','2') = 80;

A(II,I) = INTO(II,I)/QO(I);
PNO(I) = P(I) - SUM(II,P(II) * A(II,I));
FO('K','1') = (QO('1') * P('1') - FO('L','1') * RO('L') - SUM(II, INTO(II,'1') * P(II)))/RO('K');
FO('N','2') = (QO('2') * P('2') - FO('L','2') * RO('L') - SUM(II, INTO(II,'2') * P(II)))/RO('N');
FBAR(J) = SUM(I,FO(J,I));
GDPO = SUM(J, RO(J) * FBAR(J));
RHO(I) = 0.1;
DELTA(J,I) $ FO(J,I) = (RO(J)/FO(J,I) ** (RHO(I) - 1))/(SUM(JJ $ FO(JJ,I),RO(JJ)/FO(JJ,I) **
(RHO(I) - 1)));
GAMMA(I) = (QO(I)/(SUM(J $ FO(J,I), DELTA(J,I) * FO(J,I) ** RHO(I))) ** (1/RHO(I))) * (1 - SUM
(II,A(II,I)));

VARIABLES
Q(I)            Output levels
R(J)            Factor prices
F(J,I)          Factor use levels
PN(I)           Net prices
GDP             Gross domestic product;

Q.L(I) = QO(I);
R.L(J) = RO(J);
F.L(J,I) = FO(J,I);
PN.L(I) = PNO(I);
GDP.L = GDPO;
Q.LO(I) = 0;
R.LO(J) = 0;
F.LO(J,I) = 0;
PN.LO(I) = 0;
```

(续表)

```
EQUATIONS
PRODUCTION(I)          Production functions
RESOURCE(J)            Resource constraints
FDEMAND(J,I)           Factor demand functions
NET_PRICE(I)           Net price functions
INCOME                 Gross domestic product;

PRODUCTION(I)..Q(I) = E = (GAMMA(I)/(1 - SUM(II,A(II,I)))) * SUM(J $ FO(J,I), DELTA(J,I) * F(J,I)
 ** RHO(I)) ** (1/RHO(I));
RESOURCE(J)..FBAR(J) = E = SUM(I,F(J,I));
NET_PRICE(I)..PN(I) = E = P(I) - SUM(II,P(II) * A(II,I));
FDEMAND(J,I) $ FO(J,I)..R(J) = E = PN(I) * Q(I) * SUM(JJ $ FO(JJ,I), DELTA(JJ,I) * F(JJ,I) ** RHO
(I)) ** (-1) * DELTA(J,I) * F(J,I) ** (RHO(I) - 1);
INCOME..GDP = E = SUM(J, R(J) * FBAR(J));

MODEL SF / ALL / ;
SOLVE SF USING NLP MAXIMIZING GDP;
```

10.4 可变比例情形

前面的例子做了一些相当严格的技术假设,在可变比例情形中,我们将放松这些假设。让我们再次考虑有两种商品、两种初级生产要素的经济体,其中,价格是给定的。每种最终产品都可以在生产中被用作中间投入品,但我们现在考虑了增加值替代中间投入品,以及中间投入品之间相互替代的可能性。假设商品 1 的生产满足下列函数:

$$q_1 = \gamma_1^q [\delta_1^q V_1^{\rho_1^q} + (1-\delta_1^q)M_1^{\rho_1^q}]^{1/\rho_1^q} \tag{10.18}$$

其中,ρ^q 是控制中间投入品(M)和增加值(V)之间可替代性的参数。增加值定义如下:

$$V_1 = \gamma_1^V [\delta_1^V K_1^{\rho_1^V} + (1-\delta_1^V)L_1^{\rho_1^V}]^{1/\rho_1^V} \tag{10.19}$$

其中,ρ^V 用来控制初级生产要素间的可替代性。类似地,加总的中间投入品被定义为:

$$M_1 = \gamma_1^M [\delta_1^M q_{11}^{\rho_1^M} + (1-\delta_1^M)q_{21}^{\rho_1^M}]^{1/\rho_1^M} \tag{10.20}$$

其中,ρ^M 用来控制中间投入品间的可替代性。简而言之,本模型中的生产函数是嵌套的,且每层嵌套都采用了 CES 函数。

正如我们所看到的,对初级生产要素的需求要满足要素价格等于边际产出价值的条件,此外,增加中间投入品并没有改变模型的基本特征。推导边际产出的一种方法是将 V_1 和 M_1 代入 q_1,然后求偏导。然而,这样处理会使结果非常杂乱并且多此一举。实际上,我们可以应用链式规则进行计算。核心的思想是,如果其他条件不变,那么,资本变化引起的产出变化将等于资本变化引起的增加值变化乘以增加值变化引起的产出变化。由此,资本的需求函数可以写为:

$$r = p_1 \frac{\partial q_1}{\partial V_1} \frac{\partial V_1}{\partial K_1} = p_1 q_1^{1-\rho_1^q} V_1^{\rho_1^q - \rho_1^V} (\gamma_1^q)^{\rho_1^q} (\gamma_1^V)^{\rho_1^V} \delta_1^q \delta_1^V K_1^{\rho_1^V - 1} \qquad (10.21)$$

实际上,需求函数可简化为看起来更简洁的形式。行业 2 中的资本需求函数与行业 1 相同,且只需替换相应下标即可,劳动力的需求函数也类似。作为练习,请读者自行推导出这些要素需求函数。

中间投入品的边际产出价值必须等于支付的价格。应用链式规则,我们可以得到企业 1 对商品 2 的需求条件:

$$p_2 = p_1 \frac{\partial q_1}{\partial M_1} \frac{\partial M_1}{\partial q_{21}} = p_1 q_1^{1-\rho_1^q} M_1^{\rho_1^q - \rho_1^M} (\gamma_1^q)^{\rho_1^q} (\gamma_1^M)^{\rho_1^M} (1-\delta_1^q)(1-\delta_1^M) q_{21}^{\rho_1^M - 1} \quad (10.22)$$

企业 1 对其他中间投入品的需求条件,以及其他行业对中间投入品的需求条件与式(10.22)大致相同。作为练习,请自行推导上述中间投入品的需求条件。

实际上,我们还可以将模型推广到考虑任意种类商品和要素的情形。给定 CES 生产结构,模型的拓展与上述基准模型并没有太大不同(你可以试着验证这个观点)。完整的模型包括商品的生产函数、增加值函数、中间投入品函数、生产要素的资源约束条件、要素需求方程(如果增加值中包含了该要素)、中间投入品的需求方程,以及目标函数(GDP)。

部分 GAMS 程序如表 10.2 所示(与本书中的所有模型一样,本模型完整的 GAMS 程序可以从网上下载)。表 10.2 中的代码是基于第 6 章的特定要素模型编写的,许多调整的细节与固定比例情形中的调整类似,故我们仅列出了方程组的定义。与之前不同的是,生产被分解为三个方程(PRODUCTION、VALUE 和 INTERMED),分别对应着上述 q、V 和 M 方程。尽管我们保留了要素需求方程 FDEMAND,但该方程的形式调整为式(10.21)。基于式(10.22),我们引入了中间投入品需求方程 IDEMAND。[①]在模型中,资源约束条件没有变化,但 GDP 现在被定义为净产值的加总。

表 10.2　考虑中间投入品的模型的部分 GAMS 程序(可变比例情形)

```
EQUATIONS
PRODUCTION(I)        Production functions
VALUE(I)             Value added
INTERMED(I)          Intermediate
RESOURCE(J)          Resource constraints
FDEMAND(J,I)         Factor demand functions
IDEMAND(II,I)        Intermediate demands
INCOME               Gross domestic product;

PRODUCTION(I)..Q(I) = E = GAMMAQ(I) * (DELTAQ(I) * V(I) ** RHOQ(I) + (1 - DELTAQ(I)) * M(I) ** RHOQ
(I)) ** (1/ RHOQ(I));
INTERMED(I)..M(I) = E = GAMMAI(I) * (SUM(II $ INTO(II,I), DELTAI(II,I) * INT(II,I) ** RHOI(I))) *
* (1/ RHOI(I));
VALUE(I)..V(I) = E = GAMMAV(I) * SUM(J $ FO(J,I), DELTAV(J,I) * F(J,I) ** RHOV(I)) ** (1/ RHOV(I));
RESOURCE(J)..FBAR(J) = E = SUM(I, F(J,I));
```

---

① 注意,这些方程中异常处理的使用与要素需求中的使用大致相同。

FDEMAND(J,I) $ FO(J,I)..R(J) = E = P(I) * Q(I) ** (1 - RHOQ(I)) * V(I) ** (RHOQ(I) - RHOV(I)) *
(GAMMAQ(I) ** RHOQ(I)) * (GAMMAV(I) ** RHOV(I)) * DELTAQ(I) * DELTAV(J,I) * F(J,I) ** (RHOV
(I) - 1);

IDEMAND(II,I) $ INTO(II,I)..P(II) = E = P(I) * Q(I) ** (1 - RHOQ(I)) * M(I) ** (RHOQ(I) - RHOI(I))
* (GAMMAQ(I) ** RHOQ(I)) * (GAMMAI(I) ** RHOI(I)) * (1 - DELTAQ(I)) * DELTAI(II,I) * INT(II,I) *
* (RHOI(I) - 1);

INCOME..GDP = E = SUM(I,P(I) * (Q(I) - M(I)));

与三个新的方程相对应,模型中增加了三个新的变量 V(I)、M(I) 和 INT(II,I)。除了变量的初始值以外,模型中还增加了新的参数,如各嵌套层级的弹性参数(RHOQ、RHOV 和 RHOI)、移位参数(shift parameter)及份额参数(share parameter)。其中,移位参数和份额参数需要进行校准。初始价格设定为 1,校准的流程与 CES 生产函数中的校准流程相同。一旦验证了初始均衡,就可以对外生变量和参数进行扰动,从而探究经济系统的响应。

10.5　练习题

(1) 基于固定比例模型,思考提高商品 1 的价格的情形。你应该会发现一种固定要素的收益会上升,而另一个固定要素的收益会下降,这与特定要素模型的结果一致。然而,模拟结果中劳动力的名义报酬下降了。为什么会如此?这种情形会时常出现吗?

(2) 在可变比例模型中,尝试将 RHOQ 和 RHOI 都设置为 -10。然后,进行一个实验,例如,将商品 1 的价格提高 10%。接着,我们采用固定比例模型进行相同的实验,你观察到了什么?为什么会如此?

(3) 在可变比例模型中,当任意行业使用自身产出作为中间投入时,最优选择时的边际产出将等于 1。原因是什么?

(4) 表 10.1 所示的模型假定了特定要素。通过调整基础数据,构建一个包含中间投入品的 HOS 模型版本。

10.6　拓展阅读

关于中间投入品的早期研究,可以参见 Vanek(1963)。如果想进一步了解第 10.1 节中探讨的单一要素模型的特征,可以参见 Melvin(1969a,1969b)。Warne(1971)探讨了可变比例的两要素模型。Casas(1972)研究了仅用于生产过程的"纯"中间投入品的内涵。

▶ 11

自给自足经济

前几章的模型关注的是独立的生产与消费决策,并且所有模型中的价格都是外生的。现在,我们来考虑一个单一经济体中同时包含生产和消费决策的一般均衡模型。在该模型中,价格是由经济系统内生决定的。换句话说,我们将构建一个自给自足经济(封闭经济)的完整模型。在下一章中,我们将考虑小型的开放经济体。

11.1 问题的表述

假定一个具有代表性的消费者的效用函数为$U(c_1, c_2)$。在本章中,我们仍可以应用第 3 章介绍的消费者选择理论。不同之处在于,本章中的效用函数代表了整个社会的偏好(我们之后会考虑社会中不同类型的人群具有不同偏好的情形),消费的约束并非由预算决定,而是由社会生产能力决定。其中,生产力是技术和资源的函数,而选择集合是由生产模型所决定的。我们究竟是采用第 5 章还是第 6 章中的模型结构将取决于研究跨度是长期还是短期。在本章中,我们将考虑长期情形,并将短期情形留作练习。本章的模型可以用一个约束最大化问题来描述。具有代表性的消费者在由技术和资源决定的生产可能性约束下最大化其效用。该优化问题的拉格朗日函数定义如下:

$$\mathcal{L}=\theta U(c_1, c_2)+\lambda_1[q_1(K_1, L_1)-c_1]+\lambda_2[q_2(K_2, L_2)-c_2] \tag{11.1}$$
$$+\mu_K[\bar{K}-K_1-K_2]+\mu_L[\bar{L}-L_1-L_2]$$

其中,前两个约束条件为商品的市场出清条件(即生产必须等于消费)。第三和第四个约束条件为资源约束条件。将拉格朗日函数分别对选择变量、拉格朗日乘子求偏导可得:

$$\partial\mathcal{L}/\partial c_i=\theta\partial U/\partial c_i-\lambda_i=0 \quad i=1, 2 \tag{11.2}$$

$$\partial\mathcal{L}/\partial K_i=\lambda_i\partial q_i/\partial K_i-\mu_K=0 \quad i=1, 2 \tag{11.3}$$

$$\partial\mathcal{L}/\partial L_i=\lambda_i\partial q_i/\partial L_i-\mu_L=0 \quad i=1, 2 \tag{11.4}$$

$$\partial\mathcal{L}/\partial\lambda_i=q_i(K_i, L_i)-c_i=0 \quad i=1, 2 \tag{11.5}$$

$$\partial\mathcal{L}/\partial\mu_K=\bar{K}-K_1-K_2=0 \tag{11.6}$$

$$\partial\mathcal{L}/\partial\mu_L=\bar{L}-L_1-L_2=0 \tag{11.7}$$

在完全竞争市场条件下,拉格朗日乘子 λ_i 等于商品的价格,μ_j 等于要素价格。θ 为正的常数。大家对这些表达式应该非常熟悉。式(11.2)的含义为,在最优解处,消费每种商品的每一美元的边际效用必须相等;式(11.3)和式(11.4)的含义为,要素价格必须等于要素边际产出价值;式(11.5)的含义为,消费必须等于产出;式(11.6)和式(11.7)的含义为,资源使用需要满足资源可获得性的约束。对前三个条件变换后可得到最优解的条件为:

$$\frac{\partial q_1}{\partial q_2} = \frac{\partial c_1}{\partial c_2} \tag{11.8}$$

其中,$\partial q_1 / \partial q_2$ 的计算是基于资源约束不变条件,$\partial c_1 / \partial c_2$ 的计算是基于效用不变条件。因此,式(11.2)—式(11.7)的含义为,为了实现效用水平最大化,边际转换率(生产可能性边界的斜率)必须等于边际替代率(无差异曲线的斜率),同时资源已得到充分利用。

求解上述方程组,就可以得到该自给自足经济中要素使用、消费和影子价格的最优均衡解。然而,还有一个问题需要解决。式(11.2)—式(11.7)共包含了 10 个方程、11 个变量,也就是说,变量数比方程数多了一个。因此,我们需要将其中一个价格设定为价格基准,从而将价格标准化,此时,其他价格均为价格基准的相对价格。[①]在本模型中,我们将商品 1 的价格设为 1。这意味着,拉格朗日函数[式(11.1)]中每一项的价格都是商品 1 价格的相对价格。λ_2、μ_K 和 μ_L 是商品 2 的价格和要素报酬,采用对应物品(商品 2、机器或工人)的货币金额或等价于多少商品 1 来衡量。θ 是效用的边际成本,表示效用增加一单位时成本的边际增量是多少货币金额或等价于多少商品 1。我们可以将无差异曲线的效用值标记为给定初始价格时能实现无差异曲线上消费点的最低支出水平。这样处理的优点在于,效用水平的变化将由收入的 EV 来衡量。其中,EV 衡量的是初始价格不变时,收入要变化多少才能支持现有效用的变化。表 11.1 中的效用函数就是采用上述方法进行标记的,因而 θ 等于 1。

μ 是影子价格,表示的是当外生的资源供给增加一单位时目标函数的增量。由于 $\lambda_1 = 1$,μ 表示在增加一单位资源的情形下,需要减少多少商品 1 从而保持效用不变。换言之,影子价格 μ 都是以商品 1 为单位进行度量的。与之类似,λ_2 是商品 2 的影子价格。θ 是效用的影子价格,度量的是将效用水平提高一单位时所需商品 1 供给的增量。商品 2 的影子价格 λ_2 和要素的影子价格 μ 都是以商品 1 为单位进行度量的。Tower 和 Pursell(1987)称它们为补偿性影子价格。

该问题的几何图示如图 11.1 所示,该图结合了第 5 章(或第 6 章)的生产可能性边界及第 3 章的无差异曲线。在自给自足经济中,生产可能性边界实际上就是消费约束,因为只有本国生产的产品才能被消费,而 U^* 是给定约束条件下社会可以达到的最高无差异曲线。切线的斜率为商品 2 相对价格的负数。通过假设一个国家的所有人具有相同的偏好和要素所有权,Tower(1979)讨论了社会无差异曲线的合理性。

---

① 为了理解这一问题,让我们来思考第 5 章中的练习题 2。当你同时将两种商品的价格提高 10% 时,你将发现,所有要素价格也会同时增加 10%,但投入或产出决策却并没有改变。换言之,给定商品价格比,与相同均衡状态对应的名义价格存在无限的可能组合。与名义价格相比,相对价格才是至关重要的。

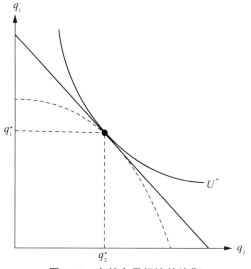

图 11.1　自给自足经济的均衡

11.2　模型在 GAMS 中的实现

　　本章的 GAMS 程序结合了第 3 章和第 5 章的模型,具体代码见表 11.1。这里并没有太多新的内容,因此我们仅进行简要说明。我们将第 3 章模型中的所有参数、变量和方程复制过来,并放到模型中合适的位置。不同之处在于,价格并非是外生给定的,而是内生的,故我们需要设定价格决定的方程。为此,我们引入了市场出清(又称物质平衡)方程 MAT_BAL,见式 (11.5)。该方程的含义为,每种商品的供给量等于需求量。另一个不同之处是,我们没有使用第 3 章需求方程(DEMAND)中外生给定的收入,而是使用了第 5 章模型中内生决定的 GDP。

　　由于该模型只能决定相对价格,我们还需要设定价格基准。具体方法是给商品 1 的价格设定新的边界。在定义了变量的初始值、下界之后,通过代码 P.FX('1') = 1;可以将商品 1 价格的上界和下界均设为 1,换言之,在模型求解时该变量的值始终保持为 1。另一种处理方法是在模型中增加额外的方程来确定价格(例如,可以定义 NUMERAIRE..P('1') = E = 1;),但是,在本模型中,将相应变量的数值进行固定会更容易一些。[①]

表 11.1　自给自足经济的 GAMS 程序

```
SET I Goods / 1,2/ ;
SET J Factors / K,L/ ;
ALIAS (J,JJ) ;

PARAMETERS
ALPHA              Shift parameters in utility
BETA(I)            Share parameters in utility
```

　　① 　在 GAMS 中,存在三种固定数值的方法。方法一是将其声明为一个参数(这正是我们对各种函数中的外生变量和其他各项所做的工作)。方法二是将其声明为一个变量,同时在模型中额外增加一个方程,并将变量限定为一个特定的数值。方法三是将其声明为一个变量,同时将该变量的上限和下限设为相同的数值。一般而言,采取参数声明或固定变量的边界取值的方法更有效率。尤其是,当我们需要频繁调整模型中的外生和内生变量(即模型闭合的设置)时,后一种方法的优点就更为明显。

```
PO(I)              Initial prices
UO                 Initial utility level
CO(I)              Initial consumption levels
GAMMA(I)           Shift parameters in production
DELTA(J,I)         Share parameters in production
RHO(I)             Elasticity parameters in production
FBAR(J)            Endowments
QO(I)              Initial output levels
RO(J)              Initial factor prices
FO(J,I)            Initial factor use levels
GDPO               Initial gross domestic product;


PO(I) = 1;
RO(J) = 1;
QO(I) = 100;
CO(I) = QO(I);
FO('L','1') = 20;
FO('L','2') = 80;
FO('K',I) = (QO(I) * PO(I) - FO('L',I) * RO('L'))/RO('K');
FBAR(J) = SUM(I, FO(J,I));
GDPO = SUM(I, PO(I) * QO(I));
RHO(I) = 0.1;
DELTA(J,I) = (RO(J)/FO(J,I) ** (RHO(I) - 1))/(SUM(JJ, RO(JJ)/FO(JJ,I) ** (RHO(I) - 1)));
GAMMA(I) = QO(I)/(SUM(J, DELTA(J,I) * FO(J,I) ** RHO(I))) ** (1/RHO(I));
UO = GDPO;
BETA(I) = CO(I)/GDPO;
ALPHA = UO/PROD(I, CO(I) ** BETA(I));


VARIABLES
U                  Utility index
P(I)               Prices
C(I)               Consumption
Q(I)               Output levels
R(J)               Factor prices
F(J,I)             Factor use levels
GDP                Gross domestic product;


U.L = UO;
P.L(I) = PO(I);
C.L(I) = CO(I);
Q.L(I) = QO(I);
R.L(J) = RO(J);
F.L(J,I) = FO(J,I);
GDP.L = GDPO;
P.LO(I) = 0;
C.LO(I) = 0;
Q.LO(I) = 0;
R.LO(J) = 0;
F.LO(J,I) = 0;
GDP.LO = 0;
```

```
P.FX('1') = 1;

EQUATIONS
UTILITY              Utility function
DEMAND(I)            Demand functions
MAT_BAL(I)           Market closure
PRODUCTION(I)        Production functions
RESOURCE(J)          Resource constraints
FDEMAND(J,I)         Factor demand functions
INCOME               Gross domestic product;

UTILITY..U = E = ALPHA * PROD(I,C(I) ** BETA(I));
DEMAND(I)..C(I) = E = BETA(I) * GDP/ P(I);
MAT_BAL(I)..C(I) = E = Q(I);
PRODUCTION(I)..Q(I) = E = GAMMA(I) * SUM(J, DELTA(J,I) * F(J,I) ** RHO(I)) ** (1/ RHO(I));
RESOURCE(J)..FBAR(J) = E = SUM(I, F(J,I));
FDEMAND(J,I)..R(J) = E = P(I) * Q(I) * SUM(JJ, DELTA(JJ,I) * F(JJ,I) ** RHO(I)) ** (- 1) * DELTA(J,
I) * F(J,I) ** (RHO(I) - 1);
INCOME..GDP = E = SUM(I, P(I) * Q(I));

MODEL AUTARKY / ALL / ;
SOLVE AUTARKY USING NLP MAXIMIZING U;
```

11.3 练习题

（1）如果增加价格基准的数值,会对经济系统产生什么影响?

（2）当经济中的劳动力数量增加时,要素价格会如何变动? 为何此时的要素价格会变动,而在第 5 章中则不会?

（3）当资本和劳动力同时增加 10% 时,两种商品产量的百分比变动是多少?

（4）假设具有代表性的家庭的效用函数满足 CES 函数而非柯布-道格拉斯函数,请重新构造本章的模型。通过本题,你将了解到消费中不同替代弹性的含义。(提示:请回顾我们在第 4 章生产问题中讨论的 CES 函数的性质。)

（5）如果消费的替代弹性接近于 0,当仅增加劳动力时,两种商品的产量百分比变化之间有什么关系?

（6）接下来,将消费的替代弹性设为较大数值,然后重新考虑上一个问题。请解释你观察到的结果。

（7）当经济中的资本数量增加时,商品价格和要素价格会如何变化? 请解释背后的原因。

（8）采用本章介绍的方法,你能否构建第 6 章中介绍的特定要素与自给自足经济相结合的模型?

（9）请借鉴本章的方法,构造一个包含中间投入品(见第 10 章)的自给自足模型。(提示:除了需要调整生产结构外,你还需要考虑市场出清条件下的最终需求和中间投入品需求。)

（10）请尝试将模型拓展为高维模型。请尝试构造一个商品种类多于要素种类的模型。现在,通过改变 GAMMA 参数,我们可以模拟商品 2 生产中的技术进步。在第 9 章讨论的模型中,当商品种类多于要素种类时,一种商品会在均衡解时终止生产。但是,此处却并没有发生这一现象。为什么在本模型中可以允许商品种类多于要素种类,而在第 9 章的模型中却不允许?

▶ 12

小国贸易均衡

上一章中讨论了封闭(自给自足)经济体。现在,我们来探讨小型开放经济体。小型经济体将国际市场价格视为给定的,就像完全竞争市场上的企业将产出价格、投入价格视为给定的一样。在自由贸易情形中,小型经济体可以在既定的国际市场价格下自由地出口和进口,但需要满足出口价值与进口价值相等的约束条件。如同第 11 章,我们可以将构建好的生产模型与最终需求模型进行组合来构造本章的 GAMS 模型。①关键的区别在于,此时,并非是相对价格的调整而是贸易量的调整使得市场达到出清的状态。这一简单设定被广泛应用于贸易政策的研究。

12.1 问题的表述

与其他模型一样,通过考虑约束最优化问题就可推导出所需方程。在小国贸易均衡模型中,优化目标是实现代表性家庭的效用最大化,约束条件包括资源约束、市场出清及贸易平衡条件。由于考虑的是小国经济,价格是外生给定的。对于小国经济的长期模型而言,该优化问题的拉格朗日函数为:

$$\mathcal{L}=\theta U(c_1, c_2)+\lambda_1[q_1(K_1, L_1)-c_1-x_1]+\lambda_2[q_2(K_2, L_2)-c_2-x_2] \tag{12.1}$$
$$+\mu_K[\bar{K}-K_1-K_2]+\mu_L[\bar{L}-L_1-L_2]+\gamma[p_1^* x_1+p_2^* x_2]$$

与第 11 章不同的是,我们现在并不要求消费等于产出,而是要求每种商品的产出和消费之间的差额等于净出口量。净出口量可能是正数(出口),也可能是负数(进口)。国际市场价格用 p_i^* 表示。最后一个约束的含义是,按国际市场价格计算的出口价值等于按国际市场价格计算的进口价值,换句话说,贸易是平衡的。对拉格朗日函数中的选择变量和拉格朗日乘子求偏导,可以得到一阶条件:

$$\partial\mathcal{L}/\partial c_i=\theta\partial U/\partial c_i-\lambda_i=0 \quad i=1, 2 \tag{12.2}$$

$$\partial\mathcal{L}/\partial x_i=-\lambda_i+\gamma p_i^*=0 \quad i=1, 2 \tag{12.3}$$

$$\partial\mathcal{L}/\partial K_i=\lambda_i\partial q_i/\partial K_i-\mu_K=0 \quad i=1, 2 \tag{12.4}$$

---

① 事实上,所有固定价格的生产模型都可视为小型开放经济体的生产模型。

$$\partial \mathscr{L}/\partial L_i = \lambda_i \partial q_i/\partial L_i - \mu_L = 0 \quad i=1,2 \tag{12.5}$$

$$\partial \mathscr{L}/\partial \lambda_i = q_i(K_i, L_i) - c_i - x_i = 0 \quad i=1,2 \tag{12.6}$$

$$\partial \mathscr{L}/\partial \mu_K = \overline{K} - K_1 - K_2 = 0 \tag{12.7}$$

$$\partial \mathscr{L}/\partial \mu_L = \overline{L} - L_1 - L_2 = 0 \tag{12.8}$$

$$\partial \mathscr{L}/\partial \gamma = p_1^* x_1 + p_2^* x_2 = 0 \tag{12.9}$$

拉格朗日乘子的解释与第 11 章相同。唯一不同的是对乘子 γ 的解释,我们将其解释为外汇的影子价格,并将 γ 标准化为 1。式(12.2)、式(12.4)、式(12.5)、式(12.7)和式(12.8)是大家所熟悉的,它们与前述章节中关于效用和生产的优化条件完全相同。式(12.3)的含义也非常直观,它表明,最优解时的国内价格必须等于国际市场价格,即自由贸易是最优的。式(12.6)和式(12.9)分别为物质平衡约束和贸易平衡约束。经过简单变换后可以得到最优解的条件为:

$$\frac{\partial q_1}{\partial q_2} = \frac{\partial c_1}{\partial c_2} = -\frac{p_2^*}{p_1^*} \tag{12.10}$$

该条件的含义为,为了实现福利的最大化,边际转换率和边际替代率必须相同,且等于两种商品的国际市场价格比(外国转换率)。因此,构建小国经济的短期模型所需要做出的调整是显而易见的。

在本章中,我们没有将商品 1 的影子价格设为 1,反而将外汇的影子价格设为 1。这意味着,所有影子价格都是用外汇来衡量的。μ 表示当要素供给增加一单位时,外汇数量减少 μ 即可保持效用不变;λ 表示当商品供给增加一单位时,外汇数量减少 λ 即可保持效用不变。θ 表示为了使效用水平增加一单位所需要的额外外汇。

随之而来的思考该问题的方式可以揭示该模型与前文所讨论的模型的关联性。考虑第 5 章的收入最大化问题。给定价格、技术和资源约束,求解这一问题便可得到收入的最大值。随后,社会可以自由地选择如何花费这笔收入,且如何花费收入与收入最大化问题无关。因此,基于相同的价格和最大化收入,我们可以求解第 3 章中的效用最大化问题。消费选择集和生产选择集的差额即为贸易量。对于一个小型开放经济体而言,生产和消费决策是独立的。因而,在求解上述问题时,我们既可以将其作为一个问题来解决,也可以视为两个连续的问题来解决。

图 12.1 阐述了条件[式(12.10)]。我们可以将这个问题设想为两个阶段。首先,如第 5 章(或第 6 章中的短期情形)所述,给定国际市场价格,为了实现国民收入最大化,最优生产点 q_1^* 和 q_2^* 位于生产可能性边界上,同时还需满足边际转换率等于价格比的条件。国民收入的最大值为 Y^*。给定最大化的国民收入,该经济体将沿着预算约束选择最优消费束。如图所示,最优消费选择为 c_1^* 和 c_2^*。这表明,商品 1 是出口品,而商品 2 是进口品。

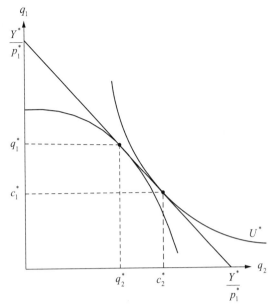

图 12.1　小国的贸易均衡

12.2　模型在 GAMS 中的实现

我们会结合前述章节的内容,因此,我们将略过示例和集合符号的内容,并直接介绍模型在 GAMS 中的实现。具体程序见表 12.1。由于本章的程序与前一章非常相似,此处我们仅讨论变动的地方。首先,我们引入一个新的参数 XO(I) 来表示初始贸易量,并使用物质平衡条件 XO(I) = QO(I) − CO(I) 对初始贸易量进行校准。这确保了初始均衡与上一章自给自足经济均衡的情形完全相同。

接下来,我们创建一个新变量 X(I) 来表示净出口。我们用该变量取代了自给自足模型中的价格。原因在于,此时模型中的价格是外生的,而非内生变量。与前述章节类似,我们会给变量 X(I) 赋水平值,但没有设置下界。原因在于,净出口可以是负数或正数,这取决于讨论的商品究竟是进口品还是出口品。因此,X(I) 变量为自由变量。

最后,自给自足经济的市场出清条件 QO(I) = E = CO(I) 被开放经济的市场出清条件 X(I) = E = Q(I) − C(I) 所取代。请注意,我们没有包含贸易平衡方程,原因在于,总消费支出等于 GDP 的条件本身就隐含着贸易平衡状态。考虑到贸易平衡与市场出清条件是相互关联的,故没有必要单独列出贸易平衡条件。然后,我们可以定义模型,并运行基准模拟来测试模型结果是否与理论预期一致。现在,我们已经构造了一个完整的小型经济体的一般均衡模型。

表 12.1　小国贸易均衡的 GAMS 程序

```
SET I Goods / 1,2 / ;
SET J Factors / K,L / ;
ALIAS (J,JJ) ;

PARAMETERS
```

ALPHA	Shift parameters in utility
BETA(I)	Share parameters in utility
P(I)	Prices
UO	Initial utility level
CO(I)	Initial consumption levels
XO(I)	Initial trade levels
GAMMA(I)	Shift parameters in production
DELTA(J,I)	Share parameters in production
RHO(I)	Elasticity parameters in production
FBAR(J)	Endowments
QO(I)	Initial output levels
RO(J)	Initial factor prices
FO(J,I)	Initial factor use levels
GDPO	Initial gross domestic product;

```
P(I) = 1;
RO(J) = 1;
QO(I) = 100;
CO(I) = QO(I);
XO(I) = QO(I) - CO(I);
FO('L','1') = 20;
FO('L','2') = 80;
FO('K',I) = (QO(I) * P(I) - FO('L',I) * RO('L'))/RO('K');
FBAR(J) = SUM(I,FO(J,I));
GDPO = SUM(I,P(I) * QO(I));
RHO(I) = 0.1;
DELTA(J,I) = (RO(J)/FO(J,I) ** (RHO(I) - 1))/(SUM(JJ, RO(JJ)/FO(JJ,I) ** (RHO(I) - 1)));
GAMMA(I) = QO(I)/(SUM(J, DELTA(J,I) * FO(J,I) ** RHO(I))) ** (1/RHO(I));
UO = GDPO;
BETA(I) = CO(I)/GDPO;
ALPHA = UO/PROD(I,CO(I) ** BETA(I));

VARIABLES
U              Utility index
X(I)           Trade levels
C(I)           Consumption levels
Q(I)           Output levels
R(J)           Factor prices
F(J,I)         Factor use levels
GDP            Gross domestic product;

U.L = UO;
X.L(I) = XO(I);
C.L(I) = CO(I);
Q.L(I) = QO(I);
R.L(J) = RO(J);
F.L(J,I) = FO(J,I);
GDP.L = GDPO;
C.LO(I) = 0;
```

```
Q.LO(I) = 0;
R.LO(J) = 0;
F.LO(J,I) = 0;
GDP.LO = 0;

EQUATIONS
UTILITY                 Utility function
DEMAND(I)               Demand functions
MAT_BAL(I)              Market closure
PRODUCTION(I)           Production functions
RESOURCE(J)             Resource constraints
FDEMAND(J,I)            Factor demand functions
INCOME                  Gross domestic product;

UTILITY..U = E = ALPHA * PROD(I,C(I) ** BETA(I));
DEMAND(I)..C(I) = E = BETA(I) * GDP/ P(I);
MAT_BAL(I)..X(I) = E = Q(I) − C(I);
PRODUCTION(I)..Q(I) = E = GAMMA(I) * SUM(J,DELTA(J,I) * F(J,I) ** RHO(I)) ** (1/ RHO(I));
RESOURCE(J)..FBAR(J) = E = SUM(I,F(J,I));
FDEMAND(J,I)..R(J) = E = P(I) * Q(I) * SUM(JJ, DELTA(JJ,I) * F(JJ,I) ** RHO(I)) ** ( −1) * DELTA
(J,I) * F(J,I) ** (RHO(I) − 1);
INCOME..GDP = E = SUM(I,P(I) * Q(I));

MODEL SMALL / ALL/ ;
SOLVE SMALL USING NLP MAXIMIZING U;
```

12.3　练习题

（1）本模型中的价格基准是什么？你能否模拟一次对价格基准的冲击？

（2）在初始校准的均衡状态下，贸易量为 0（自给自足经济）。如果提高商品 1 的国际市场价格，会发生什么？如果提高商品 2 的国际市场价格，会发生什么？特别是，要素价格会如何变动？

（3）你能否对模型进行校准，从而使得初始均衡时存在贸易？

（4）给定价格水平，当经济中的资本存量增加时，每种商品的净出口会如何变动？如果劳动力存量增加，结果又会如何变动？

（5）考虑上一章自给自足模型中资本存量增加 10％的情形，相对价格会如何变动？现在，在开放经济模型中进行同样的模拟。与自给自足的经济模型相比，开放经济模型的模拟结果是否发生变动？为什么？

（6）在本模型中，我们没有包含贸易平衡方程。你能用模型模拟的结果来证明贸易平衡实际上隐含在模型的其他方程中吗？

（7）使用本章介绍的方法，你能构造第 6 章特定要素模型的小国版本吗？能否构造像第 10 章那样包含中间投入品的模型？如何构造一个包含纯粹中间投入品的模型（即这些中间投入品不会出现在最终消费中）？（提示：你将需要在模型的需求侧增加异常处理条件。）

非贸易品

在第 11 章中,我们考虑了一个不存在国际贸易的经济体,而在第 12 章中,我们考虑了一个所有商品都进行贸易的经济体。在现实经济中,即使一个经济是开放的,也可能存在某些商品只在国内销售而不进行国际贸易的情形(生鲜奶就是一个例子,通常是由于运输成本太高,还有很多服务也无法跨国提供)。这些商品的价格是由国内需求和国内供给共同决定的。在 GAMS 中实现这类模型只需对我们之前的示例进行少量修改即可,对非贸易品的讨论极大丰富了经济模型的种类。

13.1   问题的表述

构建本章的受约束优化问题需要结合自给自足经济和开放经济模型中的一些元素。现在,我们来考虑一个生产三种商品的经济体。假定前两种商品是可贸易的,而最后一种商品是不可贸易的。优化的目标是在资源约束、市场出清和贸易平衡条件下,最大化代表性家庭的效用水平。此时,非贸易品的市场出清条件是生产等于消费,并非是生产等于消费加贸易。与前文相同的是,贸易品的价格是固定的,我们首先考虑一个长期经济的生产模型(满足通常的技术限制)。拉格朗日函数为:

$$
\begin{aligned}
\mathscr{L} =\ & \theta U(c_1, c_2, c_3) + \lambda_1[q_1(K_1, L_1) - c_1 - x_1] \\
& + \lambda_2[q_2(K_2, L_2) - c_2 - x_2] + \lambda_3[q_3(K_3, L_3) - c_3] \\
& + \mu_K[\bar{K} - K_1 - K_2 - K_3] + \mu_L[\bar{L} - L_1 - L_2 - L_3] \\
& + \gamma[p_1^* x_1 + p_2^* x_2]
\end{aligned}
\tag{13.1}
$$

这一切看起来都很熟悉。对选择变量和拉格朗日乘子求偏导可得到一阶条件:

$$
\partial\mathscr{L}/\partial c_i = \theta \partial U/\partial c_i - \lambda_i = 0 \quad i = 1, 2, 3
\tag{13.2}
$$

$$
\partial\mathscr{L}/\partial x_i = -\lambda_i + \gamma p_i^* = 0 \quad i = 1, 2
\tag{13.3}
$$

$$
\partial\mathscr{L}/\partial K_i = \lambda_i \partial q_i/\partial K_i - \mu_K = 0 \quad i = 1, 2, 3
\tag{13.4}
$$

$$
\partial\mathscr{L}/\partial L_i = \lambda_i \partial q_i/\partial L_i - \mu_L = 0 \quad i = 1, 2, 3
\tag{13.5}
$$

$$
\partial\mathscr{L}/\partial \lambda_i = q_i(K_i, L_i) - c_i - x_i = 0 \quad i = 1, 2
\tag{13.6}
$$

$$
\partial\mathscr{L}/\partial \lambda_i = q_i(K_i, L_i) - c_i = 0 \quad i = 3
\tag{13.7}
$$

$$\partial \mathscr{L}/\partial \mu_K = \bar{K} - K_1 - K_2 - K_3 = 0 \tag{13.8}$$

$$\partial \mathscr{L}/\partial \mu_L = \bar{L} - L_1 - L_2 - L_3 = 0 \tag{13.9}$$

$$\partial \mathscr{L}/\partial \gamma = p_1^* x_1 + p_2^* x_2 = 0 \tag{13.10}$$

这是一个包含 17 个方程、17 个未知数的方程组,其中,未知数包括选择变量和拉格朗日乘子(此时,我们还会设定一个价格基准)。每个方程的解释与前述章节基本相同(生产和消费的边际条件,以及要素和商品的均衡条件)。与第 12 章类似,我们可以采用外汇的影子价格 γ 作为价格基准。然后,我们可以将 λ_3/γ 解释为实际汇率,或者解释为非贸易品的价格。

事实上,这个模型并不像它初看起来那样难以求解。该模型仅比 HOS 模型复杂一点点。如果两种可贸易品是在均衡状态下生产的,那么要素价格是唯一确定的,所有行业的要素比例也是唯一确定的。①此时,非贸易品的价格也确定了。收入是由要素价格和禀赋所决定的。给定所有价格,我们可以确定所有商品的消费量。非贸易品的市场出清条件确保了该商品的生产等于消费。进一步利用要素充分利用条件,可以确定两种贸易品的产出水平。随后,我们可以确定贸易量。

13.2　模型在 GAMS 中的实现

现在,我们考虑模型在 GAMS 中的实现。通过使用子集、固定变量的值,可直接将第 12 章的小型开放经济模型转换为同时包含贸易品、非贸易品的模型。完整的程序如表 13.1 所示,此处,我们将只讨论其中新的元素。

表 13.1　考虑非贸易品的小型开放经济模型的 GAMS 程序

```
SET I Goods / 1,2,3 / ;
SET N(I) / 3 / ;
SET T(I) / 1,2 / ;
SET J Factors / K,L / ;
ALIAS (J,JJ) ;

PARAMETERS
ALPHA            Shift parameters in utility
BETA(I)          Share parameters in utility
PO(I)            Initial prices
UO               Initial utility level
CO(I)            Initial consumption levels
XO(I)            Initial trade levels
GAMMA(I)         Shift parameters in production
DELTA(J,I)       Share parameters in production
RHO(I)           Elasticity parameters in production
FBAR(J)          Endowments
QO(I)            Initial output levels
```

---

　① 这意味着,如果继续生产所有商品,那么,禀赋或国内需求的变动将不会影响实际汇率。然而,生产技术与国际价格的变化将会影响实际汇率。

```
RO(J)                   Initial factor prices
FO(J,I)                 Initial factor use levels
GDPO                    Initial gross domestic product;

PO(I) = 1;
RO(J) = 1;
QO(I) = 100;
CO(I) = QO(I);
XO(I) = QO(I) - CO(I);

PARAMETER FO(J,I)   Initial factor use levels /
L.1 20
L.2 80
L.3 40 / ;

FO('K',I) = (QO(I) * PO(I) - FO('L',I) * RO('L'))/ RO('K');
FBAR(J) = SUM(I,FO(J,I));
GDPO = SUM(I,PO(I) * QO(I));
RHO(I) = 0.1;
DELTA(J,I) = (RO(J)/ FO(J,I) ** (RHO(I) - 1))/ (SUM(JJ,RO(JJ)/ FO(JJ,I) ** (RHO(I) - 1)));
GAMMA(I) = QO(I)/ (SUM(J,DELTA(J,I) * FO(J,I) ** RHO(I))) ** (1/ RHO(I));
UO = GDPO;
BETA(I) = CO(I) * PO(I)/ GDPO;
ALPHA = UO/ PROD(I,CO(I) ** BETA(I));

VARIABLES
U                       Utility level
X(I)                    Trade levels
P(I)                    Prices
C(I)                    Consumption levels
Q(I)                    Output levels
R(J)                    Factor prices
F(J,I)                  Factor use levels
GDP                     Gross domestic product;

U.L = UO;  X.L(T) = XO(T);  P.L(I) = PO(I);  C.L(I) = CO(I);
Q.L(I) = QO(I);  R.L(J) = RO(J);  F.L(J,I) = FO(J,I);  GDP.L = GDPO;
C.LO(I) = 0;  P.LO(N) = 0;  Q.LO(I) = 0;
R.LO(J) = 0;  F.LO(J,I) = 0;  GDP.LO = 0;

P.FX(T) = PO(T);
X.FX(N) = 0;

EQUATIONS
UTILITY                 Utility function
DEMAND(I)               Demand functions
MAT_BAL(I)              Market clearing
PRODUCTION(I)           Production functions
RESOURCE(J)             Resource constraints
```

```
FDEMAND(J,I)          Factor demand functions
INCOME               Gross domestic product;

UTILITY..U = E = ALPHA * PROD(I,C(I) ** BETA(I));
DEMAND(I)..C(I) = E = BETA(I) * GDP/ P(I);
MAT_BAL(I)..X(I) = E = Q(I) − C(I);
PRODUCTION(I)..Q(I) = E = GAMMA(I) * SUM(J,DELTA(J,I) * F(J,I) ** RHO(I)) ** (1/ RHO(I));
RESOURCE(J)..FBAR(J) = E = SUM(I, F(J,I));
FDEMAND(J,I)..R(J) = E = P(I) * Q(I) * SUM(JJ, DELTA(JJ,I) * F(JJ,I) ** RHO(I)) ** ( − 1) * DELTA
(J,I) * F(J,I) ** (RHO(I) − 1);
INCOME..GDP = E = SUM(I, P(I) * Q(I));

MODEL NT / ALL/ ;
SOLVE NT USING NLP MAXIMIZING U;
```

　　由于非贸易品的模型最少涉及三个部门,我们首先将集合语句更改为 SET I/1,2,3/ ;以扩展商品集。其中,商品 3 为非贸易品。随后,我们会定义两个子集 SET T(I)/1,2/ ;和 SET N(I)/3/ ;。其中,集合 T 为贸易品的子集,而集合 N 为非贸易品的子集。接下来,我们会给商品 3 的产出、消费和要素使用赋初始值。[①]

　　我们通过直接赋值语句或 TABLE 命令为参数赋值。其中,TABLE 命令既定义了参数名,又使用表格形式进行赋值(参见第 9 章的讨论)。表 13.1 列出了给参数定义、赋值的第三种方法,这种方法在构建大型模型时会非常方便。相关代码如下:

```
PARAMETER FO(J,I)   Initial factor use levels/
L.1 20
L.2 80
L.3 40 / ;
```

　　语句的第一部分是关键词 PARAMETERS,它告诉 GAMS 我们正在定义一个参数,随后是参数名和维度,接着是可选的描述性语句。[②]紧接着是用正斜杠括起来的数据赋值列表。最后,该语句以分号结束。

　　数据赋值采用以下形式:第一个集合的元素、圆点、第二个集合的元素(如果有必要,还可添加更多的圆点和元素)、一个空格,然后是值。因此,语句 L.1 20 等价于赋值语句 FO('L','1') = 20;。每项赋值都独占一行。对于较小的二维数据集,使用 TABLE 命令可能更为直观。因此,了解上述赋值方法是有用的。当我们需要处理三维或更多维的数据时,上述格式的赋值就不会那么麻烦,并且这种格式的数据非常便在 GAMS 中生成和使用。

　　在第 11 章中,价格是内生决定的。在第 12 章中,价格被视为外生的。在本模型中,贸易品的价格是外生的,而非贸易品的价格是内生决定的。为了实现这一结果,我们可以采用多种办法。首先,我们定义参数 PO(I)来表示初始价格,并将其标准化为 1。然后,我们

---

① 和第 12 章一样,出于便利考虑,我们将初始均衡时所有商品的贸易量调整为零。

② 如果未明确提供集合,GAMS 将尝试从数据中猜测集合的定义。因此,最好在参数定义时就指定集合。

添加价格变量 P(I)，与第 11 章中的处理方式一致。注意，我们在所有商品集上定义了贸易变量和价格变量。但是，贸易品的价格并非是可变的，在小国假设下贸易品价格应该外生给定。此外，非贸易品的贸易量不能变动，需要固定为零。有选择地固定贸易向量与价格向量中的元素能实现这一点。因此，在边界定义语句之后，我们增加了 P.FX(T) = PO(T) 和 X.FX(N) = 0。对于非贸易品而言，物质平衡条件 MAT_BAL(I)..X(I) = E = Q(I) - C(I)；将有效地设定 Q(N) = E = C(N)，此时，灵活调整 P(N) 可以实现非贸易品的市场出清。另一方面，所有贸易品 T 的价格 P(T) 将是外生给定的，而 X(T) 可灵活调整，从而实现贸易品的市场出清。①

一旦我们验证了均衡，就可以改变参数值或外生变量的值，并通过观察结果来理解模型的行为。下面是一些相关的练习。

13.3　练习题

（1）请考虑要素禀赋增加的影响。与不考虑非贸易品的模型相比，本章的结果有何不同？

（2）在本章构建的模型中，商品种类比生产要素种类多。尽管如此，贸易条件的变动（通常）并没有导致任何行业的消失。为什么？

（3）如果非贸易品的生产过程中出现了技术进步，这会对实际汇率产生何种影响？请解释原因。

（4）贸易品价格的变动会如何影响要素价格？与斯托尔珀-萨缪尔森定理的预测相比，本章模型的结果有何不同？实际汇率会如何变化？

（5）利用本章的办法，你能否构建包含非贸易品的特定要素模型？如何构建同时包含中间投入品和非贸易品的模型？你能构建中间投入品是非贸易品的模型吗？

13.4　拓展阅读

Komiya(1967)对包含三种商品（其中一种商品是非贸易品）和两种要素的模型进行了全面的研究，并且在此背景下讨论了贸易政策的经济效应。关于要素市场扭曲情况下非贸易品影响的进一步讨论，可以参见 Batra(1973)。

---

① 请注意，当尝试在模型中添加约束条件时，采取固定变量取值的方法是非常便利的——此时，为了考虑非贸易品，我们并不需要调整模型方程！另一种等价方法是引入两个不同的物质平衡条件（分别针对贸易品和非贸易品），同时引入一个固定贸易品价格的方程。显然，后一种方法的工作量会更大。

►14

大国贸易均衡

对于小型经济体而言,国际市场价格是外生给定的。在某些情形下,我们可能会对足以影响国际市场价格的大型经济体感兴趣。在模型构建时,有两种方法可以将大国特征融入我们的模型。在第 15 章中,融入大国特征的方法是在模型构建时考虑多个相互作用的经济体。本章将介绍另一种方法,即仍然使用单国模型,同时通过引入国际需求或供给函数来包含其他经济体的信息。在单一经济体的大型 CGE 模型中,我们通常会采取后者。在此类模型中,建模者关心的是潜在的贸易条件效应。从某种意义上说,这与我们之前的工作并没有太大不同。在小国贸易模型中,同样也存在国际需求和供给函数,只不过这两条曲线是平坦的。在大国模型中,我们需要放宽这一假设。

14.1 问题的表述

现在,相信大家对生产的短期和长期问题已经非常熟悉。在考虑大型经济体的贸易均衡问题之前,让我们做一些背景知识的讨论。给定技术和资源约束,当商品 2 的产出给定时,我们可以求解出商品 1 产量的最大值。通过求解该问题,商品 1 的最优产出可以表示为商品 2 的产量与可用资源的函数。我们将此函数 $q_1 = \tilde{\psi}(q_2)$(为方便起见,括号中省略了资源参数)定义为转换轨迹或生产可能性边界。假定函数 $\tilde{\psi}$ 是凹的。该函数可描述长期生产结构与短期生产结构,两者均为技术和资源最优使用的函数。我们可以将生产可能性边界用隐函数的形式写为 $S - \psi(q_1, q_2) = 0$(亦称为资源需求函数)。在我们的技术假设下,ψ 是产量的增函数,且为凸函数。使用上述符号,可以将第 12 章中讨论的小型经济体贸易均衡的拉格朗日函数写为:

$$\mathcal{L} = \theta U(c_1, c_2) + \lambda_1 [q_1 - c_1 - x_1] + \lambda_2 [q_2 - c_2 - x_2]$$
$$+ \delta [S - \psi(q_1, q_2)] + \gamma [p_1^* x_1 + p_2^* x_2]$$

容易验证的是,最优解的一阶条件需要满足 $\partial c_1 / \partial c_2 = \partial q_1 / \partial q_2 = -p_2^* / p_1^*$。

对于大型经济体而言,外国为了进口一定量的商品,必须向该国出口商品,而出口商品的数量取决于贸易总额。这是对经济体的一个额外约束条件,我们称之为外国供应条件。该条件可写为 $x_1 = \tilde{\phi}(x_2)$ 或隐函数 $F - \phi(x_1, x_2) = 0$ 的形式,其中,ϕ 是出口的增函数,且是凹函数。在引入了上述条件以后,大型经济体优化问题的拉格朗日函数可写为:

$$\mathcal{L} = \theta U(c_1, c_2) + \lambda_1 [q_1 - c_1 - x_1] + \lambda_2 [q_2 - c_2 - x_2] \qquad (14.1)$$
$$+ \delta [S - \psi(q_1, q_2)] + \gamma [F - \phi(x_1, x_2) = 0]$$

对消费、产量和贸易量求偏导,可以得到如下一阶条件:

$$\partial \mathcal{L}/\partial c_i = \theta \partial U/\partial c_i - \lambda_i = 0 \quad i = 1, 2 \qquad (14.2)$$

$$\partial \mathcal{L}/\partial q_i = \lambda_i - \delta \partial \psi/\partial q_i = 0 \quad i = 1, 2 \qquad (14.3)$$

$$\partial \mathcal{L}/\partial x_i = -\lambda_i + \gamma \partial \phi/\partial x_i = 0 \quad i = 1, 2 \qquad (14.4)$$

对拉格朗日乘子求偏导可以得到初始的约束条件,这些约束条件在最优解处仍需满足。
重新整理式(14.2)—式(14.4)可得:

$$\frac{\partial q_1}{\partial q_2} = \frac{\partial c_1}{\partial c_2} = \frac{\partial x_1}{\partial x_2} \qquad (14.5)$$

相信大家对式(14.5)并不陌生。其含义为,边际转换率(转换轨迹的斜率)、边际替代率(无差异曲线的斜率)及外国转换率(外国供应条件曲线的斜率)三者必须相同。如果外国供应的形式为 $0 - (p_1^* x_1 + p_2^* x_2)$,其中 p_1^* 和 p_2^* 是固定不变的,那么,外国转换率将简化为 $-p_2^*/p_1^*$。此时,该问题及最优解将等价于小国经济情形。然而,一般来说 ϕ 是凹的,同时,大国的外国供应也不太可能满足 $0 - (p_1^* x_1 + p_2^* x_2)$,除非国外相对价格与国内相对价格有区别。如果大国面临的国外相对价格区别于国内相对价格,那么,自由贸易政策并非是大国的最优选择。当我们在模型中引入关税和其他干预措施时,我们将再次讨论这一议题。

大国贸易均衡的图示见图14.1。与图12.1不同,此处增加了一条通过自由贸易条件下的最优生产点 (q_1^*, q_2^*) 和最优消费点 (c_1^*, c_2^*) 的曲线。该曲线即为外国供应条件曲线。[1]在自由贸易条件下,以国际市场价格计价的产值和消费金额是相等的。外国供应条件曲线代表了贸易伙伴以各种相对价格进行交换的意愿。当外国供应条件曲线正好与本国的贸易三角相重合时,我们就得到了一个均衡解。由于外国愿意接受供应条件曲线上

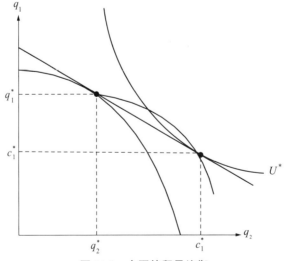

图 14.1 大国的贸易均衡

的任何一点，而其中一些点位于通过 (c_1^*, c_2^*) 的无差异曲线的上方，因此，对于一个具有凹的供应条件曲线的国家而言，自由贸易并非最优政策。

14.2　外国供应条件

当考虑大国情形时，需要用代表外国供应条件的函数来取代固定的国际市场价格。我们可以引入针对除了价格基准以外的每种商品的外国需求和供给函数，以实现这一点。在本例中，我们选取了需求（或供给）弹性不变的函数，具体函数形式如下：

$$x_i = \xi_i p_i^{*\varepsilon_i} \tag{14.6}$$

其中，ε_i 为贸易弹性（出口品的贸易弹性是负数，进口品的贸易弹性是正数），ξ_i 是一个常数（出口品的该参数为正数，进口品的该参数为负数。我们可以将进口视为负的出口）。弹性是自由参数，我们可以将弹性值设为任何合适的值。在出口情形中，当 $\varepsilon_i \to -\infty$ 时，该经济体实际上是一个小型经济体；在进口情形中，当 $\varepsilon_i \to \infty$ 时，该经济体同样是一个小型经济体。给定初始的贸易流量和标准化价格，对 ξ_i 的校准较为简单。

14.3　模型在 GAMS 中的实现

本章的 GAMS 程序与第 12 章的非常相似，故我们只介绍不同之处。与之前类似，本章的程序可以从网上下载。本章的模型将以 HOS 模型结构为基准。首先，我们定义了商品集的一个子集来表示价格基准，然后定义了一个包含其他所有商品的子集：

SET N(I) Numeraire Good / 1 /;

SET G(I) Other Goods / 2 /;

接下来，在定义参数（PARAMETERS）时，我们将小国模型中的外生价格替换为内生价格的初始值（如同第 11 章中的自给自足模型），并为出口需求函数（或进口供给函数）的参数命名：

EPSILON(G)　　　Trade elasticities

XI(G)　　　Shifts on foreign offers

PO(I)　　　Initial prices

请注意，参数 EPSILON 和 XI 是在集合 G 而非 I 上进行定义的。我们将价格基准商品的价格设为固定值。在模型校准环节，通过简单的设置可以使得初始状态中存在贸易。此处，我们将商品 2 设为出口商品：

QO(I) = 100;

CO('1') = 150;

CO('2') = 50;

XO(I) = QO(I) − CO(I);

接下来，我们使用异常处理来校准外国需求函数中的参数，以确保赋值时仅针对非价格基准商品：

EPSILON(G) $ (XO(G)>0) = −3;

EPSILON(G) $ (XO(G)<0) = 2;

```
XI(G) = XO(G)/(PO(G) ** EPSILON(G));
```

在上述代码中,集合 G 的作用在于仅对非价格基准商品进行赋值。异常处理的作用在于,可将出口品的贸易弹性设为负数,将进口品的贸易弹性设为正数。[①]

接下来,在变量(VARIABLES)的定义中,需要增加内生价格的声明:

```
P(I) Prices
```

此外,我们将 P(I) 变量的水平值设为初始值。与第 11 章一样,通过固定一种商品的价格,我们定义了价格基准:

```
P.FX(N) = 1;
```

最后,在方程(EQUATIONS)定义环节,我们命名并使用子集定义了外国需求。子集 G 确保了方程定义只适用于非价格基准商品:

```
OFFER(G)          Foreign offer functions
OFFER(G)..X(G) = E = XI(G) * P(G) ** EPSILON(G);
```

模型的其余部分保持不变。通过运行代码,我们可以确认初始均衡状态的有效性。随后,我们可以通过改变模型参数、外生变量的取值来模拟外生冲击对经济系统的影响。

14.4 练习题

(1)当资本存量增加时,国际市场价格会如何变动? 当劳动力存量增加时,国际市场价格又会如何变动? 请解释你观察到的结果,并与第 12 章的模型进行比较。

(2)选取不同的价格基准商品是否会对结果有影响? 请试着调整价格基准商品,并重新模拟练习题 1。结果是否会发生变化? 如果我们改变贸易弹性,结果是否会变化? 你知道我们在程序中将出口需求弹性/进口供给弹性设为 $-3/+2$ 的原因吗?

(3)有没有可能建立如下模型——资本存量的增加会降低社会的经济福利(采用效用指数来衡量福利)? 请解释原因。

(4)请将弹性值设为极大的数(针对出口和进口情形,请分别设为 -100 和 99),此时,练习题 1 的结果与小国模型相比有何不同? 请解释原因。

(5)采用本章介绍的方法,你能构建特定要素模型(见第 6 章)与大国经济相结合的模型吗? 如果同时考虑非贸易品和中间投入品,该如何构建大国模型?

(6)假设资本和劳动力存量都增加了 10%,对出口品的外国需求也增加了 10%。预计将会发生什么? 你的模拟是否能支持这一结论?

14.5 拓展阅读

如果希望了解更多增长对贸易条件的影响,以及增长在何种情形下会降低福利的相关研究,请阅读 Johnson(1955a)和 Bhagwati(1958)的经典论文。

[①] 当仅存在两种商品时,我们不需要第二个方程,因为非价格基准商品不存在进口的情形。只有当模型中引入了更多贸易品,或者将出口品设为价格基准商品时,才需要第二个方程。

▶ 15

两国的贸易均衡

在前几章中,我们从单一经济体的角度研究了贸易问题。首先我们考察了相对于世界其他地区规模较小的经济体,然后分析了大型经济体。为了回答现实中的许多经济问题,我们需要明确引入第二个经济体。在本章及下一章中,我们将揭示如何调整模型使其包含两个(或多个)经济体。我们还会描述这些经济体之间的国际贸易模式和结果。首先,我们从两部门经济的情形开始。

15.1 问题的表述

首先,我们将第 11 章中长期情形下自给自足经济模型的一阶条件复制如下,并用相应的市场价格去替代拉格朗日乘子:

$$\theta \partial U/\partial c_i - p_i = 0 \quad i=1,2 \tag{15.1}$$

$$p_i \partial q_i/\partial K_i - r = 0 \quad i=1,2 \tag{15.2}$$

$$p_i \partial q_i/\partial L_i - w = 0 \quad i=1,2 \tag{15.3}$$

$$q_i(K_i, L_i) - c_i = 0 \quad i=1,2 \tag{15.4}$$

$$\bar{K} - K_1 - K_2 = 0 \tag{15.5}$$

$$\bar{L} - L_1 - L_2 = 0 \tag{15.6}$$

假设两种商品都满足非饱和性特征,那么,在自给自足经济中,上述方程是成立的。因此,如果将变量对国家进行索引,将易于构建包含两个或多个相同经济体的系统。通过对参数或外生变量进行索引,我们可以给不同经济体中的禀赋、技术和偏好赋不同值。这将使我们能够创建一组基本结构相同,但关键经济特征各异的自给自足经济体。

现在我们来考虑第 12 章中的小国模型。小国模型和第 11 章的自给自足模型有很多重叠之处。我们需要将市场出清条件[式(11.5)]替换为开放经济下的市场出清条件[式(12.6)]:

$$q_i(K_i, L_i) - c_i - x_i = 0 \quad i=1,2 \tag{15.7}$$

同样,(相对)价格不再是如自给自足经济那样内生决定的,而是外生给定的。如式(15.8)所示,国内价格将由国际市场价格决定(此时,汇率标准化为 1):

$$p_i - p_i^* = 0 \quad i=1,2 \tag{15.8}$$

在模型中,为了使方程组中的方程数与未知变量数保持一致,我们将每种商品的贸易量设为内生变量。换言之,自给自足经济与小型开放经济模型的关键区别是:在自给自足经济模型中,价格是内生决定的,价格会灵活调整以确保消费等于生产;在小型开放经济模型中,贸易量是内生决定的,超额需求或供给会灵活调整以确保国内价格等于国际市场价格。

如果将第 12 章的模型按国家进行索引,便能设定许多在某些特征上有所差异的小型经济体,而这些小型经济体可以视为全球经济的组成部分。

但如果这些经济体的规模相对较大,结果又会怎样? 此时,我们需要把国际市场价格看作是由世界市场内生决定的。为此,我们需要一个确定国际市场价格的方程。假设所有国家的集合是 $\mathbf{R}$,集合元素采用 r 进行索引。如果每个经济体的出口按国家进行索引,x_i^r 表示国家 r 中商品 i 的超额供给,那么,确定国际市场价格的市场出清方程为:

$$\sum_{r \in \mathbf{R}} x_i^r = 0 \quad i = 1, 2 \tag{15.9}$$

换言之,国际市场价格是使得所有出口国的超额供给加总等于所有进口国的超额需求加总的价格。当然,瓦尔拉斯定律在此处同样适用,即均衡条件不是相互独立的。此外,我们需要将一种商品的国际市场价格设为 1,并以此作为价格基准。此时,我们有足够的信息来确定一组相对价格。

针对两个国家、两种商品的情形,我们仍可使用上一章介绍的供应条件曲线来描述贸易商品空间的均衡。[①]这些是超额需求函数的一般均衡等价。在图 15.1 中,标为 O^h 的供

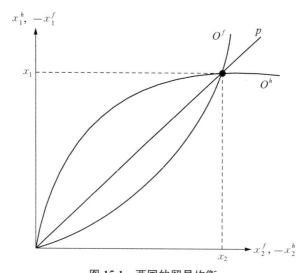

图 15.1　两国的贸易均衡

① 供应条件曲线反映了一个国家在不同的相对价格水平下所愿意进口和出口的商品数量。供应条件曲线在原点处的斜率等于自给自足时(商品 2)的相对价格,即经济体不存在贸易时的相对价格。供应条件曲线会延伸到负象限,但只要消费者的偏好表现良好,供应条件曲线就不会在该区域交叉。由于供应条件曲线是从生产和消费的最优选择中得出的,其形状将取决于转换轨迹的形状和偏好,因此,供应条件曲线的形状并不一定如图所示的那样有规律。特别是,当进口需求富有弹性时,供应条件曲线可能是向上倾斜的。当进口需求缺乏弹性时,供应条件曲线可能是向下倾斜的。一个小型经济体面临的供应条件曲线是一条直线。

应条件曲线是国内经济的供应条件曲线。如图所示,本国进口商品 2 且出口商品 1。在两部门/两要素模型中,贸易模式遵循赫克歇尔-俄林模式。也就是说,在本国,商品 1 的生产中密集使用的要素是相对充裕的。标为 O^f 的供应条件曲线是外国经济的供应条件曲线,外国出口商品 2 且进口商品 1。两条供应条件曲线的交点决定了均衡的相对价格(标记为 p)及贸易量(x_1 和 x_2)。

在 2×2 模型中,采用 Dixit 和 Norman(1980)的几何方法,我们可以描述要素市场的均衡结果。假设全球经济仅包含一个国家。图 15.2 中生产盒状图的取值范围表示的是单一或"一体化"经济体中资本和劳动力的禀赋,即世界上可用资本和劳动力的总量。

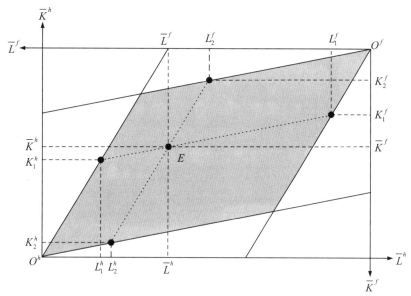

图 15.2　均衡时的要素配置

我们考虑的是封闭的经济体,使用第 11 章的自给自足模型就可确定"一体化"均衡中的均衡相对价格、产出、要素配置和生产要素回报。图 15.2 中的要素密集度射线刻画的是均衡状态时的要素密集度。如图所示,商品 1 是资本密集型产品。两种商品的要素分配由实线的交点给出。

假设全球经济被分割为两个独立的国家,我们将其称为本国和外国。假设存在 Samuelson(1949)描述的"天使",他将世界上的资本和劳动力分配给两国,并限制资本、劳动力从一个国家转移到另一个国家。具体情形可用图 15.2 来表示,其中,O^h 为本国对应的原点,O^f 为外国对应的原点。盒状图中的点 E 表示对要素的分配。

由于这两个新的国家是由同一个原始国家形成的,它们拥有相同的规模报酬不变的生产技术,且两国的偏好具备位似特征。假设天使不限制两国之间的商品流动(即允许国际贸易),那么,套利活动将确保两国的商品价格一致。考虑到两国使用了相同的规模报酬不变的技术,只要两国生产两种商品的数量都为正,那么,当两国相对价格相同时,两国的要素价格和要素比例也必须相同。①

---

①　严格地说,还必须假定各行业的要素密集度排序不会发生逆转。只有当点 E 位于图 15.2 的阴影区域内时,两国才会同时生产两种商品。

如图 15.2 所示,为了满足两国(以及整个全球经济)资源充分利用的条件,每个行业的要素投入必须位于从一体化均衡中得到的同一条要素密集度射线上。这意味着,贸易均衡不仅使每个国家的要素价格一致,而且精准地再现了一体化均衡时的总产量、要素配置、商品和要素价格。因此,从某种意义上可以认为,国际贸易整合经济的方式等同于允许生产要素的跨境流动,或者等价于完全消除国界。

虽然我们的讨论是以 HOS(2×2)模型为框架的,但上述思路和供应条件曲线的图示也同样适用于特定要素模型及两部门模型。一旦确定了相对价格,就可以使用前几章中相同的图示法来求解经济系统其余部分(生产、要素价格等)的最优解。然而,在特定要素模型中,"一体化"的结论将不再成立。因为在该模型中,要素价格不仅取决于商品价格,还取决于要素禀赋。

15.2　模型在 GAMS 中的实现

采用索引形式并在定义多个模型时使用通用方程,两国贸易模型在 GAMS 中的实现被大幅简化。

首先,我们考虑第 11 章的自给自足经济模型。第一个任务是添加定义区域的新集合。在程序的开始部分添加 SET D Countries / H,F / ;来定义集合。接下来,我们拓展所有参数、变量和方程的维度。因而,ALPHA 变为 ALPHA(D),BETA(I)变为 BETA(I,D),等等。由此构造出了两个完全相同的自给自足经济体。

由于每个经济体都存在一个效用指数,故不能再以效用作为目标。考虑到目标值应为一个标量,我们创建了名为 OBJ 的新变量及定义目标值的方程 OBJECTIVE。在模型中,OBJ 被定义为两个经济体效用指数的加总。由于方程组是方形的,因此目标值的设定其实是无关紧要的(请试着把目标值换成其他值,观察是否会影响求解结果)。最后,我们定义了模型 AUTARKY,并将所有方程名在定义列表中分别列出:

MODEL AUTARKY / UTILITY, DEMAND, PRODUCTION, RESOURCE, FDEMAND, INCOME, OBJECTIVE,
　　CLEAR / ;

通过求解可以发现,两个经济体的均衡结果相同。模型代码如表 15.1 所示。表 15.1 中的代码与第 11 章中的代码非常相似。

表 15.1　HOS 模型的 GAMS 程序(自给自足经济)

```
SET I Goods / 1,2/ ;
SET J Factors / K,L/ ;
SET D Countries / H,F/ ;
ALIAS (J,JJ);

PARAMETERS
ALPHA(D)          Shift parameter in utility
BETA(I,D)         Share parameter in utility
PO(I,D)           Initial domestic prices
UO(D)             Initial utility levels
CO(I,D)           Initial consumption levels
GAMMA(I,D)        Shift parameters in production
```

DELTA(J,I,D)	Share parameters in production
RHO(I,D)	Elasticity parameters in production
FBAR(J,D)	Endowments
QO(I,D)	Initial output levels
RO(J,D)	Initial factor prices
FO(J,I,D)	Initial factor use levels
GDPO(D)	Initial gross domestic product;

PO(I,D) = 1;
RO(J,D) = 1;
QO(I,D) = 100;
CO(I,D) = QO(I,D);
FO('L','1',D) = 20;
FO('L','2',D) = 80;
FO('K',I,D) = (QO(I,D) * PO(I,D) − FO('L',I,D) * RO('L',D))/RO('K',D);
FBAR(J,D) = SUM(I,FO(J,I,D));
GDPO(D) = SUM(I,PO(I,D) * QO(I,D));
RHO(I,D) = 0.1;
DELTA(J,I,D) = (RO(J,D)/FO(J,I,D) ** (RHO(I,D) − 1))/(SUM(JJ, RO(JJ,D)/FO(JJ,I,D) ** (RHO(I,D)
 −1)));
GAMMA(I,D) = QO(I,D)/(SUM(J, DELTA(J,I,D) * FO(J,I,D) ** RHO(I,D))) ** (1/RHO(I,D));
UO(D) = GDPO(D);
BETA(I,D) = CO(I,D)/GDPO(D);
ALPHA(D) = UO(D)/PROD(I,CO(I,D) ** BETA(I,D));

VARIABLES

U(D)	Utility indices
P(I,D)	Prices
C(I,D)	Consumption levels
Q(I,D)	Output levels
R(J,D)	Factor prices
F(J,I,D)	Factor use levels
GDP(D)	Gross domestic products
OBJ	Objective;

U.L(D) = UO(D);
P.L(I,D) = PO(I,D);
C.L(I,D) = CO(I,D);
Q.L(I,D) = QO(I,D);
R.L(J,D) = RO(J,D);
F.L(J,I,D) = FO(J,I,D);
OBJ.L = SUM(D,UO(D));
GDP.L(D) = GDPO(D);
P.LO(I,D) = 0;
C.LO(I,D) = 0;
Q.LO(I,D) = 0;
R.LO(J,D) = 0;
F.LO(J,I,D) = 0;
GDP.LO(D) = 0;
P.FX('2',D) = 1;

（续表）

```
EQUATIONS
UTILITY(D)              Utility functions
DEMAND(I,D)             Demand functions
CLEAR(I,D)              Market clearing
PRODUCTION(I,D)         Production functions
RESOURCE(J,D)          Resource constraints
FDEMAND(J,I,D)         Factor demand functions
INCOME(D)              Gross domestic products
OBJECTIVE              Objective function;

UTILITY(D)..U(D) = E = ALPHA(D) * PROD(I,C(I,D) ** BETA(I,D));
DEMAND(I,D)..C(I,D) = E = BETA(I,D) * GDP(D)/P(I,D);
CLEAR(I,D)..C(I,D) = E = Q(I,D);
PRODUCTION(I,D)..Q(I,D) = E = GAMMA(I,D) * SUM(J, DELTA(J,I,D) * F(J,I,D) ** RHO(I,D)) ** (1/RHO
(I,D));
RESOURCE(J,D)..FBAR(J,D) = E = SUM(I,F(J,I,D));
FDEMAND(J,I,D)..R(J,D) = E = P(I,D) * Q(I,D) * SUM(JJ, DELTA(JJ,I,D) * F(JJ,I,D) ** RHO(I,D)) **
(-1) * DELTA(J,I,D) * F(J,I,D) ** (RHO(I,D) - 1);
INCOME(D)..GDP(D) - E = SUM(I,P(I,D) * Q(I,D));
OBJECTIVE..OBJ = E = SUM(D,U(D));

MODEL AUTARKY /UTILITY, DEMAND, PRODUCTION, RESOURCE, FDEMAND, INCOME, OBJECTIVE, CLEAR/;
SOLVE AUTARKY USING NLP MAXIMIZING OBJ;
```

表 15.2 列出了开放经济条件下 HOS 模型的 GAMS 代码，该代码可直接添加到自给自足经济的模型中。请注意，模型中可以定义多个赋值语句，且这些赋值语句无须放在一起。因此，接下来，我们仍会给新参数、变量和方程进行定义和赋值，但仅限于自给自足经济与开放经济之间不同的部分。具体而言，新参数包括初始国际市场价格和贸易流量，新变量包括国际市场价格和贸易流量，新方程包括开放经济下的物质平衡条件、价格套利条件和世界市场出清条件。

表 15.2　HOS 模型 GAMS 程序的调整部分（贸易）

```
PARAMETERS
PWO(I)                  Initial world prices
XO(I,D)                 Initial trade;

PWO(I) = 1;
XO(I,D) = QO(I,D) - CO(I,D);

VARIABLES
PW(I)                   World prices
X(I,D)                  Trade levels;

PW.L(I) = PWO(I);
X.L(I,D) = XO(I,D);
PW.LO(I) = 0;
PW.FX('2') = 1;
```

```
EQUATIONS
MAT_BAL(I,D)          Open economy material balance
INT_CLEAR(I)          International market clearing
ARBITRAGE(I,D)        International price arbitrage;

MAT_BAL(I,D)..X(I,D) = E = Q(I,D) - C(I,D);
INT_CLEAR(I)..SUM(D,X(I,D)) = E = 0;
ARBITRAGE(I,D)..P(I,D) = E = PW(I);

MODEL TRADE / UTILITY, DEMAND, PRODUCTION, RESOURCE, FDEMAND, OBJECTIVE, INCOME, MAT_BAL, INT_
CLEAR, ARBITRAGE /;
SOLVE TRADE USING NLP MAXIMIZING OBJ;
```

因为贸易模型的其他部分(生产、消费等)与自给自足模型具有相同的结构,所以为了避免重复,我们可以构建另一个只包含相关部分的 GAMS 模型。故而有:

```
MODEL TRADE / UTILITY, DEMAND, PRODUCTION, RESOURCE, FDEMAND, OBJECTIVE, INCOME,
    MAT_BAL, INT_CLEAR, ARBITRAGE /;
```

简而言之,贸易的模型结构与自给自足模型大体相同,但去掉了自给自足的市场出清条件,取而代之的是开放经济下的物质平衡条件,并且还增加了国际市场出清条件和价格套利(一价定律)条件。这种方法是将共同的模型元素整合到多个不同模型中的有效方法。求解上述贸易模型,就可得到存在自由贸易的一体化世界经济的均衡解。

当然,初始状态时是不存在贸易的,因为两个经济体是相同的。此时,根据比较优势的原理,拥有完全竞争市场且不存在产品差异的两国是不会开展贸易的。然而,如果改变经济中的禀赋、技术或偏好,贸易就会发生。

15.3 练习题

(1) 在初始校准时,当我们从一组封闭经济体转向开放贸易世界时,最优解中不存在发生贸易的情形。请验证并解释原因。

(2) 基于自给自足经济模型,当增加国内资本存量和国外劳动力存量时,要素价格和商品价格会如何改变? 这一结果与比较优势的概念有什么关联?

(3) 基于贸易模型,当增加国内资本存量和国外劳动力存量时,会发生什么? 贸易模式是怎样的? 原因是什么? 此时,要素价格会如何变动?

(4) 如果对经济中的某个部门实施了技术改进,贸易模式将是怎样的? 要素价格仍会实现均等化吗?

(5) 请尝试在模型中引入本国对外国的转移支付,该外生的转移支付是以价格基准商品为单位定义的。如果出现了外国对本国的正向转移支付,贸易条件会如何变化? 转移支付是否会导致本国状况的恶化?

(6) 基于特定要素模型,请按照本章的思路建立一个双边贸易模型。在该模型中,国际贸易是否会导致要素价格的均等化? 你对此有何解释?

（7）请尝试构建并校准初始均衡状态时存在着贸易的模型。

（8）Krugman（1982）认为，在某些情形下，当外国经济变得更有效率时，本国经济并不会因此变差。如果模型中所有主体的效用函数相同且为位似效用函数，你能证明上述观点的正确性吗？

15.4 拓展阅读

HOS 模型是国际贸易理论中最为重要的模型之一。如果想了解这个模型，可以参见 Bhagwati 等（1998）（特别是第 5 章、第 6 章）。然后，我们推荐一些经典文献供大家阅读，如 Samuelson（1949，1953）及 Jones（1956）。除了阐明要素价格均等化的"一体化均衡"方法之外，Dixit 和 Norman（1980）还深入论述了对偶法的应用。练习题 5 涉及了所谓的"转移问题"。关于这一问题的经典文章见 Samuelson（1952）和 Johnson（1955b）。关于该议题的综合论述，可以参见 Bhagwati 等（1983）。

▶ 16

高维与贸易

前一章探讨了国际贸易的 $2\times2\times2$ 模型（两种商品、两种要素、两个国家）或 HOS 模型。你应该能够轻松地将其拓展至 $2\times3\times2$ 模型并进行分析。由 HOS 模型可知，贸易模式是由要素丰裕度和要素密集度决定的。然而，上述概念本质上是二维的。我们自然而然会想到一个问题，贸易模式在高维模型中会发生什么变化？这正是本章要讨论的主要议题。

16.1 问题的表述

考虑第 9 章中介绍的高维生产问题的对偶表达形式：

$$AR=P \tag{16.1}$$

$$A^TQ=V \tag{16.2}$$

其中，A 为最优单位要素需求的矩阵，R 为要素价格向量，P 为商品价格向量，Q 为产出向量，V 为禀赋向量。在该模型系统中，要素数量可能等于商品数量，或者小于商品数量。利用物质平衡条件，可以定义净出口向量 X：

$$X=Q-C \tag{16.3}$$

由于偏好相同且符合位似特征，可以得到：

$$C=\alpha[C+C^*]=\alpha[Q+Q^*] \tag{16.4}$$

其中，星号用来表示外国。如式（16.4）所示，本国消费向量等于 a（即本国在世界收入中的份额）乘以世界消费向量，而世界消费向量必须等于世界产出向量。现在，如果要素价格实现了均等化，当两国拥有相同技术和要素被充分利用时，可以得到：①

$$A^T[Q+Q^*]=V+V^* \tag{16.5}$$

此时，两国的最优投入矩阵 A 必须相同。这意味着，资源在全球范围内得到充分利用。在式（16.3）的两边同时乘以 A^T，并将式（16.2）、式（16.4）和式（16.5）代入，可以得到贸易的要素含量（factor content of trade）：

---

① Dixit 和 Norman（1980）详细介绍了这一结果成立的前提条件。

$$\mathbf{A}^\mathrm{T}\mathbf{X}=\mathbf{V}-\alpha\left[\mathbf{V}+\mathbf{V}^*\right] \tag{16.6}$$

该式的左侧表示的是贸易的要素含量向量。因此,资本的要素含量为正意味着本国出口资本服务。该式右侧告诉我们,从一体化均衡的角度而言,当且仅当本国经济拥有充足的资本,即其在世界资本禀赋中的份额超过其在世界收入中的份额时,本国才会出口资本服务。这一结论被称为赫克歇尔-俄林-瓦内克(Heckscher-Ohlin-Vanek,HOV)定理。请注意,我们并不能准确地判断会出口哪些商品,该命题只告诉了我们关于贸易的要素含量的信息。尽管如此,由于货物贸易实际上可以视为生产要素在各国之间的流动,上述命题仍然提供了一些有用的信息。

在第 9 章中,如果商品种类超过要素种类,那么,对于任意给定的价格,均衡解处通常不会生产所有类型的商品。为什么此处没有产生类似的问题呢?关键的原因在于,此处的价格不是任意决定的。在本模型中,价格是在一体化均衡中被决定的,如第 15 章所述。[①]因此,全球经济会生产所有类型的商品。然而,即使要素价格实现了均等化,并非所有国家都会生产所有类型的商品。总体而言,与一体化均衡相一致的生产模式具有多样性。关于这一议题的进一步探讨,请参见 Dixit 和 Norman(1980)。

16.2　模型在 GAMS 中的实现

为了说明 HOV 定理,我们需要将第 9 章介绍的高维生产结构与第 15 章的两国模型进行结合。由于本章没有太多新的内容,我们不会介绍完整的模型代码。

首先,为了构建 $3\times3\times3$ 模型,我们增加了集合维度。接下来,我们为初级生产要素投入 FO(J,I,D)赋值。由于 FO(J,I,D)是三维的,我们结合应用了第 9 章和第 13 章的 TABLE 和列表方法。具体而言,我们采用了如下语句来输入三维数据:

TABLE FO(J,I,D)　　　Initial factor use levels

	H	F
L.1	20	20
K.1	80	80
L.2	80	80
K.2	20	20
L.3	10	10
K.3	15	15;

前两个维度用 INDEX1.INDEX2 格式来表示,第三个维度位于列中。因此,表中第一个条目等价于赋值语句 FO('L','1','H') = 20。程序的其余部分与第 15 章基本相同。运行模型可验证初始平衡的正确性。如果调整要素禀赋,贸易就会发生。

最后一个问题是如何在最优解中轻松获取贸易的要素含量数据。当然,我们可以手动计算,但使用 GAMS 进行计算会更简便。具体而言,我们首先定义了一个新参数来表

[①]　如果你尝试完成第 11 章的练习题 10,你会发现,在求解自给自足经济的均衡状态时,商品种类多于要素种类并不会导致任何问题的出现。

示贸易的要素含量：

PARAMETER

CONTENT(J,D)　　　Factor content of trade;

接下来，我们基于均衡解进行必要的计算。模型的均衡解保存在变量水平值中，并且，我们可以在计算中直接调用这些变量水平值：

CONTENT(J,D) = SUM(I,(F.L(J,I,D)/Q.L(I,D)) * X.L(I,D));

DISPLAY CONTENT;

上述第一行代码基于最优解计算了贸易的要素含量。第二行代码使用 DISPLAY 命令显示 CONTENT 参数此时的数值。该命令使用的格式为关键词 DISPLAY，紧跟着一个或多个要显示的参数或变量（用逗号分隔），最后以分号结束语句。请注意，在 DISPLAY 语句中并未使用参数的索引。最终，GAMS 将显示 CONTENT 参数的数值（以列表的方式）。

16.3　练习题

（1）将要素禀赋模式与收入份额进行比较，并将其与贸易的要素含量指数进行匹配，请验证 HOV 定理在本章模型中是成立的。

（2）一个国家能否成为所有生产要素服务的净出口国？请解释原因。

16.4　拓展阅读

关于高维贸易理论的经典文献可参见 Vanek(1968)。关于在这些模型中实现要素价格均等化条件的详细讨论，请参见 Dixit 和 Norman(1980)。

相互倾销

截至目前,我们主要关注具有完全竞争和规模报酬不变特征的"标准"贸易理论模型。当然,大量的文献已经讨论了如何将不完全竞争和规模经济纳入国际贸易模型,其目的在于解释产业内贸易(同一产品类别的双向贸易)。这类研究通常被称为"新"贸易理论。上述研究的两个主要分支探讨了战略竞争如何引起寡头垄断模式下的贸易,以及产品差异化如何引起垄断竞争模式下的贸易。为了探索这些模型结构,我们可以采取类似的办法来编写 GAMS 程序,其步骤与标准贸易理论模型大体相同。在本章中,我们将考虑一个战略竞争引起贸易的简单示例。在第 18 章,我们将研究一个垄断竞争的示例。

17.1　相互倾销

相互倾销模型(Brander and Krugman,1983)说明了寡头垄断竞争如何引起产业内的国际贸易。该模型的关键假设是引入市场细分,即企业为每个市场做出不同的数量决定。这个模型的有趣之处在于,国际贸易是在相同产品,而非同一类别的不同种类之间进行的。从这个意义上说,相互倾销贸易是不经济的,尽管这种贸易能减少企业利用其市场力量所带来的经济效率成本。

模型的基本设置是非常简单的。该模型为局部均衡模型,首先,假设存在两个完全相同的市场,每个市场均存在一家生产同质商品的企业,且每家企业的产品可以同时在两个市场上销售。其次,假设从一个国家到另一个国家的货物运输成本较高。最后,每家企业的行为都符合古诺均衡的思想(即一国企业在做出销量决策时假设另一国的企业销量不变)。

令 h 表示本国,f 表示外国,本国企业为本国市场生产的商品数量是 q_{hh},本国企业为外国市场生产的商品数量是 q_{hf}。假设生产的边际成本是常数 c,运输成本是冰山型运输成本,那么在外国多销售一单位商品的成本是 c/g,其中 $0 \leqslant g \leqslant 1$。[①]外国相关指标的定义具有对称性,$q_{ff}$ 表示外国企业为外国市场(即外国的国内)生产的商品数量,q_{fh} 为外国企业为本国市场(即外国的国外)生产的商品数量。

假设本国的反需求函数为 $p_h(q_{hh}+q_{fh})$,外国的反需求函数为 $p_f(q_{ff}+q_{hf})$。由此,

---

① 冰山运输成本的含义为,运输的货物中只有 g 部分到达,其余部分会在运输途中融化,融化的部分为运输成本。因此,为了确保一单位货物能够到达,需要运输 $1/g$ 单位的商品。

本国企业的利润函数可定义为：

$$\pi_h = p_h(q_{hh}+q_{fh})q_{hh}+p_f(q_{ff}+q_{hf})q_{hf}-c[q_{hh}+q_{hf}/g]-F_h \tag{17.1}$$

其中，F_h 为固定成本。与之类似，外国企业的利润函数定义如下：

$$\pi_f = p_h(q_{hh}+q_{fh})q_{fh}+p_f(q_{ff}+q_{hf})q_{ff}-c[q_{ff}+q_{fh}/g]-F_f \tag{17.2}$$

每家企业会选择最优产量以实现利润最大化，由此可以得到企业在每个市场上销量最优选择的一阶条件：

$$\partial\pi_h/\partial q_{hh}=(\partial p_h/\partial q_{hh})q_{hh}+p_h-c=0 \tag{17.3}$$

$$\partial\pi_h/\partial q_{hf}=(\partial p_f/\partial q_{hf})q_{hf}+p_f-c/g=0 \tag{17.4}$$

$$\partial\pi_f/\partial q_{ff}=(\partial p_f/\partial q_{ff})q_{ff}+p_f-c=0 \tag{17.5}$$

$$\partial\pi_f/\partial q_{fh}=(\partial p_h/\partial q_{fh})q_{fh}+p_h-c/g=0 \tag{17.6}$$

式(17.3)—式(17.6)为最优反应函数。上述方程组中有四个未知变量(q_{ij})、四个方程。在满足二阶条件的情形下(即每个最优反应函数对自身销售额的导数均为负值)，方程组的解为均衡解。获得稳定最优解的一个必要条件是最优反应函数向下倾斜(即每个最优反应函数对竞争对手销量求导的结果均为负值)。

此时，纳什均衡数量是生产成本、运输成本和需求特征的函数，一旦我们求出纳什均衡数量，就可以进一步求解价格和利润水平。如果纳什均衡解中 q_{hf} 和 q_{fh} 均大于 0，就会发生相互倾销的国际贸易。

17.2   模型在 GAMS 中的实现

如果希望在 GAMS 中实现该模型，就需要选择需求函数的形式。Brander(1981)的研究使用了线性需求函数，该函数满足二阶和全局稳定性条件。Brander 和 Krugman(1983)使用了第 14 章介绍的需求弹性不变函数。此时，本国需求函数为 $p_h = a_h[q_{hh}+q_{fh}]^{1/\varepsilon_h}$，其中，$\varepsilon_h < 0$ 为需求弹性，a_h 为一个正的常数。外国需求函数的形式与本国的相同。因此，利润函数分别为：

$$\begin{aligned}\pi_h = {}& a_h[q_{hh}+q_{fh}]^{1/\varepsilon_h}q_{hh}+a_f[q_{ff}+q_{hf}]^{1/\varepsilon_f}q_{hf}\\ & -c_h[q_{hh}+q_{hf}/g_h]-F_h \end{aligned} \tag{17.7}$$

$$\begin{aligned}\pi_f = {}& a_f[q_{ff}+q_{hf}]^{1/\varepsilon_f}q_{ff}+a_h[q_{hh}+q_{fh}]^{1/\varepsilon_h}q_{fh}\\ & -c_f[q_{ff}+q_{fh}/g_f]-F_f \end{aligned} \tag{17.8}$$

为了体现不同经济体中需求和成本参数(包括运输成本)存在的差异，我们拓展了 Brander 和 Krugman(1983)的模型。两家企业在本国市场销量最优选择的一阶条件为：

$$q_{hh}a_h\varepsilon_h^{-1}[q_{hh}+q_{fh}]^{\frac{1-\varepsilon_h}{\varepsilon_h}}+a_h[q_{hh}+q_{fh}]^{1/\varepsilon_h}-c_h=0 \tag{17.9}$$

$$q_{fh}a_h\varepsilon_h^{-1}[q_{hh}+q_{fh}]^{\frac{1-\varepsilon_h}{\varepsilon_h}}+a_h[q_{hh}+q_{fh}]^{1/\varepsilon_h}-c_f/g_f=0 \tag{17.10}$$

它们是本国市场的最优反应函数。类似的结果同样适用于企业在外国市场的最优选择。当每个国家的需求富有弹性时（即 $\varepsilon_i < -1$），二阶条件是全局满足的，此时，每个市场总销量的边际收益大于 0。

接下来，为了便于模型的校准，我们将最优反应函数改写成以下形式：

$$p_h = c_h \varepsilon_h / [\varepsilon_h + \theta_{hh}] \tag{17.11}$$

$$p_f = c_f \varepsilon_h / [g_f(\varepsilon_h + \theta_{fh})] \tag{17.12}$$

其中，θ_{hh} 为本国企业在本国市场的份额，θ_{fh} 为外国企业在本国市场的份额。当 $\left(1 - \dfrac{1}{\varepsilon_i}\right)\theta_{ii} < 1$ 时，稳定性条件是局部满足的。①

现在，我们来考虑福利函数。在合适的假定之下，我们可以用消费者剩余与企业利润的加总来度量福利水平。令本国市场的总销售额为 $Z_h = q_{hh} + q_{fh}$，则本国福利可以度量为：

$$W_h = \int_0^{Z_h} p_h(Z_h)\mathrm{d}Z_h - p_h Z_h + \pi_h \tag{17.13}$$

需求弹性不变函数在零点有一条垂直渐近线，故求积分是不妥的。然而，当 $\varepsilon < -1$ 时，需求弹性不变函数会收敛，同时，这也确保了二阶条件是全局满足的。此时，本国的福利函数可以写为：

$$W_h = a_h \frac{\varepsilon_h}{\varepsilon_h + 1} Z_h^{\frac{\varepsilon_h + 1}{\varepsilon_h}} - p_h Z_h + \pi_h \tag{17.14}$$

与之类似，我们可以推导出外国的福利函数，其形式与式（17.14）非常相似。

现在我们可以开始构建 GAMS 程序。完整的程序见表 17.1。与之前一样，我们首先定义 SETS（此处为国家和企业）。然后，我们使用 ALIAS 命令另外生成两个具有相同元素的集合。

表 17.1　相互倾销的 GAMS 程序

```
SET D Countries / H,F/ ;
ALIAS (D,DD,DDD);

PARAMETERS
ALPHA(D)          Shift parameters in demand
EPSILON(D)        Elasticities of demand
G(D,DD)           Iceberg parameters
C(D)              Marginal costs
F(D)              Fixed costs
QO(D,DD)          Initial firm sales by market
ZO(D)             Initial total sales by market
SHARE(D,DD)       Initial market shares
PO(D)             Initial prices
```

① 为了理解这一点，请将式（17.9）对 q_{fh} 求偏导，并表示为份额形式。

```
PROFITO(D)              Initial profits
WELFAREO(D)             Initial welfare
CONTROL(D,DD)           Control matrix;

PO(D) = 1;
ZO(D) = 500;
EPSILON(D) = - 4;
ALPHA(D) = PO(D)/ZO(D) ** (1/EPSILON(D));
CONTROL(D,DD) = 1;
CONTROL(D,D) = 0;
G(D,D) = 1;
SHARE(D,D) = 0.75;
SHARE(D,DD) $ CONTROL(D,DD) = 1 - SHARE(D,D);
C(D) = PO(D) * G(D,D) * (EPSILON(D) + SHARE(D,D))/EPSILON(D);
G(D,DD) $ CONTROL(D,DD) = (EPSILON(DD) * C(D))/(PO(DD) * (EPSILON(DD) + SHARE(D,DD)));
QO(D,DD) = ZO(D) * SHARE(D,DD);
PROFITO(D) = 50;
F(D) = SUM(DD, PO(DD) * QO(D,DD)) - SUM(DD, C(D)/G(D,DD) * QO(D,DD)) - PROFITO(D);
WELFAREO(D) = ALPHA(D) * EPSILON(D)/ (1 + EPSILON(D)) * ZO(D) ** ((1 + EPSILON(D))/EPSILON(D)) -
PO(D) * ZO(D) + PROFITO(D);

VARIABLES
PROFIT(D)               Firm profits
P(D)                    Prices
Q(D,DD)                 Firm sales by market
WELFARE(D)              Welfare measures
OBJ                     Objective;

PROFIT.L(D) = PROFITO(D);
P.L(D) = PO(D);
Q.L(D,DD) = QO(D,DD);
WELFARE.L(D) = WELFAREO(D);
PROFIT.LO(D) = 0;
P.LO(D) = 0;
Q.LO(D,DD) = 0;
WELFARE.LO(D) = 0;

EQUATIONS
DEMAND(D)               Demand functions
PROF(D)                 Profit functions
BEST(D,DD)              Best response functions
PEWELFARE(D)            Welfare functions
OBJECT                  Objective;

DEMAND(D)..P(D) = E = ALPHA(D) * SUM(DD,Q(DD,D)) ** (1/EPSILON(D));
PROF(D)..PROFIT(D) = E = SUM(DD,P(DD) * Q(D,DD)) - SUM(DD, C(D)/G(D,DD) * Q(D,DD)) - F(D);
BEST(D,DD)..Q(D,DD) * P(DD)/ EPSILON(DD) * SUM(DDD,Q(DDD,DD)) ** ( - 1) + P(DD) - C(D)/G(D,DD) =
E = 0;
```

```
PEWELFARE(D)..WELFARE(D) = E = ALPHA(D) * EPSILON(D)/(1 + EPSILON(D)) * SUM(DD,Q(DD,D)) ** ((1 +
EPSILON(D))/EPSILON(D)) - P(D) * SUM(DD,Q(DD,D)) + PROFIT(D);
OBJECT..OBJ = E = 0;

MODEL RECIPROCAL / ALL / ;
SOLVE RECIPROCAL USING NLP MAXIMIZING OBJ;
```

接下来，我们定义 PARAMETER 的名称，需求参数包括 ALPHA(D)和 EPSILON(D)，成本参数包括 C(D)和 F(D)，运输成本参数为 G(D,DD)。出于方便考虑，G 的维度被定义为国家×国家（这有助于该模型的拓展）。我们还定义了销量、价格、利润和福利的初始值[QO(D,DD)、PO(D)、PROFITO(D)、WELFAREO(D)]，同时还定义了额外的两个参数：ZO(D)为每个市场的总销量，SHARE(D,DD)为每家企业在各个市场的份额。最后，我们还定义了参数 CONTROL(D,DD)，其用处我们会在后面进行介绍。

在 VARIABLES 标题下，我们定义了内生变量 P(D)、Q(D,DD)、PROFIT(D)和 WELFARE(D)。此外，我们定义了变量 OBJ，该变量是作为目标值的标量变量。如第 15 章所述，由于模型是方形的 *，目标值的选择其实是无关紧要的。

然后，我们对方程进行定义和赋值。模型中包含了需求函数、利润函数、最优响应函数和福利函数，这些方程的 GAMS 代码需要与之前的定义相吻合。我们定义的模型中包含了上述所有方程。

现在，我们来考虑模型的校准。与之前的模型一样，校准的目标是将模型与特定的一组基础数据、自由参数相匹配。我们实际上是通过求解与最优解一致的参数来实现校准的。

首先，我们将所有价格标准化为 1。然后，我们对每个市场总销量的初始值及需求弹性进行赋值。需求弹性值必须小于 −1，原因已在前文进行了说明。接下来，我们就可以使用反需求函数来校准反需求曲线中的移位参数。

下一步是确定与最优解一致的成本和运输成本的取值。此时，我们就需要使用之前定义的 CONTROL 参数。CONTROL(D,DD) = 1 语句将配对国家的参数值设为 1。下一个语句 CONTROL(D,D) = 0 将第一个与第二个元素相同的参数值用 0 进行覆盖。[①]因此，对本国有 CONTROL('H','H') = 0，CONTROL('H','F') = 1，以此类推。当销售地点位于生产国时，可使用语句 G(D,D) = 1 将冰山参数设置为 1。与之类似，使用语句 SHARE(D,D) = 0.75 就可将每个国家在自身市场上的份额设为 75%。[②]使用 CONTROL 参数及第 6 章介绍的异常处理方法，就可定义竞争企业在每个市场中的相应份额。

接下来，利用式(17.11)就可确定每家企业的边际成本，通过式(17.12)可决定每家企业的冰山参数值。同样，我们使用 CONTROL 参数来确保仅对 H→F 和 F→H 流向的冰山参数赋值。其原因在于，我们假定每个经济体内部不存在运输成本。

---

　*　这意味着方程数量和未知变量数量是相等的。——译者注

　①　请注意，尽管集合 DD 与 D 拥有相同的元素，但它们并非是同一个集合。因此，第一个赋值适用于 D 和 DD 的笛卡尔乘积的所有元素，而第二个赋值仅适用于对角线元素。

　②　假设运输成本是对称的，那么，自有份额应该大于 50%。为了确保局部稳定性，自有份额必须小于 $\varepsilon/(\varepsilon-1)$，在本例中 $\varepsilon/(\varepsilon-1)$ 取值 80%。

最后,基于总销量和市场份额就可确定每家企业在各个市场的销量。随后,我们给利润赋值,并使用利润函数来确定每家企业的固定成本。然后,使用福利函数可以确定福利指数的初始值。现在模型已校准完毕,我们可以将校准值赋给内生变量的水平值,设置变量的下界,求解模型并得到初始解。在验证了模型能够正常运行之后,你可以通过下面的练习题去探索模型的属性及进一步拓展的可能性。

17.3　练习题

(1) 当运输成本降至 0 时,模型的结果会如何变化(即所有冰山参数均为 1)?

(2) 你能找到令贸易终止的冰山参数值吗? 对于企业而言,没有运输成本与过高的运输成本相比,哪种情形会更好? 对于整个社会而言,哪种情形会更好? 请解释原因。

(3) 在 Brander(1981)讨论相互倾销模型的论文中,需求函数的形式选取的是线性需求函数。请基于线性需求函数修改 GAMS 模型。

(4) 请扩展模型并考虑更多国家之间的相互倾销行为。

(5) Brander 和 Krugman(1983)的拓展模型考虑了自由进出的情形,请修改 GAMS 程序并复制出他们的结果。

17.4　拓展阅读

经典的论文当然包括 Brander(1981)及 Brander 和 Krugman(1983)。关于相互倾销的拓展和一般化研究还有很多。

▶ 18

垄断竞争

上一章构建的 GAMS 模型表明，即使不存在比较优势，国际寡头垄断的不完全竞争仍可通过企业间的战略互动产生贸易。"新"贸易理论的另一个主要分支考虑了垄断竞争市场结构的影响。

在垄断竞争市场中，企业会生产（水平或垂直）差异化的产品，并且其产品的需求曲线是向下倾斜的。[①] 换言之，垄断竞争市场中的企业具有一定的市场支配力。尽管如此，由于其他企业可以自由进出该行业，垄断竞争市场中企业的长期利润为零。因此，在垄断竞争模型中，上一章描述的战略性贸易驱动因素并不存在。

然而，垄断竞争的市场结构仍然可引起产业内贸易，这种贸易可以通过规模经济和提供更多种类的消费品来加以解释。与寡头垄断模型类似，在文献中有许多不同的方法来构建垄断竞争模型。在本章中，我们将基于 Krugman(1980) 的一篇开创性论文来讨论一个简单的例子及其 GAMS 程序。

18.1 封闭经济体

保罗·克鲁格曼(Paul Krugman)的垄断竞争和贸易模型解释了如下一种情形——即使各国的技术、偏好和要素丰裕度相同，规模收益递增和垄断竞争仍会引起国际贸易。这种贸易有利于提升经济福利，因为它会增加家庭可获取商品的种类，尤其是当家庭偏好多种类型的商品时（即该模型考虑了横向产品差异化）。虽然贸易量在模型中是确定的，但贸易模式并非如此。

克鲁格曼提出的模型结构简单且优雅。首先，我们考虑自给自足的经济体。假设所有消费者的偏好相同，代表性消费者的效用函数为 $U = \sum_i c_i^\theta$，其中，$0 < \theta < 1$，i 为 v 类产品的索引，v 被假设为一个很大的数，但相对于潜在范围来说假定的数值仍然较小。[②] 给定预算约束 $Y = \sum_i p_i c_i$，消费者的目标是实现效用最大化。通过构建拉格朗日

[①] 横向产品差异化是指产品在特性而非质量上的差异。纵向产品差异化是指产品可以明确根据质量维度进行区分。

[②] 这是一种非常特殊的函数形式。这种方法可以在一定程度上进行推广。详见 Helpman 和 Krugman (1985)。

函数,就可求解该优化问题。利用一阶条件(细节部分留给读者自行思考),可以得到个人的需求函数:

$$p_i = \frac{\theta c_i^{\theta-1}}{\lambda} \quad \forall i \tag{18.1}$$

其中,λ 为拉格朗日乘子,其含义与前文相同。请注意,每个消费者对每个商品种类的需求独立于对所有其他种类的需求。

出于简化考虑,Krugman(1980)假设每个消费者拥有一单位的劳动力(劳动力是模型中唯一的生产要素)。令劳动力存量为 $\bar{L}$。每种商品的总消费 C_i 等于 $\bar{L}c_i$。在封闭经济体中,均衡时的总消费等于总产出 q_i,这意味着 $c_i = q_i/\bar{L}$。将上述表达式代入式(18.1)可得:

$$p_i = \frac{\theta \left(\frac{q_i}{\bar{L}}\right)^{\theta-1}}{\lambda} \quad \forall i \tag{18.2}$$

由此,我们得到了每家企业面临的市场需求曲线。

假设每家企业拥有同一种具有规模报酬递增特征的生产技术,用 $l_i = \alpha + \beta q_i$ 表示,其中,l_i 为行业 i 使用的劳动力数量,α 和 β 为正的常数。基于式(18.2)可得到企业的利润函数:

$$\pi_i = \frac{\theta \left(\frac{q_i}{\bar{L}}\right)^{\theta-1}}{\lambda} q_i - w[\alpha - \beta q_i] \quad \forall i \tag{18.3}$$

其中,整体经济的工资为 w。企业会选择产出水平以实现利润最大化。基于利润最大化的一阶条件,可以求解利润最大化的价格:

$$p_i = p = \frac{\beta w}{\theta} \quad \forall i \tag{18.4}$$

因此,每种商品的价格均相同。在本章中,我们用 p 来表示这一相同的价格。[①]

在垄断竞争市场中,自由进出意味着企业获得零利润。利用式(18.3)和式(18.4)求解零利润条件,可得:

$$q_i = q = \frac{\alpha \theta}{\beta[1-\theta]} \quad \forall i \tag{18.5}$$

因此,所有企业都会生产相同的产出 q。用 q 除以 $\bar{L}$ 可以得到个人对不同产品的消费,而有关技术的假定使我们能确定 l_i。假定 l_i 对每个企业也是相同的,我们将其表示为 l。

最后一步是求解出生产的产品种类数 v。正如 Krugman(1980)指出的,由于企业可

---

① 推导该表达式需要基于如下假设:由于 v 非常大,任何一家企业的定价决策都不会影响收入的边际效用(换言之,在企业决策的过程中,λ 被视为一个常数)。

以无成本地实现产品差异化,且每个种类的需求相同,此时两家企业不会选择抢占同一个产品市场。因此,企业的数量和产品种类的数量是一致的。基于劳动力充分就业条件可得 $\sum_i l_i = vl = \overline{L}$。这意味着:

$$v = \frac{\overline{L}[1-\theta]}{\alpha} \tag{18.6}$$

至此,我们求解出了产品种类数,同时也完成了封闭经济模型的构建。

18.2 开放经济体

现在,我们来考虑存在贸易的情形。借鉴 Krugman(1980)的思路,假设存在与之前探讨的经济体完全相同的另一个经济体。在自给自足的两个经济体中,相对价格将是相同的,此时,基于比较优势的贸易不会出现。

如果运输成本为零,那么,在允许自由贸易的情形下,代表性消费者会在预算约束 $Y = \sum_i p_i c_i + \sum_j p_j^* c_j$ 的条件下实现 $U = \sum_i c_i^{\theta} + \sum_j c_j^{\theta}$ 最大化。其中,i 是国内生产的 v 类商品的索引,j 是国外生产的 v^* 类商品的索引。

每个国家生产的商品种类是不同的,原因在于,任何国家的两家企业都不会生产相同的产品。考虑到需求假设,消费者会将一半收入(如果允许不同国家的劳动力存量存在差异,那么,这一比例将是 $v/[v+v^*]$)用于消费各个国家的商品。由于全球对各种商品的总需求保持不变,企业的优化问题保持不变。因此,通过式(18.4)和式(18.5)可以得到每种商品的价格(以工资单位计价)和产量。随后,通过式(18.6)和与之类似的国外产品种类数的决定方程,就可确定生产的种类数量。

这种贸易有利于改善福利状况吗?在克鲁格曼的模型中,贸易并没有改变以任何产品衡量的实际工资。然而,由于消费范围的扩大,福利的确有所增加。[①]此时并不存在规模经济效应,因为每种产品的产出水平在自给自足和贸易经济中是相同的。如果希望在模型构建中考虑规模经济效应,就需要对需求结构进行调整。

18.3 模型在 GAMS 中的实现

表 18.1 显示的是一个封闭经济模型的 GAMS 程序。首先,我们定义了所有模型的参数名及变量的初始值。接下来,我们对模型进行校准(在本例中,我们将所有初始价格标准化为1)。当给定封闭经济模型的最优解时,模型的校准是非常简单的。在此,我们把校准的细节留给读者自行思考。

---

① 要了解这一点,请注意,个人消费者的效用指数在自给自足经济时为 $v[q/\overline{L}]^{\rho}$,在存在贸易时为 $2v[q/2\overline{L}]^{\rho}$(假设两个经济体拥有相同的劳动力存量)。由于 $\theta < 1$,故后者大于前者。由于需要通过出口获得其他种类的商品,消费者需要放弃每种商品的部分消费。然而,选择范围增加所带来的福利增进足以弥补消费减少导致的效用损失。

表 18.1　垄断竞争的 GAMS 程序

```
PARAMETERS
THETA              Utility parameter
LBAR               Labor endowment
ALPHA              Cost function parameter
BETA               Cost function parameter
WO                 Initial wage
VO                 Initial number of varieties
QO                 Initial output
CO                 Initial consumption per consumer
PO                 Initial price
UO                 Initial utility index
LO                 Initial labor use;


ALPHA = 5;
BETA = 0.5;
THETA = 0.5;
LBAR = 1000;
WO = 1;
VO = LBAR * (1 - THETA) / ALPHA;
QO = ALPHA * THETA / (BETA * (1 - THETA));
CO = QO / LBAR;
LO = ALPHA + BETA * QO;
PO = BETA * WO / THETA;
UO = VO * CO ** THETA;


VARIABLES
V                  Varieties
Q                  Output
C                  Consumption
P                  Prices
U                  Utility index
L                  Labor used
W                  Wage;

W.FX = WO;
V.LO = 0; Q.LO = 0; C.LO = 0; P.LO = 0; L.LO = 0;
V.L = VO; Q.L = QO; C.L = CO; P.L = PO; U.L = UO; L.L = LO;


EQUATIONS
UTILITY            Utility function
CLEARING           Good market clearing
PRICE              Profit maximization
COST               Cost function
ENTRY              Free entry condition
RESOURCE           Full employment;

UTILITY..U = E = V * C ** THETA;
CLEARING..C = E = Q / LBAR;
PRICE..P = E = BETA * W / THETA;
```

```
COST..L = E = ALPHA + BETA * Q;
ENTRY..P * Q - L * W = E = 0;
RESOURCE..LBAR = E = V * L;

MODEL MONOP / ALL /;
SOLVE MONOP USING NLP MAXIMIZING U;
```

接下来，我们定义了模型变量的名称，并设定下界和水平值。请注意，我们将工资率设为价格基准。

然后是方程的命名及定义，最后是 MODEL 和 SOLVE 语句。一旦你验证了初始平衡的正确性，就可以通过扰动模型参数来观察模型的结果。

为了说明经济体由封闭状态变为开放经济的经济效应，我们可以采用与第 15 章相似的方法。首先，使用 SET R / H,F/ 语句定义一个国家集合。接下来，用 ALIAS(R,RR) 语句为 R 定义一个别名。然后，在变量、参数和方程的命名和定义时，可以对 R 进行索引。如果我们运行模型（添加任意的标量目标值），就可得到两个相同的自给自足经济体。

为了考虑贸易，我们添加了新变量 VT(R)，该变量的含义为可供消费的商品种类总数。我们将该变量的初始值设为国内产品种类数（即自给自足经济的最优解）。然后，我们在效用函数中用 VT(R) 替代 V(R)，即：

```
UTILITY(R)..U(R) = E = VT(R) * C(R) ** THETA(R);
```

为了确定 VT(R) 的取值，我们增加了两个新的方程：

```
VARIETY_A(R)..VT(R) = E = V(R);
VARIETY_T(R)..VT(R) = E = SUM(RR,V(RR));
```

第一个方程的含义是，在自给自足经济条件下，可供消费的商品种类数等于自给自足经济时国内产品种类数。第二个方程的含义是，在开放经济条件下，可供消费的商品种类数等于全球生产的产品种类数。我们还需对市场出清条件进行调整：

```
CLEARING_A(R)..C(R) = E = Q(R)/ LBAR(R);
CLEARING_T(R)..C(R) = E = Q(R)/ SUM(RR,LBAR(RR));
```

第一个方程与之前的相同，且在自给自足经济条件下成立。当存在贸易时，产品将在全球范围内流通，而非局限于国内市场。

最终，我们定义了两个模型。模型一代表了自给自足经济体，包含 VARIETY_A、CLEARING_A、调整后的效用函数，以及表 18.1 中的其他方程（外加一个标量目标值）。模型二代表了开放经济体，需要将 VARIETY_A 和 CLEARING_A 替换为开放经济条件下的对应方程。依次求解模型，就可以揭示贸易开放的经济效应。完整的 GAMS 程序代码可从网上下载。

18.4 练习题

（1）在封闭经济模型中，请评估以下事件的经济影响：生产固定成本的下降或增加；生产边际成本的下降或增加；劳动力存量的增加或减少。

（2）在贸易模型中，如果一个经济体的劳动力存量大于另一个经济体，会出现什么结果？

（3）在开放经济模型中，并没有设置明确的贸易平衡条件。请问贸易实现平衡了吗？

（4）在该模型中，当 THETA 参数发生变化时，贸易收益会如何变动？

（5）按照 Krugman(1979)的思路，请构建一个包含更常见的需求函数的模型。

18.5 拓展阅读

关于垄断竞争的开创性论文见 Dixit 和 Stiglitz(1977)。本章集中讨论了 Krugman(1980)介绍的贸易背景下的垄断竞争模型。在早期的研究中，Krugman(1979)讨论了类似的模型结构。Ethier(1979)是该领域另一篇有影响力的经典文献，此文并没有在最终需求中引入产品差异化，而是在企业对中间投入品的需求中引入产品差异化。Helpman 和 Krugman(1985)的经典论文详细地阐述了此类模型，并剖析了它们与"标准"贸易理论的关联性。

第二篇 贸易政策与扭曲

▶ 19

关税与其他贸易干预措施

截至目前,我们探讨的经济体均未受到政策性扭曲的影响。在接下来的三个章节中,我们会探讨如何对各类经济扭曲进行建模,并评估其经济影响。首先,我们将考虑如何将贸易税、补贴及其他干预措施引入第 12 章的小国模型、第 14 章的大国模型及第 15 章的两国贸易模型。由此,我们将分析贸易干预措施对生产、消费、贸易、收入分配及经济福利的影响。实际上,现实世界的贸易模式或多或少存在着某种类型的经济扭曲,引入经济扭曲是构建描述现实经济系统的 CGE 模型的关键一步。

19.1 小国情形的问题表述

首先,让我们回顾小国经济的最优化问题。我们将使用第 14 章中介绍的把要素市场约束转换为资源需求函数的形式。在本模型中,所有的标准假设均适用,而效用最大化问题的拉格朗日函数可写为:

$$\mathscr{L} = \theta U(c_1, c_2) + \lambda_1 [q_1 - c_1 - x_1] + \lambda_2 [q_2 - c_2 - x_2]$$
$$+ \delta [S - \psi(q_1, q_2)] + \gamma [p_1^* x_1 + p_2^* x_2]$$

我们将 γ(汇率)标准化为 1。在最优解处,相对消费者价格、相对生产者价格均等于相对国际市场价格(即边际替代率、边际转换率均等于外国转换率)。

在第 12 章中我们指出,将分析过程分解为两个阶段仍可得到相同结果。首先,需要找出实现产值最大化的产出水平;然后,在预算约束条件下实现效用最大化,而预算约束是由生产所创造的收入决定的。在讨论贸易税或贸易补贴问题时,这种分阶段的分析流程非常有用。

贸易税或补贴导致国内价格和国际市场价格之间出现差额。我们可以用百分比(更精确地说是成比例或从价)形式来定义这一差额,即 $t_i = (p_i - p_i^*)/p_i^*$,$i = 1, 2$。在模型中,外汇的价格标准化为 1。对于进口品(即 $x_i < 0$)而言,正的 t_i 值表示进口关税,负的 t_i 值表示进口补贴。对于出口品($x_i > 0$)而言,正的 t_i 值表示出口补贴,负的 t_i 值表示出口关税。[1]

---

[1] 尽管这种定义方式看似使人困惑,但其逻辑在于:相对于国际市场价格,进口关税和出口补贴会提高国内价格(此时,国内价格高于国际市场价格);相对于国际市场价格,进口补贴和出口税会降低国内价格(此时,国内价格低于国际市场价格)。值得一提的是,相对于自给自足的价格,进口关税和出口关税只能使国内价格在一定程度上远离国际市场价格。如果进口关税或出口关税推动国内价格超过了自给自足的价格,它们就被称为含"水"的。以进口关税为例,含"水"意味着国内价格已经高于自给自足经济体的价格水平,此时,进口关税政策会给国内消费者增加不必要的成本,降低经济效率。本章将仅讨论不含"水"的情形,这意味着该政策在不造成不必要成本的情况下,有效地保护了国内产业或实现了其他特定政策目标。

首先,我们考虑经济体的生产侧。生产中的最大化问题可用如下拉格朗日函数来表示:

$$\mathscr{L}=p_1^*(1+t_1)q_1+p_2^*(1+t_2)q_2+\delta[S-\psi(q_1,q_2)] \tag{19.1}$$

注意到,此处最大化的目标值是以国内价格计价(包含关税)的产值,原因在于,国内企业面临的价格是含税的国内价格。对拉格朗日函数中的 q_1、q_2 和 δ 求偏导可得包含三个变量、三个方程的一阶条件:

$$\partial\mathscr{L}/\partial q_1=p_1^*(1+t_1)-\delta\partial\psi/\partial q_1=0 \tag{19.2}$$

$$\partial\mathscr{L}/\partial q_2=p_1^*(1+t_2)-\delta\partial\psi/\partial q_2=0 \tag{19.3}$$

$$\partial\mathscr{L}/\partial\delta=S-\psi(q_1,q_2)=0 \tag{19.4}$$

据此,求解得到的产出水平是国际市场价格、贸易税率及隐含在资源需求函数 $S=\psi(q_1,q_2)$ 中技术和资源的函数。在模型中,只有相对价格才是关键的。对于相同比率的任意一对国际市场价格(两种商品国际市场价格的成比例上涨就等同于价格基准——外汇价格 γ 的上升),最优解都是相同的。生产最优选择的条件与前文相同——即边际转换率必须等于负的商品价格比率。唯一不同的是,此时关键的价格比率是国内价格比率,而非国际市场价格比率。

现在我们来考虑经济体的需求侧。消费者面对的也是国内价格,我们可以采用第 3 章介绍的方法来描述消费者问题。给定收入约束条件,消费者在既定国内价格下实现效用最大化,对应的拉格朗日函数为:

$$\mathscr{L}=U(c_1,c_2)+\lambda[Y-p_1^*(1+t_1)c_1-p_2^*(1+t_2)c_2] \tag{19.5}$$

对消费量、拉格朗日乘子求偏导,可以得到大家熟悉的最优条件:

$$\partial\mathscr{L}/\partial c_1=\partial U/\partial c_1-\lambda p_1^*(1+t_1)=0 \tag{19.6}$$

$$\partial\mathscr{L}/\partial c_2=\partial U/\partial c_2-\lambda p_2^*(1+t_2)=0 \tag{19.7}$$

$$\partial\mathscr{L}/\partial\lambda=Y-p_1^*(1+t_1)c_1-p_2^*(1+t_2)c_2=0 \tag{19.8}$$

由此,可以求解出消费水平和 λ,它们是国际市场价格、贸易税率及收入水平的函数。在最优解处,代表性消费者会花掉所有的收入,且边际替代率将等于国内价格比率。

为了完成模型的构建,还需要确定 Y。在开放经济条件下,Y 等于以国际市场价格计价的产值(也等于以国内价格计价的产值)。当存在贸易税时,假设政府将所有税收一次性返还给家庭(与之类似,所有补贴支出也是一次性从家庭那里拿走),收入可以定义为以国内价格计价的产值加上税收收入,同时减掉贸易补贴的支出。也就是:

$$Y=p_1^*(1+t_1)q_1+p_2^*(1+t_2)q_2-p_1^*t_1(q_1-c_1)-p_2^*t_2(q_2-c_2) \tag{19.9}$$

利用式(19.2)—式(19.4)、式(19.6)—式(19.8)及式(19.9),我们就可以确定国际市场价格和税收的最优解。[①]

---

① 式(19.9)直接隐含着贸易平衡的条件。Y 等于按国内价格计价的消费,而净出口等于生产减去消费,然后可以得到贸易平衡条件。需要注意的是,在构造拉格朗日函数[式(19.5)]时,我们并没有直接使用式(19.9)。如果在构造拉格朗日函数时使用了式(19.9),这将意味着,消费者在决策中会考虑消费变化对贸易税、补贴收入或支出的影响。然而,消费者选择仅在总量上对收入和支出产生影响。也就是说,个人消费者对收入或支出的影响非常小,故不需要考虑它们的变化。如果只存在一个消费者而非代表性消费者,那么,消费者就会考虑收入的变化,此时的最优解条件是边际替代率等于国际市场价格比率。

图 19.1 的几何图式描述的是考虑关税时的均衡结果。如图所示，商品 2 是进口品。进口关税提高了国内市场上商品 2 的相对价格，从而诱使企业在点 a 生产（与自由贸易情形相比，此时会增加进口品的生产，减少出口品的生产）。通过点 a 存在两条等值线。与转换轨迹相切的等值线（虚线）表示以含进口关税的国内价格计算的生产价值，等值线 ab（实线）表示按国际市场价格计算的生产价值。

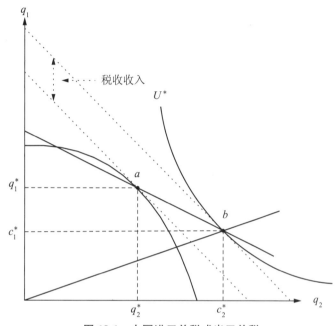

图 19.1   小国进口关税或出口关税

由于贸易是按照国际市场价格进行的，故生产组合可以按国际市场价格换取等值的商品组合。因而，在平衡贸易的条件下，消费组合位于通过点 a 的等值线（实线）上。然而，消费者面对的是国内价格，因此，经过最优消费点的无差异曲线必须与根据国内相对价格绘制的等值线相切。图中的点 b 即为最优消费选择。经过原点和点 b 的线是收入消费曲线——在商品相对价格不变的条件下，无差异曲线和预算约束线的切点 * 的轨迹。[1] 经过点 b 的等值线（虚线）与经过点 a 的等值线（虚线）的垂直差额即为税收收入。出口关税将以同样的方式改变国内相对价格，故图 19.1 同样可用来表示出口关税的影响。[2]

构造图形来描述出口补贴（或进口补贴）影响的流程与上面基本相同。首先，确定国内相对价格与国际市场相对价格的区别（出口品的国内相对价格会更高）。给定国内相对价格，相对价格线与生产可能性边界的切点即为最优生产决策点。经过生产点的国际市场价格等值线表示既有生产组合可以交换的消费组合。当收入消费曲线与该等值线相交时，就可得到消费的最优解。经过消费点的国内价格等值线与经过生产点的国内价格等值线的差额（以商品 1 来衡量）即为支付补贴而收取的税费。

---

*   即与消费者不同收入水平相关联的消费者效用最大化的均衡点。——译者注
[1] 当满足位似偏好时，收入消费曲线是线性的，但线性情况并不是必要的。
[2] 这一结论被称为勒纳对称定理，详见练习题 2。

19.2 模型在 GAMS 中的实现

为了在模型中引入关税和其他干预政策,需要对国际市场价格和国内价格进行区分,而两者差额是由干预政策决定的。同时,还需在收入中考虑税收收入/支出。

在第 12 章介绍的模型基础上,我们引入新参数 PW(I)表示固定的国际市场价格,参数 T(I)表示贸易税。由于国内价格现在是内生决定的(由国际市场价格和贸易税所决定),我们在参数定义环节将 P(I)修改为 P0(I),后者表示初始的国内价格。随后,我们将所有价格标准化为 1,将税率设为 0,并将模型校准为存在自由贸易的初始均衡。

接下来,我们在模型中添加变量 P(I),设置它的水平值和下边界。与新变量相对应,我们添加了新的方程名称 TRADE_TAX(I),并将该方程定义为 TRADE_TAX(I)..P(I) = E = (1 + T(I)) * PW(I)。最后,为了考虑税收收入/支出,我们对 INCOME 方程进行了如下修改:[①]

INCOME..GDP = E = SUM(I, P(I) * Q(I)) − SUM(I, T(I) * PW(I) * X(I));

请注意,我们已经定义了 X(I),即出口为正,进口为负,故我们需要减去 SUM。模型中其他方程都没有变化,因为现有的方程已经考虑到了企业和消费者对国内价格的反应。

一旦模型顺利运行,数值模拟就能加深你对于贸易干预经济影响的理解。本章末尾的练习题 1—8 为你提供了一些贸易干预的示例。

19.3 配额

上一节介绍的模型能够分析任何基于价格的贸易干预政策。然而在特定情形下,一国可能会采取限制进口或出口商品数量的措施。这类干预措施被称为数量限制或配额。如果市场是完全竞争的,并且实施了配额许可证的竞争性分配,那么,进口配额与进口税的经济效应是等价的,出口税和出口配额的经济效应也是等价的。[②]

然而,当经济中存在贸易配额(而非贸易税)导致的扭曲时,经济系统变动对经济体的影响可能有所不同,因此,有必要对模型进行改进从而考虑贸易配额导致的经济扭曲。[③]实际上,引入贸易配额是相当简单的。此时,我们不再以参数形式将 T(I)引入模型,而是将其设为变量。在校准之前执行上述操作,然后使用语句 T.FX(I) = 0 将税收变量固定为 0。在校准模型时,需要用 T.L(I)来替换 T(I)。虽然 T(I)此时是变量,但其取值是固定的,故效果与初始设为参数时相同。在完成修改后,运行模型并验证是否生成了自由贸易的均衡结果。当然,还可以在模型中引入关税,并检验模型的行为是否符合你的预期。

现在,我们可以在模型中引入配额了。引入方法是将一种商品的进口数量与贸易税进行互换。换言之,此时商品 2 为进口品,设置 X.FX('2') = − 20,并令 T.UP('2') = INF 及 T.

---

① 在程序中,我们继续将其表示为 GDP,尽管它不是国民账户意义上的 GDP,而是按国内价格计算的支出。

② 这通常被称为被拍卖的配额许可证。

③ 见练习题 12。

LO('2') = - INF,就可以设置 20 单位的进口配额。配额的大小应当小于自由贸易时的进口量。①事实上,我们采取的做法是让进口量保持不变,同时允许贸易税的自由变动。由此,得到的最终方程数和(不固定的)变量数保持不变。求解该模型就可得到与配额相匹配的国内价格,以及配额的关税等量 T.L('2')。练习题 9—12 与该模型相关。

19.4 大国情形

正如我们在第 14 章中看到的,大国和小国之间的关键区别在于,在大国中,贸易条件(即相对国际市场价格)取决于贸易额。关税和其他贸易税会影响贸易量,因此,在大国情形下,它们会影响贸易条件。通过征收进口关税(或出口关税),大国能够利用其垄断力量压低进口商品的相对价格。同样,出口补贴(或进口补贴)将会压低出口商品的相对国际市场价格。在讨论大国情形中的贸易干预措施时,必须考虑到这些价格变动。

事实上,正如我们在第 14 章中看到的那样,自由贸易并非是大国的最优政策。大国的最优策略是征收进口关税/出口关税。对这一结论的几何图解见图 19.2。在最优点时,边际替代率与边际转换率相等,且都等于外国转换率(即供应条件曲线的斜率)。为了达到这一结果,在国内市场上支付的价格(用经过 a 和 b 的虚线的斜率表示)和在国际市场上获得的价格(用经过 a 和 b 的实线的斜率表示)之间必须存在差额。斜率之间的差异代表了所需的关税。

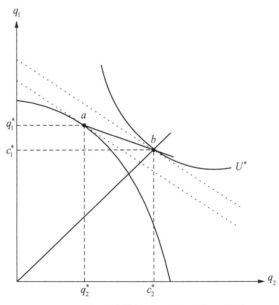

图 19.2 大国的最优进口关税/出口关税

将贸易税或补贴纳入大国的 GAMS 模型(见第 14 章)的思路与纳入小国模型的是基

---

① 换言之,配额应当是有约束力的。如果配额不具有约束力,那么,配额将无法对模型产生任何影响,也就没有必要以等式约束形式引入模型。

本一致的。在该模型中,价格是内生决定的,同时需要引入新变量 PW(I) 来表示国际市场价格,引入参数 PWO(I) 来表示其初始值。我们还引入了关税税率 T(I),它可以是一个参数,或者是取固定值的变量。与之前一样,我们将所有价格标准化为 1,将税率设置为 0,并将模型校准为初始的自由贸易均衡。

由于增加了一个新的内生变量(国内价格与国际市场价格现在是不同的),故需要增加方程 TRADE_TAX(I),并将它定义为 TRADE_TAX(I)..P(I) = E = (1 + T(I)) * PW(I),这一点与小国情形相同。我们还对收入进行了调整,以考虑税收收入/支出。收入调整的方式与第 19.2 节相同。最后,我们将供应条件的函数修改为:

OFFER(G)..X(G) = E = XI(G) * PW(G) ** EPSILON(G);

供应条件代表了世界其他国家愿意支付或接受的价格,故必须以国际市场价格而不是国内价格来表示。系统中的所有其他方程保持不变。

一旦模型正常运行,就可以通过模拟来分析关税和其他干预措施对大国的影响。请注意,干预措施只能针对价格基准商品以外的商品,在模型中,价格基准商品的作用是充当计价单位。与小国模型不同,当在大国模型中模拟小额关税时,经济福利指数会上升。

为了实现福利指数最大化,关税应设置多高?如果你将关税设置为一个固定变量而非参数,请消除进口商品关税的限制,并重新运行该模型。此时,模型中增加了一个未知变量(即关税税率)。GAMS 可以求解出使福利指数最大化的关税,即"最优"关税。[1]实际上,我们已经解决了第 14 章大国的最大化问题。如果要进一步探索该模型,请尝试练习题 13—15。

19.5 两国情形

使用大国模型,我们可以分析一国自身贸易政策的变化如何影响贸易条件。通过改变外国供应条件,还可以间接评估贸易伙伴贸易政策的变化对经济的影响。为了评估其他国家贸易政策变动对本国经济的影响,可以基于第 15 章的两国模型探讨关税和其他干预措施的影响。

如图 19.3 所示,参考 Lerner(1936)的方法,关税的基础几何图示采用了供应条件曲线来说明。[2]如图所示,本国进口商品 1,外国进口商品 2,自由贸易时商品 2 的相对价格由标记为 p 的直线表示。假设外国征收进口税,这将导致外国市场价格(p_f)和本国市场价格(p_h)之间存在差额。关税的大小决定了 p_f 和 p_h 之间的夹角。从几何上讲,图 19.3 中的两条虚线之间形成了锥形。如图所示,关税税率的大小为 ab/ax_2。锥形的确切位置取决于关税收入(以商品 1 为单位度量的 ab)的使用方式。直角 acd(直线 ad 的斜率表示关税收入用于商品 1 和商品 2 消费的比率)必须正好处在两个供应条件曲线之间,从而实现市场出清。当更多收入花在商品 1 上时,锥体向下旋转;而当更多收入花在商品 2 上时,锥体

---

① 给定系统中的其他约束条件,GAMS 会搜寻满足 $dU/dt = 0$ 的最优解。

② 图 19.3 遵循 Lerner(1936)的假设,即政府会花掉关税收入,而不是把它作为一种非扭曲性补贴分发出去。如果政府与家庭支出的方式相同,那么,其影响也是相同的。Lerner(1936)认为,无论收入是被政府花掉还是被重新分配给私人部门,进口关税的影响可通过等价出口关税来复制的观点始终是成立的。

向上旋转。含关税的外国供应条件曲线将经过点 d。[①]

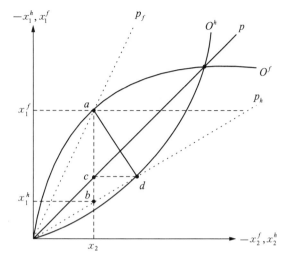

图 19.3　征收进口关税/出口关税时的供应条件曲线

我们需要对两国模型的 GAMS 代码进行调整,从而引入贸易税。具体的流程与小国、大国模型大致相同。首先,我们建立两国模型,并校准为自由贸易的均衡。[②]一旦我们验证了均衡,就可以采用参数或固定变量形式引入贸易税。贸易税定义为 T(I,D),此时,贸易税在不同国家会有所不同。模型中区分了国际市场价格、国内价格,接下来还需要调整方程 ARBITRAGE 和 INCOME,从而反映每个国家的贸易税:

ARBITRAGE(I,D)..P(I,D) = E = (1 + T(I,D)) * PW(I);
INCOME(D)..GDP(D) = E = SUM(I, P(I,D) * Q(I,D))
 − SUM(I,PW(I) * T(I,D) * X(I,D));

表 19.1 显示的是完整模型代码。基于这一代码,就可以探索关税和其他干预措施对两个贸易伙伴的经济影响。本章末尾提供了一些相关练习(尤其是练习题 16—18)。与大国模型类似,由于设置了一种商品的价格作为价格基准(充当计价单位),故只能对另一种商品征收贸易税。

表 19.1　考虑贸易税的 HOS 模型的 GAMS 程序

```
SET I Goods / 1,2/ ;
SET J Factors / K,L/ ;
SET D Countries / H,E/ ;
ALIAS (J,JJ);

PARAMETERS
ALPHA(D)                    Shift parameter in utility
```

---

① 我们绘制了这两个国家的供应条件曲线,在大部分范围内,两条供应条件曲线都是富有弹性的。假如一个或多个国家的供应条件曲线在相应区间内缺乏弹性,请尝试绘制类似的图形。关于关税如何影响本国和外国价格的更多信息(包括一种商品关税的增加可能导致其相对本国价格下降的情形),请参见 Metzler(1949)。

② 或者,你可以在引入贸易税的变动之前,通过模拟生成一个自给自足经济下的贸易均衡情形。

BETA(I,D)	Share parameter in utility
PO(I,D)	Initial domestic prices
PWO(I)	Initial world prices
XO(I,D)	Initial trade
UO(D)	Initial utility levels
CO(I,D)	Initial consumption levels
GAMMA(I,D)	Shift parameters in production
DELTA(J,I,D)	Share parameters in production
RHO(I,D)	Elasticity parameters in production
FBAR(J,D)	Endowments
QO(I,D)	Initial output levels
RO(J,D)	Initial factor prices
FO(J,I,D)	Initial factor use levels
GDPO(D)	Initial gross domestic product;

```
PARAMETER QO(I,D)        Initial output levels /
1.H   200
1.F   75
2.H   75
2.F   200 / ;

PARAMETER FO(J,I,D)      Initial factor use levels /
K.1.H   160
K.1.F   60
K.2.H   15
K.2.F   40
L.1.H   40
L.1.F   15
L.2.H   60
L.2.F   160 / ;

PWO(I) = 1;
PO(I,D) = PWO(I);
RO(J,D) = 1;
CO(I,D) = 137.5;
XO(I,D) = QO(I,D) - CO(I,D);
FBAR(J,D) = SUM(I,FO(J,I,D));
GDPO(D) = SUM(I,PO(I,D) * QO(I,D));
RHO(I,D) = 0.1;
DELTA(J,I,D) = (RO(J,D)/ FO(J,I,D) ** (RHO(I,D) - 1))/ (SUM(JJ,RO(JJ,D)/ FO(JJ,I,D) ** (RHO(I,D)
    - 1)));
GAMMA(I,D) = QO(I,D)/ (SUM(J,DELTA(J,I,D) * FO(J,I,D) ** RHO(I,D))) ** (1/ RHO(I,D));
UO(D) = GDPO(D);
BETA(I,D) = CO(I,D)/ GDPO(D);
ALPHA(D) = UO(D)/ PROD(I,CO(I,D) ** BETA(I,D));

VARIABLES
U(D)        Utility indices
T(I,D)      Trade taxes
P(I,D)      Prices
```

C(I,D)	Consumption levels
Q(I,D)	Output levels
R(J,D)	Factor prices
F(J,I,D)	Factor use levels
PW(I)	World prices
X(I,D)	Trade levels
GDP(D)	Gross domestic products
OBJ	Objective;

U.L(D) = UO(D);P.L(I,D) = PO(I,D);C.L(I,D) = CO(I,D);Q.L(I,D) = QO(I,D);
R.L(J,D) = RO(J,D);F.L(J,I,D) = FO(J,I,D);PW.L(I) = PWO(I);X.L(I,D) = XO(I,D);
GDP.L(D) = GDPO(D);OBJ.L = SUM(D,UO(D));

P.LO(I,D) = 0;C.LO(I,D) = 0;Q.LO(I,D) = 0;R.LO(J,D) = 0;
F.LO(J,I,D) = 0;GDP.LO(D) = 0;PW.LO(I) = 0;

T.FX(I,D) = 0; PW.FX('1') = 1;

EQUATIONS
UTILITY(D)	Utility functions
DEMAND(I,D)	Demand functions
PRODUCTION(I,D)	Production functions
RESOURCE(J,D)	Resource constraints
FDEMAND(J,I,D)	Factor demand functions
INCOME(D)	Gross domestic products
MAT_BAL(I,D)	Open economy material balance
INT_CLEAR(I)	International market clearing
ARBITRAGE(I,D)	International price arbitrage
OBJECTIVE_H	Home Objective function
OBJECTIVE_F	Foreign Objective function;

UTILITY(D)..U(D) = E = ALPHA(D) * PROD(I, C(I,D) ** BETA(I,D));
DEMAND(I,D)..C(I,D) = E = BETA(I,D) * GDP(D)/P(I,D);
MAT_BAL(I,D)..X(I,D) = E = Q(I,D) − C(I,D);
INT_CLEAR(I)..SUM(D,X(I,D)) = E = 0;
ARBITRAGE(I,D)..P(I,D) = E = (1 + T(I,D)) * PW(I);
PRODUCTION(I,D)..Q(I,D) = E = GAMMA(I,D) * SUM(J,DELTA(J,I,D) * F(J,I,D) ** RHO(I,D)) ** (1/ RHO(I,D));
RESOURCE(J,D)..FBAR(J,D) = E = SUM(I,F(J,I,D));
FDEMAND(J,I,D)..R(J,D) = E = P(I,D) * Q(I,D) * SUM(JJ,DELTA(JJ,I,D) * F(JJ,I,D) ** RHO(I,D)) ** (− 1) * DELTA(J,I,D) * F(J,I,D) ** (RHO(I,D) − 1);
INCOME(D)..GDP(D) = E = SUM(I,P(I,D) * Q(I,D)) − SUM(I,PW(I) * T(I,D) * X(I,D));
OBJECTIVE_H..OBJ = E = U('H');
OBJECTIVE_F..OBJ = E = U('F');

MODEL TRADE_H / UTILITY, DEMAND, MAT_BAL, INT_CLEAR, ARBITRAGE, PRODUCTION, RESOURCE, FDEMAND, INCOME, OBJECTIVE_H/;
MODEL TRADE_F / UTILITY, DEMAND, MAT_BAL, INT_CLEAR, ARBITRAGE, PRODUCTION, RESOURCE, FDEMAND, INCOME, OBJECTIVE_F/;

SOLVE TRADE_H USING NLP MAXIMIZING OBJ;

此外,回想一下,该模型中的目标值为两个经济体的效用指数之和。由于未知变量数等于独立方程的数量,设定目标值只是为了给 SOLVE 语句提供一个标量,故目标值可以是任意值。然而,如果我们令一国的贸易税灵活变动从而确定最优关税,那么目标值就变得非常重要。最优关税的选取需要确保征收关税的经济体实现效用最大化。

如果你对最优关税和报复措施的相关议题感兴趣,那么,可以尝试定义两个目标函数。其中一个目标函数对应着本国效用指数,另一个目标函数对应着外国效用指数。然后,通过模型定义语句可以定义两个包含不同目标值的模型。给定一国的贸易税,这些模型就可以确定另一国的最优贸易税。具体可参见练习题 18。

19.6 练习题

(1) 使用第 19.2 节开发的小国模型,模拟关税的一系列小幅递增(你可能想要建立一个 LOOP)。随着关税的增加,效用指数会如何变动? 就福利指标而言,哪种情形下福利的损失更大——从零关税到 10% 关税,还是从 10% 关税到 20% 关税? 请解释原因。

(2) 基于小国模型,请模拟征收 10% 进口关税的影响。然后,取消进口关税,转而模拟 9.09% 的出口关税(在模型中,出口关税对应的 T 是负数)。请比较结果,并给出解释。

(3) 模型中采用了按价值百分比计算的关税(从价关税),但也可按美元价值(即从量关税)计算。请修改模型,将关税表示为从量关税。请问,关税的表达形式对最优解有影响吗? 如果存在关税且国际市场价格下跌,会发生什么?

(4) 基于小国模型,如果同时实行 10% 的进口关税和 10% 的出口补贴。会产生何种影响? 请解释原因。

(5) 如果生产模型采用特定要素模型,关税的征收将有利于哪类生产要素? 出口补贴会有利于哪类生产要素? 如果生产模型采用 HOS 模型,你的答案是否会变化?

(6) 再次采用小国模型,并引入关税。在关税生效后,通过改变技术或要素禀赋来模拟进口部门的增长。请观察福利指数的变化。现在,仍然考虑相同的进口部门增长情景,但不引入关税。请再次观察福利指数的变化。你观察到了什么?

(7) 如果增长是通过进口商品的资本积累实现的,并且资本增量假定由将收益汇回国内的外国利益集团所有,你在练习题 6 中得出的结果是否会变化?

(8) 请将小国模型调整为含有关税的初始均衡状态。(提示:将国内价格标准化为 1 比将国际市场价格标准化为 1 更容易。)

(9) 在第 19.3 节中,我们在模型中引入了进口配额。你能用同样的思路引入出口配额吗?

(10) 如果进口或出口配额设为零,会产生什么影响?

(11) 利用前面练习题中获得的信息,你能确定小国实施的禁止性关税的大小吗? 请模拟并验证你的判断。

(12) 请在配额模型中设置一个有约束力的配额,随后模拟进口品的国际市场价格下降的情景。与存在等价关税且进口品国际市场价格下降的情形相比,结果如何? 请解释原因。

(13) 使用第 19.4 节构建的大国模型,试着调整贸易弹性值并模拟最优关税。当贸易弹性发生变动时,最优关税会如何变化?

(14) 在大国模型中实施出口补贴,会发生什么? 请解释原因。

(15) 采用大国模型,将目标函数设为关税收入。你能找到实现关税收入最大化的关税税率吗? 它与最优关税有区别吗?

(16) 使用第 19.5 节建立的两国模型,请模拟一个经济体中实施出口补贴的情景。如果另一个国家采取关税作为回应(即反倾销税),会发生什么?

(17) 根据第 19.4 节中提出的思路,请修改两国模型从而确定本国的最优关税,假设外国不征收关税。此时本国面对的贸易弹性是什么样的?

(18) 模拟本国与外国的报复性贸易战情景,即每个国家都会依次征收最优贸易税。请问,谁是这场贸易战的发起者对最终的结果有影响吗?

19.7 拓展阅读

关于关税和其他贸易干预措施的文献数不胜数,首先我们推荐大家阅读 Bhagwati 等(1998)。关于进口关税和出口关税对称性的讨论,参见 Lerner(1936),以及 Kaempfer 和 Tower(1982)。关于特定情形下关税和配额的等效性,参见 Bhagwati(1965)及 Sweeney 等(1977)。关于存在关税时国内价格与国际市场价格关联性的处理,可以参见 Metzler(1949)。关于最优关税结构的讨论,可参见 Graaff(1949),而 Johnson(1953)则考虑了关税报复议题。关于关税抵消出口补贴的讨论,参见 Copeland 等(1989)。Tower(1977)比较了最大关税收入与最优关税。Johnson(1967)及 Brecher 和 Diaz-Alejandro(1977)考虑了实施关税时的增长问题。

▶ 20

国内税与补贴

在本章中,我们会将其他类型的价格扭曲引入模型中:生产税与生产补贴、消费税与消费补贴、要素税与要素补贴。我们仅讨论小国情形,将其拓展至大国或多国模型是很简单的。

20.1 生产税与生产补贴

在第 19 章,我们已经了解了如何处理关税和其他贸易税。在本章中,处理生产税(生产补贴)和消费税(消费补贴)并不困难。原因在于,可以把贸易税看作是国内政策的组合。例如,进口关税提高了进口商品的相对价格。从生产进口品的企业角度来看,这类似于生产补贴,而从消费者的角度来看,这类似于对进口品征收消费税。因此,可以将征收关税视为同时采用幅度相同的生产补贴和消费税。所有其他贸易税都可用同样的方式来看待。

在前一章,我们先从企业的角度来考虑贸易税或贸易补贴,然后从消费者的角度来考虑。现在我们可以采取同样的方法。考虑存在生产补贴或生产税的情形。此时,相对生产者价格被扭曲,企业在扭曲价格下实现产值最大化。因此,生产的最大化问题由下列拉格朗日函数表示:

$$\mathscr{L}=p_1^*(1+s_1)q_1+p_2^*(1+s_2)q_2+\delta[S-\psi(q_1,q_2)] \qquad (20.1)$$

其中,s_i 是提供给行业 i 的补贴占比(即补贴在国际市场价格中的占比)。除了用 s_i 代替 t_i 之外,式(20.1)与式(19.1)基本相同,并且一阶条件也非常相似。

一旦知道了产量,就可以确定按国际市场价格计算的产值。面对国际市场价格的消费者将最大化他们的效用。此时,拉格朗日函数为:

$$\mathscr{L}=U(c_1,c_2)+\lambda[Y-p_1^*c_1-p_2^*c_2] \qquad (20.2)$$

一阶条件为边际替代率等于国际市场价格比率。

该问题的几何图示见图 20.1(该图显示的是对产品 2 提供生产补贴,等价于对产品 1 征收生产税)。与没有干预措施相比,生产补贴提高了商品 2 的相对生产者价格,促使企业增加商品 2 的产量,减少商品 1 的产量(点 a)。通过点 a 的国际市场价格等值线(实线)表示与生产组合对应的可行消费组合。当无差异曲线与约束线相切时,可以得到最优消

费点,即点 b。补贴支出等于按生产者价格计算的生产组合产值减去按国际市场价格计算
的生产组合产值,并以产品 1 为单位来表示。如图所示,补贴支出等于虚线的纵轴截距与
实线的纵轴截距的差额。此时,需要一次性征收同等数额的税,从而令消费者的预算约束
线处于实线位置。

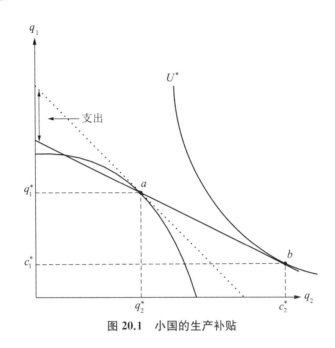

图 20.1 小国的生产补贴

20.2 消费税与消费补贴

如果希望在模型中纳入消费税或消费补贴,可以采用大致相同的方法。由于生产者
面临的是国际市场价格,所以生产最大化问题的拉格朗日函数为:

$$\mathscr{L}=p_1^* q_1+p_2^* q_2+\delta[S-\psi(q_1, q_2)] \tag{20.3}$$

在最优解处,需要满足生产可能性边界与国际市场价格的等值线相切。给定消费者收入
和扭曲的价格,消费者的目标是实现效用最大化:

$$\mathscr{L}=U(c_1, c_2)+\lambda[Y-p_1^* (1+t_1^c)c_1-p_2^* (1+t_2^c)c_2] \tag{20.4}$$

其中,t_i^c 是商品 i 的消费税。由一阶条件可知,边际替代率要等于消费者(扭曲)价格比率。
假设税收被重新分配给消费者,则收入为:

$$Y=p_1^* q_1+p_2^* q_2+p_1^* t_1^c c_1+p_2^* t_2^c c_2 \tag{20.5}$$

请注意,与关税情形相同的是,当消费者做出消费决策时,并不会考虑消费变动对税收收
入的影响。还要注意的是,如果同时引入补贴和消费税,并且 $s_i=t_i^c$,那么优化问题就等价
于关税的分析。

图 20.2 显示的是消费税或消费补贴的几何图示。该图刻画的是对商品 2 征税(等价
于对商品 1 提供补贴)。生产者在点 a 生产,从而实现以国际市场价格计算的产值最大

化。消费者面临着税收扭曲的价格,这意味着消费位于经过点 b 的收入消费路径上。若进一步考虑贸易平衡条件,则消费位于点 b。消费税收入可用含税价格计算的点 b 消费金额与以国际市场价格计算的点 b 消费金额之差来衡量。并且,消费税收入是一次性征收的。

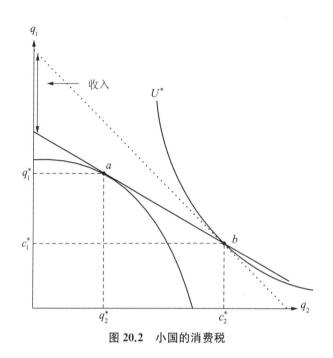

图 20.2 小国的消费税

20.3 要素税与要素补贴

现在我们考虑对企业征收生产要素税和提供要素补贴的情形。首先,基于赫克歇尔-俄林生产结构,考虑对行业 2 中的资本和劳动力提供补贴或征税的情形。

我们将企业给劳动力支付的(包含税或补贴)价格定义为 $w/(1+s_2^L)$,给资本支付的价格定义为 $r/(1+s_2^K)$。此时,s_2^L 和 s_2^K 为正值表示补贴(它们降低了相对于市场价格所支付的价格),负值表示税。由此,企业的利润函数可以写为:

$$\pi_2 = p_2 q_2(K_2, L_2) - r/(1+s_2^K)K_2 - w/(1+s_2^L)L_2 \tag{20.6}$$

实现利润最大化的条件是:要素的边际产出价值等于企业为要素支付的价格。这一条件与之前的相同,唯一区别在于,此时的价格包含了要素税或要素补贴。

如果我们用相同水平的生产补贴去替代相同的要素补贴($s_2 = s_2^K = s_2^L$),利润函数可改写为:

$$\pi_2 = p_2(1+s_2)q_2(K_2, L_2) - wL_2 - rK_2 \tag{20.7}$$

但这意味着,对企业投入征收相同的税或提供相同的补贴等价于征收生产税或提供生产补贴,原因在于,第二个利润函数与第一个利润函数成倍数关系。如果其他行业不存在干预,那么结果如图 20.1 所示(补贴情形)。

如果我们对行业 2 中的单个要素(如资本)提供补贴或征税,而对行业 1 不进行干预,那么利润函数是:

$$\pi_1 = p_1 q_1(K_1, L_1) - rK_1 - wL_1 \tag{20.8}$$

$$\pi_2 = p_2 q_2(K_2, L_2) - r/(1+s_2^K)K_2 - wL_2 \tag{20.9}$$

计算出每个行业实现利润最大值的一阶条件,可以很容易地看出,行业 1 和行业 2 的边际技术替代率分别等于 w/r 和 $w(1+s_2^K)/r$。换言之,经济将脱离生产效率轨迹及生产可能性边界。

几何图示见图 20.3。经过点 a 的虚线表示存在要素市场扭曲时的生产可能性边界,它位于不受约束的生产可能性边界之内。生产位于点 a,与不存在要素市场扭曲的自由贸易相比,商品 2 的产量增加了。在点 a 时,国际市场价格与生产可能性边界并不相切。原因在于,商品 2 的生产者为资本支付的金额要少于商品 1 的生产者。消费者支付的是国际市场价格,因此会在点 b 消费,此时,无差异曲线与预算约束线相切。

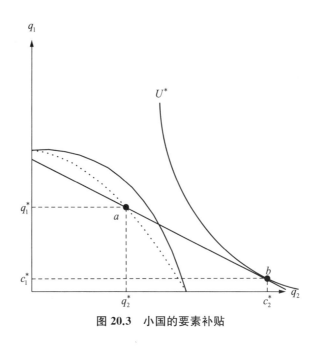

图 20.3 小国的要素补贴

20.4 模型在 GAMS 中的实现

引入国内税与补贴与引入贸易税与补贴的方式大致相同。以第 19 章征收贸易税的小国模型为基础,我们增加了国内干预措施,其中,TC(I)为消费税或消费补贴,TP(I)为生产税或生产补贴,TF(J,I)为要素税或要素补贴。我们可以通过设置参数或变量的方式引入这些干预措施。如果采取设定变量的方式引入,我们需要将这些变量的初始值设为零。

接下来,我们需要对模型进行调整。我们并没有为扭曲价格定义一个新变量,而是将价格扭曲直接引入模型方程。因此,消费税或消费补贴改变了消费者面临的价格,此时,需求函数变成：

DEMAND(I)..C(I) = E = BETA(I) * GDP/(P(I) * (1 + TC(I)));

根据定义，正的 TC(I) 代表消费税，负的 TC(I) 代表补贴。同样，要素需求方程调整如下：

FDEMAND(J,I) $ FO(J,I)..R(J)/(1 + TF(J,I)) = E = (P(I) * (1 + TP(I))) * Q(I) * SUM(JJ
   $ FO(JJ,I), DELTA(JJ,I) * F(JJ,I) ** RHO(I)) ** (-1) * DELTA(J,I) * F(J,I) **
   (RHO(I) - 1);

在方程定义的左侧，我们引入了要素税或要素补贴。根据定义，正的 TF(J,I) 表示补贴。在右侧，我们引入了生产税或生产补贴。同样，正的 TP(I) 代表补贴。

最后一步是调整收入，以体现各种扭曲。消费者花费了所有收入（GDP），因而，GDP 等于按消费者价格计算的消费。根据贸易平衡条件，按国际市场价格计算的消费等于产量。关税实际上是隐性生产补贴、隐性消费税。因此，GDP 等于按国内价格计算的产值，减去隐性生产补贴，加上隐性消费税，再加上显性消费税。隐性消费税减去隐性生产补贴就是关税收入。那么，GDP 等于按国内价格计算的产值加上关税收入，再加上消费税收入。因此，GDP 的定义如下：

INCOME..GDP = E = SUM(I,P(I) * Q(I)) - SUM(I,T(I) * PW(I) * X(I)) + SUM(I,TC(I) * P(I)
   * C(I));

请注意，模型中的 P(I) 包含了贸易税，但并不包括生产税或生产补贴，因此，我们不需要加上生产税收入或减去生产补贴支出（如果按生产者价格计算的产值来定义 GDP，就需要这样处理）。同样，在第一项中已经考虑了要素税或要素补贴。然而，我们还需要考虑贸易税收入或支出，以及消费税收入或支出。

如果我们的分析不涉及扭曲，那么，模型就构建完毕了。但是，如果分析之初就涉及扭曲（例如，你对消除扭曲的经济效应更感兴趣），那么，就需要调整模型的校准部分，从而体现扭曲的影响。表 20.1 列出了包括校准在内的完整程序。一旦验证了程序运行正常，请尝试解答后面的练习题。

表 20.1　考虑国内税的小国模型的 GAMS 程序

```
SET I Goods / 1,2 / ;
SET J Factors / K,L / ;
ALIAS (J,JJ);

PARAMETERS
ALPHA              Shift parameters in utility
BETA(I)            Share parameters in utility
PO(I)              Initial prices
PW(I)              World prices
UO                 Initial utility level
CO(I)              Initial consumption levels
XO(I)              Initial trade
GAMMA(I)           Shift parameters in production
DELTA(J,I)         Share parameters in production
RHO(I)             Elasticity parameters in production
FBAR(J)            Endowments
```

```
QO(I)                    Initial output levels
RO(J)                    Initial factor prices
FO(J,I)                  Initial factor use levels
GDPO                     Initial gross domestic product;

VARIABLES
T(I)                     Trade taxes or subsidies
TC(I)                    Consumption taxes or subsidies
TP(I)                    Production taxes or subsidies
TF(J,I)                  Factor taxes or subsidies;
T.FX(I) = 0;
TC.FX(I) = 0;
TP.FX(I) = 0;
TF.FX(J,I) = 0;

PO(I) = 1;
PW(I) = PO(I)/(1 + T.L(I));
RO(J) = 1;
QO(I) = 100;
CO('1') = 50;
CO('2') = 150;
XO(I) = QO(I) - CO(I);
FO('L','1') = 20 * (1 + TF.L('L','1')) * (1 + TP.L('1'));
FO('L','2') = 80 * (1 + TF.L('L','2')) * (1 + TP.L('2'));
FO('K','2') = 20 * (1 + TF.L('K','2')) * (1 + TP.L('2'));
FO('K','1') = 80 * (1 + TF.L('K','1')) * (1 + TP.L('1'));
FBAR(J) = SUM(I, FO(J,I));
GDPO = SUM(I,PO(I) * QO(I)) - SUM(I,T.L(I) * PW(I) * XO(I)) + SUM(I, TC.L(I) * PO(I) * CO(I));
RHO(I) = 0.1;
DELTA(J,I) $ FO(J,I) = ((RO(J)/(1 + TF.L(J,I)))/FO(J,I) ** (RHO(I) - 1))/(SUM(JJ $ FO(JJ,I), (RO
(JJ) * (1 + TF.L(JJ,I)))/FO(JJ,I) ** (RHO(I) - 1)));
GAMMA(I) = QO(I)/(SUM(J $ FO(J,I), DELTA(J,I) * FO(J,I) ** RHO(I))) ** (1/RHO(I));
UO = GDPO;
BETA(I) = (PO(I) * (1 + TC.L(I)) * CO(I))/GDPO;
ALPHA = UO/PROD(I,CO(I) ** BETA(I));

VARIABLES
U                        Utility index
X(I)                     Trade levels
P(I)                     Domestic prices
C(I)                     Consumption levels
Q(I)                     Output levels
R(J)                     Factor prices
F(J,I)                   Factor use levels
GDP                      Gross domestic product;

U.L = UO; X.L(I) = XO(I); C.L(I) = CO(I); Q.L(I) = QO(I); R.L(J) = RO(J);
F.L(J,I) = FO(J,I); P.L(I) = PO(I); GDP.L = GDPO;
C.LO(I) = 0; Q.LO(I) = 0; R.LO(J) = 0; F.LO(J,I) = 0; P.LO(I) = 0; GDP.LO = 0;
```

```
EQUATIONS
UTILITY               Utility function
DEMAND(I)             Demand functions
TRADE_TAX(I)          Trade taxes
MAT_BAL(I)            Market closure
PRODUCTION(I)         Production functions
RESOURCE(J)           Resource constraints
FDEMAND(J,I)          Factor demand functions
INCOME                Gross domestic product;

UTILITY..U = E = ALPHA * PROD(I,C(I) ** BETA(I));
DEMAND(I)..C(I) = E = BETA(I) * GDP/(P(I) * (1 + TC(I)));
TRADE_TAX(I)..P(I) = E = (1 + T(I)) * PW(I);
MAT_BAL(I)..X(I) = E = Q(I) - C(I);
PRODUCTION(I)..Q(I) = E = GAMMA(I) * SUM(J $ FO(J,I), DELTA(J,I) * F(J,I) ** RHO(I)) ** (1/RHO(I));
RESOURCE(J)..FBAR(J) = E = SUM(I,F(J,I));
FDEMAND(J,I) $ FO(J,I)..R(J)/(1 + TF(J,I)) = E = (P(I) * (1 + TP(I))) * Q(I) * SUM(JJ $ FO(JJ,I),
DELTA(JJ,I) * F(JJ,I) ** RHO(I)) ** (-1) * DELTA(J,I) * F(J,I) ** (RHO(I) - 1);
INCOME..GDP = E = SUM(I,P(I) * Q(I)) - SUM(I,T(I) * PW(I) * X(I)) + SUM(I,TC(I) * P(I) * C(I));

MODEL SMALL / ALL /;
SOLVE SMALL USING NLP MAXIMIZING U;
```

20.5 练习题

（1）试着征收 10% 的关税。现在，尝试同时征收生产补贴和消费税。你能复制出征收关税的效果吗？

（2）试着对一种商品的生产提供补贴。你能通过对另一种商品的生产征税来复制这项政策的效果吗？

（3）对消费税或消费补贴进行上述相同实验。

（4）请通过适当的要素补贴组合复制出进行生产补贴的效果。

（5）在模型设定时，请不要采用百分比形式定义税或补贴，而是采用货币单位来进行定义。

（6）在第 19 章中，我们介绍了如何调整模型来分析进口或出口配额。你能采用类似的方式修改该模型以描述生产配额、消费配额及就业配额吗？

（7）假设政府的目标是将一种商品的产量提高到特定水平，比如 120 单位，可以通过征收贸易税来实现吗？那么，是否可以采取生产补贴或要素补贴措施？哪种方法的福利成本最低？（提示：如果你固定了产值，就可以自由调整一个政策工具，这类似于寻找最优关税的方法。）

（8）请尝试在大国模型和两国模型中引入国内税和补贴。

20.6　拓展阅读

Bhagwati 等(1998)详细描述了干预措施的经济效应,重点关注了干预措施几何图示的解析及干预措施的等效性(见第 17 章)。关于如何最优地利用国内政策来实现各类目标的经典研究,请参见 Bhagwati 和 Srinivasan(1969) 及 Bhagwati(1971)。Vandendorpe (1974)讨论了大型经济体中干预措施的经济效应。

►21

要素市场扭曲

在这一章中,我们将考虑要素市场扭曲的经济效应。要素市场扭曲存在多种形式。例如,工资(或要素价格)差异模型可以刻画特定行业中工会或监管的影响。黏性工资模型可以检验有约束力的最低工资法规或其他工资刚性(普遍或特定行业)的影响。对我们已有的 GAMS 代码进行略微修改,就可将上述特征引入模型。另一个有趣的情况是不完全的要素流动。我们已经研究过这种类型的要素市场扭曲的极端情况(即特定要素模型)。在特定要素模型中,一种生产要素被禁止在部门间流动。在本章中,我们将考虑有限的要素流动。

21.1 工资差异

工资差异模型描述的情形是,在某个部门获得的劳动报酬比另一个部门更高。工资差异可以用百分比形式来定义,也可以用价格基准表示的固定差异来定义。

采用第 7 章的对偶方法,可以很容易看出这种扭曲的经济效应。首先,我们考虑短期的特定要素模型。当存在工资差异时,小型经济体的生产系统可以写为:

$$c_1(w_1, r_1) = p_1 \tag{21.1}$$

$$c_2(w_2, r_2) = p_2 \tag{21.2}$$

$$w_1 = \alpha w_2 \tag{21.3}$$

$$a_{K1}(w_1, r_1)q_1 = \bar{K}_1 \tag{21.4}$$

$$a_{K2}(w_2, r_2)q_2 = \bar{K}_2 \tag{21.5}$$

$$a_{L1}(w_1, r_1)q_1 + a_{L2}(w_2, r_2)q_2 = \bar{L} \tag{21.6}$$

前两个方程是各个行业的零利润条件。在模型中,支付给劳动力的工资和资本的租金是不同的。工资的差异由政策所引起,租金的差异是由资本缺乏流动性所导致。式(21.3)定义了各个行业工资间的差异,其中,$\alpha > 1$ 表示行业 1 工人的工资更高,$\alpha < 1$ 表示行业 2 工人的工资更高。给定商品价格与要素禀赋,通过求解式(21.1)—式(21.6)可得到要素价格和产出水平。当 $\alpha = 1$ 时,模型简化为标准模型。

利用图 21.1 的象限图示,我们可以刻画出工资扭曲的影响。假设不存在扭曲的均衡

结果被标记为点 a。由于工资差异的存在,行业 2 支付比行业 1 更高的工资。在商品价格固定时,行业 2 将雇用更少的劳动力,从而沿着总产出曲线向下移动。被释放的劳动力会在行业 1 就业,并沿着总产出曲线向上移动。最终,新的均衡点为点 b。在点 b,各个行业总产出曲线的斜率衡量的是各行业的劳动边际产出,即以每种商品衡量的实际工资。

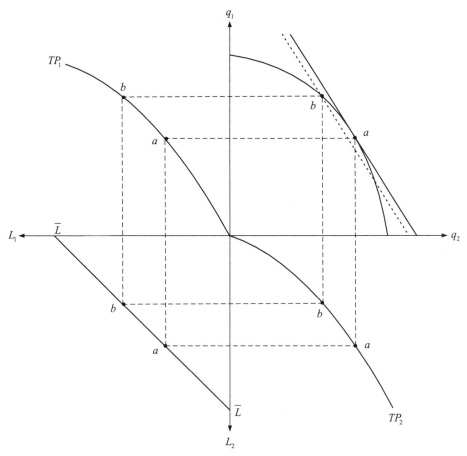

图 21.1　存在工资差异的短期生产

请注意,在特定要素模型中,经济并不会因为这类要素市场扭曲而脱离短期生产可能性边界。原因在于,此时的资源得到了充分利用,且企业会将成本降至最低。然而,由于企业支付的劳动力价格存在差异,国际市场价格比并未与生产可能性边界上的点 b 相切。因此,经过点 b 的按国际市场价格计算的产值必然下降,如经过点 b 的等值线(虚线)所示。

如果我们关注工资差异的长期影响,则可以使用 HOS 生产模型作为分析基础。存在工资差异的经济系统可写为:

$$c_1(w_1, r) = p_1 \tag{21.7}$$

$$c_2(w_2, r) = p_2 \tag{21.8}$$

$$w_1 = \alpha w_2 \tag{21.9}$$

$$a_{K1}(w_1,r)q_1+a_{K2}(w_2,r)q_2=\overline{K} \tag{21.10}$$

$$a_{L1}(w_1,r)q_1+a_{L2}(w_2,r)q_2=\overline{L} \tag{21.11}$$

前两个方程是各个行业的零利润条件。由于资本现在是可流动的,故只存在工资的差异。式(21.9)定义了各个行业支付的工资间的差异。给定商品价格,通过求解式(21.7)—式(21.9),就可得到要素价格。根据谢泼德引理,可以求解出最优单位要素需求。最后两个方程是资源约束条件,可以用来确定产出。当 $\alpha=1$ 时,模型等价于标准 HOS 模型。

工资差异的长期影响可以通过第 5 章的埃奇沃斯盒状图来呈现。如图 21.2 所示,连接两个原点的实线为效率轨迹。效率轨迹上的点满足两个行业的等产量线相切的条件。在完全竞争市场条件下,若每个行业支付相同的要素价格,就可以确保上述条件。原因在于,追逐利润最大化使得企业会选择边际技术替代率等于(负的)相对要素价格的要素投入点。由于存在工资差异,每家企业面临不同的工资-租金比率。假设商品 2 的产量由标记为 q_2^* 的等产量线来描述。如果 $\alpha<1$,则工资差异的扭曲有利于行业 2 的工人,行业 2 的工资-租金比率高于行业 1。假设工资-租金的比率由等产量线在点 a 的斜率决定。在资源充分利用的情形下,通过点 a 的商品 1 的等产量线表示商品 1 的产量。商品 1 的等产量线在点 a 的斜率表示行业 1 的相对工资,而等产量线斜率之间的差值则代表了工资差异的大小。

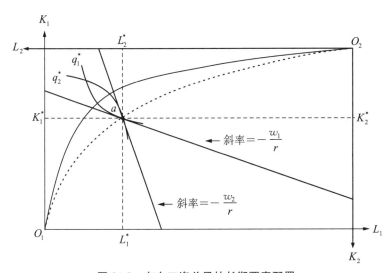

图 21.2　存在工资差异的长期要素配置

如上所述,当存在工资差异时,生产要素仍得到充分利用。然而,相对于不存在扭曲的情形,生产要素的使用效率很低。工资差异促使行业 2 使用资本密集型技术,行业 1 则使用劳动密集型技术。[①]经济此时脱离了效率轨迹。经过点 a 的虚线轨迹表示存在工资差

① 在产出价格固定不变时,有利于劳动密集型部门的工资差异(如图 21.2 所示)将导致两个部门工资的下降及租金的上升。劳动密集型部门的产出会下降,资本密集型部门的产出会上升。此时,两个部门仍会实现所有生产要素的充分利用,但会变得偏向于劳动密集型。你能证明这一结论吗?

异时的要素投入点。

产出空间(output space)的结果图示与图 20.3 类似。虚线的效率轨迹对应着新的生产可能性边界,且位于不受约束的生产可能性边界之内(除了端点)。在均衡状态下,国际市场价格与生产可能性边界并不相切。原因在于,商品 2 的生产者比商品 1 的生产者支付了更高的劳动力价格,这一点与特定要素模型一致。

事实上,我们已经建立了一个说明工资差异影响的 GAMS 模型。考虑第 20 章中提出的要素税或要素补贴模型,对行业 2 中的劳动力征税(假设税收收入被重新分配给家庭),相当于设定 $\alpha<1$,且以百分比形式来定义工资差异。在本章末尾可以找到基于该模型进行模拟的进一步建议。

21.2 黏性工资

另一种类型的要素市场扭曲是工资刚性。探讨所有部门或特定部门中工资刚性的文献非常多。在本节,我们首先讨论所有部门的工资刚性,在下一节将讨论特定部门的工资刚性。

首先,我们考虑短期的小型开放经济体。假定最低工资具有约束力,并记为 $\overline{w}$。此时,模型系统为:

$$c_1(\overline{w}, r_1) = p_1 \tag{21.12}$$

$$c_2(\overline{w}, r_2) = p_2 \tag{21.13}$$

$$a_{K1}(\overline{w}, r_1)q_1 = \overline{K}_1 \tag{21.14}$$

$$a_{K2}(\overline{w}, r_2)q_2 = \overline{K}_2 \tag{21.15}$$

$$a_{L1}(\overline{w}, r_1)q_1 + a_{L2}(\overline{w}, r_2)q_2 + L_U = \overline{L} \tag{21.16}$$

假设在固定商品价格下两个行业的生产是盈利的。上述模型结构非常简单。式(21.12)和式(21.13)决定了各部门资本的收益。一旦确定了资本的收益,就可以使用谢泼德引理来确定最优的单位要素需求。然后,式(21.14)和式(21.15)决定了每种商品的产出。当最低工资具有约束力时,各行业都会试图减少劳动力要素的使用,从而导致了失业。均衡时的失业人数 L_U 由式(21.16)决定,即失业数量等于劳动力禀赋与各行业对劳动力最优需求的差额。

最低工资的影响可以从劳动力市场均衡的图示中看出。在图 21.3 中,市场出清的解为点 a。当具有约束力的最低工资为 $\overline{w}$ 时,各行业会减少对劳动力的需求,直到其边际产出价值与其价格相等。当工资等于最低工资标准时,两条劳动力需求曲线之间的水平距离即代表失业的劳动力。

对生产可能性边界的影响如图 21.4 所示。假设在给定国际市场价格下,不存在任何经济扭曲的生产均衡点位于点 a。当最低工资具有约束力时,最低工资的实施会降低两种商品的产出,则新的均衡产出点位于点 b。如果最低工资是以商品 1 为单位定义的,那么,商品 2 的相对价格的任何变化都会导致商品 2 产量的同方向变化,而商品 1 的产量保持不变。因此,扭曲的生产可能性边界是一条经过点 b 的平坦线,并在此高度以下与不存在扭曲的生产可能性边界汇合。

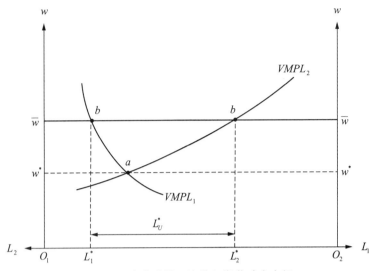

图 21.3　存在黏性工资的短期劳动力市场

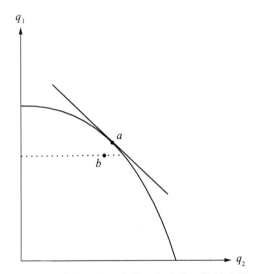

图 21.4　存在黏性工资的短期生产可能性边界

现在基于 HOS 模型来考虑长期情形。这是一个更为复杂的问题,因为存在多种可能的结果。长期的零利润条件为:

$$c_1(\overline{w}, r) \geqslant p_1 \tag{21.17}$$

$$c_2(\overline{w}, r) \geqslant p_2 \tag{21.18}$$

请注意,此处使用了不等式形式。如果相关商品的产量不为零,则方程的等号成立。假设最低工资不具有约束力。此时,最低工资没有任何影响,该模型简化为标准 HOS 模型。如果最低工资具有约束力,那么就存在两种可能性。首先,它可能是"刚好"具有约束力,此时,式(21.17)和式(21.18)取等号。满足上述条件的相对价格只有一种可能取值。给定 p_1,式(21.17)决定了资本的租金率。给定 p_2,式(21.18)决定了另一种资本的租金率。一般而言,上述两个方程中的等式不能同时成立。换言之,均衡时只能生产一种产品。[①]

上述问题可用图 21.5 中的等价格线来加以说明。如图所示,商品 2 是劳动密集型产品,故商品 2 在点 a 的等价格线比商品 1 的更为平坦。给定两种商品的价格 p_1 和 p_2,市场出清的工资和租金率由等价格线在点 a 的交点决定。低于点 a 的最低工资将不具有约束力。位于该点的最低工资刚好具有约束力。如果最低工资 $\bar{w}$ 位于点 a 之上,则同时生产这两种商品将无法盈利。此时,均衡状态下仅生产商品 1(如图所示)。

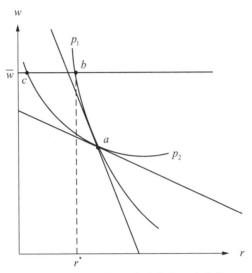

图 21.5　存在黏性工资的长期要素价格

点 b 位于点 c 的右侧,原因在于,当最低工资具有约束力时,资本将从低租金的行业 2 转移到高租金的行业 1,直到只进行行业 1 的生产。

如本例所示,如果最低工资是完全有约束力的,那么,劳动力将不会得到充分利用。换言之,此时会存在失业。能注意到的是,经济中资本-劳动比率位于经过点 a 的两条等价格线的斜率之间,原因在于,点 a 代表了两种商品都被生产且资源得到充分利用的均衡状态。等价格线在点 b 的斜率表示实行最低工资的行业 1 中的资本-劳动比率。由于等价格线是凸的,资本与劳动的就业比率必须高于资本与劳动的禀赋比率。此外,当资本市场中不存在干预时,即使实施了有约束力的最低工资,资本仍将得到充分利用。此时,劳动力在点 b 并没有得到充分利用。直到行业 1 中的劳动边际产出价值等于有约束的最低工资时,劳动力的雇用才会停止。

假设最低工资是根据商品 2 来定义的。p_2 按某比例增加将导致 p_2 以相同比例向外移动,$\bar{w}$ 以相同比例上升,点 a 以更大比例上升,最终导致最低工资不再具有约束力。

最低工资对生产可能性边界的影响如图 21.6 所示。要素充分利用的生产可能性边界

---

①　这一结果与第 9 章中探讨的商品种类多于要素种类且价格固定的模型基本相同。此时,我们考虑了两种商品和一种(可变的)生产要素。

是经过点 c、a、e 和 f 的实线。商品 1 是资本密集型产品。当存在最低工资时,fe 区间代表最低工资不具约束力的可能生产点(也就是说,当劳动密集型商品的价格相对较高时,如果经济体专业化生产商品 2,通常是有足够的资本实现劳动力充分就业的,除非最低工资过高)。

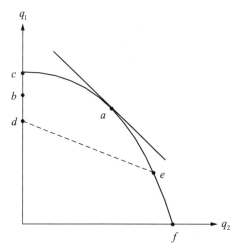

图 21.6 存在黏性工资的长期生产可能性边界

假设在既定的最低工资和价格水平下,最低工资在点 e 恰好具有约束力。均衡生产可能位于点 e,此时,仍然满足要素充分利用的状态。然而,正如 Brecher(1974a)所指出的,在罗伯津斯基曲线上还存在多个与该价格比率相一致的生产均衡点。这反映了如下一种观点:随着失业率上升,就业劳动力会减少,劳动密集型的商品 2 的产量下降,资本密集型的商品 1 的产量增加。如果商品 2 的相对价格再低一点,但仍高于临界水平,那么,生产商品 2 是无利可图的,且最低工资是完全有约束力的。此时,均衡产出位于 dc 范围内(如在点 b 处),经济体会完全专业化生产商品 1,且存在失业。

一旦商品 2 的相对价格降至临界水平以下,以商品 1 衡量的最低工资足够低,从而促使行业 1 雇用足够多的工人来恢复充分就业。此时,经济体将在点 c 处进行专业化生产。

其背后的逻辑在于,劳动密集型的商品 2 的相对价格上涨会提高充分就业时的工资,最终使最低工资不再具有约束力。因此,提高劳动密集型商品的相对价格所带来的扰动会通过就业对福利产生有利影响。

修改前几章构建的 GAMS 程序以考虑整体经济的最低工资并不太难。我们将考虑两种不同的方法。当然,还存在其他的方法,具体使用哪种方法将取决于你自己的偏好。

以第 12 章小型经济体的特定要素模型为起点,可以很容易地在模型中引入黏性工资。具体而言,可以通过 R.FX('L') = 1 命令来固定劳动力的报酬,同时,将资源约束条件变换为不等式形式,即:

`RESOURCE(J)..FBAR(J) = G = SUM(I,F(J,I));`

此处,我们将各部门雇用的劳动力与劳动力禀赋之间的差额解释为失业水平。然后,可以将工资增加到高于其校准水平[如 R.FX('L') = 1.1]来模拟最低工资的经济效应,并像往常一样对模型进行求解。

或者,我们可以将资源约束设为等式,但同时增加一个失业变量。这就需要设置一个新变量 UNEMP(J),并使用语句 UNEMP.L(J) = 0 将其初始值设为 0。同时,将得到充分利用的要素的失业变量固定为 0,即 UNEMP.FX('K') = 0 和 UNEMP.FX('N') = 0。[1]然后,使用 UNEMP.LO('L') = 0 命令可设置失业劳动力的下界为 0,使用 UNEMP.UP('L') = FBAR('L') 设置上界,并使用 R.FX('L') = 0 来固定劳动力的报酬。此时,资源约束条件变为:

RESOURCE(J)..FBAR(J) = E = SUM(I,F(J,I)) + UNEMP(J);

我们可用类似方式来处理长期情形。首先,以第 12 章小型经济体的 HOS 模型为起点,如上固定劳动力的报酬,将资源约束条件调整为不等式形式(或增加失业变量)。这与我们在特定要素模型中的处理方式相似。

不幸的是,当你将固定工资提高至初始校准水平以上来模拟有约束力的最低工资,并求解模型时,GAMS 将报错,并提示信息 Domain errors in nonlinear functions(非线性函数的定义域错误)。

你可能已经猜到,导致问题出现的原因与完全专业化有关。当出现角点解时,模型求解失败。其原因在于,利润最大化的一阶条件在完全专业化时是无定义的。如第 9 章所示,解决该问题的方法之一是剔除一阶条件,并从资源约束条件的边际价值中求解要素价格。然而,这种处理方法在此时并不妥当,因为我们设置了一个要素价格的约束条件,所以我们希望在模型中保留一阶条件。另一种可能的解决方案是重写出现问题的方程。要素需求方程的原始形式为:

FDEMAND(J,I)..R(J) = E = P(I) * Q(I) * SUM(JJ, DELTA(JJ,I) * F(JJ,I) ** RHO(I)) ** (− 1) * DELTA(J,I) * F(J,I) ** (RHO(I) − 1);

我们设置了 RHO = 0.1,因此,当要素使用接近于 0 时,上述表达式中的两项是无定义的(会带来负幂)。通过将上述条件改写为回避负幂的形式就可解决该问题:

FDEMAND(J,I)..R(J) * SUM(JJ,DELTA(JJ,I) * F(JJ,I) ** RHO(I)) * F(J,I) = E = P(I) * Q(I) * DELTA(J,I) * F(J,I) ** RHO(I);

当采用上述方程设置时,即使某些要素的需求接近于 0,方程仍表现良好,模型也可正确求解。当然,还存在其他的方法来处理该问题。需要注意的是,在处理数值模拟模型时,需要仔细考虑数值求解时可能出现的问题。从理论上对最优解有直观的认识通常有助于准确定位并处理数值求解问题。[2]一些相关的练习题见第 21.5 节。

21.3 特定行业的黏性工资

在某些情形下,黏性工资仅出现在经济体的局部领域。国际贸易理论和发展经济学的一个经典模型是 Harris 和 Todaro(1970)描述的二元经济模型,其中城市生产活动受最低工资的约束,而农村生产活动的工资是由完全竞争的劳动力市场决定的。

采用小型开放经济体的对偶形式,能容易地理解此类扭曲的本质。令行业 1 为支付固定工资 $\overline{w}_1$ 的城市产业,行业 2 为农村产业。在考虑短期情形时,扭曲表现为如下形式:

---

[1] 如果你打算构建一个初始均衡状态时存在失业的模型,那么,在模型校准时就需要进行适当的修改。

[2] 关于模型求解失败时如何处理的相关建议,请参见附录 B。

$$c_1(\overline{w}_1, r_1) = p_1 \tag{21.19}$$

$$c_2(w_2, r_2) = p_2 \tag{21.20}$$

$$w_2 = \pi \overline{w}_1 \tag{21.21}$$

$$a_{K1}(\overline{w}_1, r_1)q_1 = \overline{K}_1 \tag{21.22}$$

$$a_{K2}(w_2, r_2)q_2 = \overline{K}_2 \tag{21.23}$$

$$a_{L1}(\overline{w}_1, r)q_1 + \pi a_{L2}(w_2, r)q_2 = \pi \overline{L} \tag{21.24}$$

除了固定城市工资之外,新的元素还包括新变量 π。式(21.21)的含义为:农村工资必须等于城市工资乘以 π。这与第 21.1 节讨论的工资差异非常类似。区别在于,此处的 π 是内生变量,同时还出现在式(21.24)中。对式(21.24)重新整理可得城市地区被雇用工人的比例 $\pi = L_1/(\overline{L}-L_2)$。如果城市最低工资是有约束力的,则 $\pi < 1$。实际上,这是提供给已就业城市工人的工资补贴。我们可以将式(21.24)解释为农村工资等于预期城市工资。[①]

这种扭曲的影响可以通过图 21.7 来阐释。图中的点 a 表示不存在扭曲时的均衡点。工资约束为 $\overline{w}_1$,通过 $\overline{w}_1$ 的水平线与行业 1 的劳动力需求曲线相交于点 b,从而决定了城市地区的就业水平。换言之,行业 1 将持续雇用劳动力,直到劳动边际产出价值等于制度限定的工资。根据产品耗尽原理,行业 1 的资本回报率可通过余值来计算。

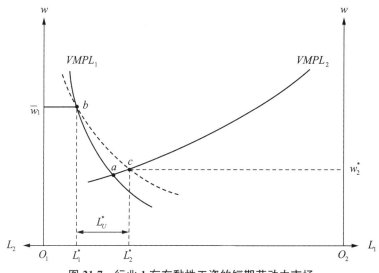

图 21.7　行业 1 存在黏性工资的短期劳动力市场

从式(21.21)和式(21.24)中可得到 $w_2(\overline{L}-L_2) = \overline{w}_1 L_1$。从图形上来说,这意味着行业 2 的劳动力分配必须在经过 b 点的矩形双曲线(虚线)上。利润最大化意味着行业 2 支付给劳动力的报酬等于劳动边际产出价值,故劳动力在行业 2 的分配及工资在点 c 被确定。[②]在均

---

　①　这一设定意味着城市劳动力市场上存在着随机的人员调整,而失业人员可以依靠自身储蓄维持生活。详见 Corden 和 Findlay(1975)。

　②　如图所示,相比于不存在扭曲的情形,行业 2 的工资上升了。然而,结果并非必然如此,点 c 既可以在点 a 的左侧,也可以在点 a 的右侧。Corden 和 Findlay(1975)对此有进一步的讨论。

衡状态时会出现公开失业,除非最低工资刚好有约束力。失业由图中标记为 L_U^* 的水平距离来表示。

为了探讨长期情形下此类扭曲的影响,我们将考虑 HOS 生产结构。假设行业 1 是资本密集型的,且仅在行业 1 实施最低工资。[①]刻画经济系统的方程组为:

$$c_1(\overline{w}_1, r) = p_1 \tag{21.25}$$

$$c_2(w_2, r) = p_2 \tag{21.26}$$

$$w_2 = \pi \overline{w}_1 \tag{21.27}$$

$$a_{K1}(w_1, r)q_1 + a_{K2}(w_2, r)q_2 = \overline{K} \tag{21.28}$$

$$a_{L1}(\overline{w}_1, r)q_1 + \pi a_{L2}(w_2, r)q_2 = \pi \overline{L} \tag{21.29}$$

这是一个非常简单的模型结构。给定有约束力的工资约束,通过式(21.25)可得到资本回报率。然后,通过(21.26)能确定行业 2 的工资率,通过式(21.27)可得到城市的就业率。进一步,基于谢泼德引理能得到最优单位需求。最后,综合考虑式(21.28)和式(21.29)就能决定产出。

图 21.8 说明了要素价格空间的均衡结果。等价格线在 a 处的交点表示的是不存在扭曲时的均衡。当行业 1 存在着黏性工资 $\overline{w}_1$ 时,资本回报率由点 b 决定。由于两个行业的资本回报率相同,行业 2 的工资必须等于 w_2^*(点 c)。w_2^* 与 $\overline{w}_1$ 的比率即为城市就业率。一旦确定了要素价格,就可以进一步确定要素密集度——从几何上讲,它们是经过点 b 和点 c 切线的斜率。此种类型的扭曲导致两个行业使用了更多的资本密集型技术。

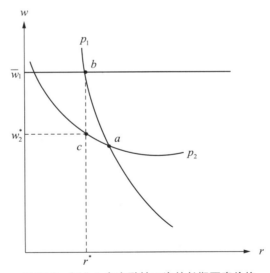

图 21.8　行业 1 存在黏性工资的长期要素价格

关于要素就业的均衡结果可由图 21.9 的埃奇沃斯盒状图来说明。经过点 d 的实线表示行业 1 中的资本-劳动比率。经过点 c 的实线表示行业 2 的资本-劳动比率。经过点 c

①　正如 Neary(1978)所指出的,这是模型稳定性的一个必要条件。

的虚线表示城市地区的资本-劳动比率(包括失业者)。行业 2 的均衡要素配置由要素强度射线在 c 处的交点决定。点 d 代表行业 1 的均衡要素配置。点 c 和点 d 之间的水平距离表示失业水平。经过点 c 和点 d 的等产量线并没有相切,因此,经济实际上已经脱离了效率轨迹。

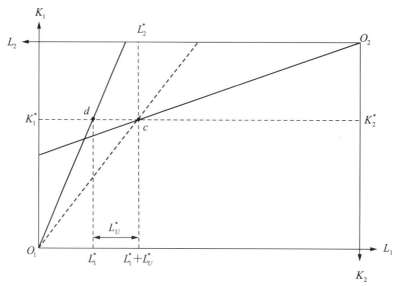

图 21.9　行业 1 存在黏性工资的长期要素配置

为了在 GAMS 中实现该模型,我们以第 12 章的 HOS 模型为起点(对特定要素模型的调整是类似的)。首先,我们将商品集合与要素集合分成两组。集合 ST(J) 表示存在收益约束的要素(这里是 L),而集合 NST(J) 表示不受约束的要素(此时是 K)。与之类似,URBAN(I) 表示城市地区生产的产品(商品 1),故受到要素价格限制的约束;RURAL(I) 表示农村地区生产的产品(商品 2)。上述集合的元素是互斥的,并且完全耗尽了原始集合的元素。

接下来,我们引入两个新参数来保存两个新变量的初始值。第一个参数 RIO(J,I) 表示每个行业支付的初级生产要素价格(因为它们现在一般来说是不同的)。第二个参数 PIO(J) 表示城市要素的初始利用率(或使用率)。出于便利考虑,我们将模型校准为要素充分利用时的均衡状态,因此,所有行业的要素价格都是相同的,且利用率为 100%。

在 VARIABLES 标题下,我们定义了两个新变量 RI(J,I) 和 PI(J)。然后,我们会设置这些变量的初始水平值和下界。此外,由于利用率不能超过 100%,我们会给变量 PI(J) 设置上界 1。同时,我们还设置了 R.FX(ST) = 1 和 PI.FX(NST) = 1。第一个语句将存在收益约束要素的回报率固定为 1。第二个语句将不受约束要素的利用率固定为 100%。

为了考虑可能存在的失业,需要对资源约束进行调整。修改后的资源约束方程为:
RESOURCE(J)..FBAR(J) * PI(J) = E = SUM(URBAN, F(J,URBAN)) + PI(J) * SUM(RURAL,F(J, RURAL));

针对所有同时在 NST 集合中的 J 元素,PI(J) 被固定为 1。因此,对劳动力而言,该方程将生成式(21.29)的条件。但对资本而言,该方程将产生要素充分利用的条件。

为了完成模型构建,我们需要设置要素市场的闭合。这是一个棘手的问题,原因在于,要素价格的决定存在多种不同的形式。针对充分利用的要素,各个行业支付的价格必须等于相同的市场价格,从而有:

```
LABNST(NST,I)..RI(NST,I) = E = R(NST);
```

针对其他要素,工资将取决于就业的地点。关于在城市地区就业的受约束要素,我们有:

```
LABSTU(ST,URBAN)..RI(ST,URBAN) = E = R(ST);
```

其含义为,行业层面的要素支付等于 R(ST),前面我们已经固定了 R(ST) 的值。另一方面,在农村地区满足如下条件:

```
LABSTR(ST,RURAL)..RI(ST,RURAL) = E = PI(ST) * R(ST);
```

其含义为,行业工资等于预期工资。上述三个方程的名称需要在程序 EQUATIONS 部分进行定义。运行该模型就可得到要素充分利用的均衡解,在此基础上对模型进行扰动就可产生城市失业。对特定要素模型的修改基本上是类似的。一旦确认模型正常无误,就可以尝试解答第 21.5 节的练习题。[1]

21.4 不完全要素流动

正如上一节所提到的,Harris 和 Todaro(1970)的模型结构将黏性工资模型与工资差异的内生性相结合。将要素价格差异内生化的另一种机制是引入不完全要素流动。实际上,我们已经探讨了不完全要素流动的极端情形——特定要素模型。在特定要素模型中,每个特定的要素都会获得不同的报酬。

在某些情形下,我们可能希望生产要素既不是完全自由流动的,也不是完全不能流动的。要了解其背后的逻辑,让我们来考虑资本完全流动(正如 HOS 模型中的情形),但劳动力并非完全流动的情形。此时,GDP 最大化问题可用下列拉格朗日函数来表示:

$$\mathscr{L} = p_1 q_1(K_1, L_1) + p_2 q_2(K_2, L_2) + \lambda[\bar{K} - K_1 - K_2] + \mu[\bar{L} - \ell(L_1, L_2)]$$

(21.30)

其中,$\bar{K}$ 和 $\bar{L}$ 分别表示给定的资本、劳动力禀赋,假定生产函数满足通常的新古典主义性质。上述表达式与之前的不同之处在于,我们将劳动力资源约束替换为劳动力配置函数 $\ell(L_1, L_2)$,其中,ℓ 是凸的且一次齐次的(这意味着,如果我们打算按比例去增加分配到各部门的劳动力,就需要按同样比例去增加劳动力禀赋)。[2]显然,与标准模型相对应的一个特殊情形是 $\ell = L_1 + L_2$。对拉格朗日函数求偏导可得下列一阶条件:

$$\partial\mathscr{L}/\partial K_1 = p_1 \partial q_1/\partial K_1 - \lambda = 0$$

(21.31)

$$\partial\mathscr{L}/\partial L_1 = p_1 \partial q_1/\partial L_1 - \mu \partial \ell/\partial L_1 = 0$$

(21.32)

$$\partial\mathscr{L}/\partial K_2 = p_2 \partial q_2/\partial K_2 - \lambda = 0$$

(21.33)

---

① 具体见练习题 7—11。

② 我们可以将其视为对劳动力不完全流动现象进行建模的一种便捷方法。

$$\partial \mathscr{L}/\partial L_2 = p_2 \partial q_2/\partial L_2 - \mu \partial \ell/\partial L_2 = 0 \tag{21.34}$$

$$\partial \mathscr{L}/\partial \lambda = \bar{K} - K_1 - K_2 = 0 \tag{21.35}$$

$$\partial \mathscr{L}/\partial \mu = \bar{L} - \ell(L_1, L_2) = 0 \tag{21.36}$$

这些条件看起来与标准模型很相似。我们可以将 $\mu \partial \ell/\partial L_i$ 解释为均衡状态下特定行业的工资。拉格朗日乘子 μ 表示劳动力禀赋增加一单位带来的 GDP 增量。很明显,如果 $\ell = L_1 + L_2$,那么 $\partial \ell/\partial L_i = 1$,此时,最优解的条件与第 5 章中推导的一样。总体说来,不同行业的工资存在着差异。与外生的工资差异模型类似,此时经济脱离了生产可能性边界。采用相同的方式,我们可以为其他生产要素引入不完全流动性,其影响也是类似的。

为了使这一理论具有可操作性,我们需要为要素配置函数选择特定的函数形式。我们通常会使用常数转换弹性(constant elasticity of transformation,CET)函数。该函数的形式为 $\ell = \gamma_L [\delta_L L_1^{\rho_L} + (1-\delta_L)L_2^{\rho_L}]^{1/\rho_L}$,它可以被方便地拓展至多种商品的情形。CET 函数与 CES 函数非常相似。区别在于:在 CES 函数中,$-\infty < \rho < 1$ 的条件确保了函数是凹的;在 CET 函数中,$1 < \rho_L < \infty$ 的条件确保了函数是凸的(在 $\rho = 1$ 的线性情形下,CET 函数既是凸的又是凹的)。

为了在 GAMS 中运行模型,可以以第 12 章小型经济体的 HOS 模型为起点。第一步是使用命令 ALIAS(I,II) 为商品集合增加一个别名。为了考虑所有生产要素的不完全流动性,接下来我们定义参数如下:RHO_F(J) 用来控制不可流动性的程度,DELTA_F(J,I) 用来定义要素配置的份额,GAMMA_F(J) 用来定义要素配置函数的移位参数。我们还定义了参数 RIO(J,I) 来表示初始行业水平的要素价格。

接下来,我们会进行校准。首先,我们将所有要素价格标准化为 1,然后给参数 RHO_F(J) 进行赋值(大于 1)。接下来,我们对份额参数 DELTA_F(J,I) 和移位参数 GAMMA_F(J) 进行校准。校准过程与上一个例子非常类似:

```
DELTA_F(J,I) = (RIO(J,I)/FO(J,I) ** (RHO_F(J) - 1))/(SUM(II, RIO(J,II)/FO(J,II)
    ** (RHO_F(J) - 1)));
GAMMA_F(J) = FBAR(J)/(SUM(I, DELTA_F(J,I) * FO(J,I) ** RHO_F(J))) ** (1 / RHO_F
    (J));
```

在 VARIABLES 标题下,我们定义新变量 RI(J,I) 来表示行业层面的要素价格,并为该变量设置初始水平值和零值下界。在 EQUATIONS 标题下,我们定义了新的方程 FSUPPLY(J,I)。

然后,我们对模型的方程做了一些调整。(相加的)标准资源约束条件被更一般化的 CET 形式的资源配置函数取而代之:

```
FBAR(J) = E = GAMMA_F(J) * (SUM(I,DELTA_F(J,I) * F(J,I) ** RHO_F(J))) ** (1 / RHO_F
    (J));
```

我们还调整了要素需求方程,以考虑企业支付不同要素价格的情形:

```
FDEMAND(J,I)..RI(J,I) = E = P(I) * Q(I) * SUM(JJ,DELTA(JJ,I) * F(JJ,I) ** RHO(I)) **
    (-1) * DELTA(J,I) * F(J,I) ** (RHO(I) - 1);
```

最后,我们定义了要素供给方程:

FSUPPLY(J,I)..RI(J,I) = E = R(J) * FBAR(J) * SUM(II, DELTA_F(J,II) * F(J,II) ** RHO_
  F(J)) ** (- 1) * DELTA_F(J,I) * F(J,I) ** (RHO_F(J) - 1);

    方程 FDEMAND(J,I)和 FSUPPLY(J,I)的左侧是相同的,这两个方程共同构成了一阶条件。

    如果你在调整模型时遇到困难,可以从网上下载完整的程序。使用该模型的一些练习题可在下一节中找到。[①]

21.5　练习题

    (1) 基于上一章构建的模型,请模拟工资差异逐渐递增的一系列情形。随着工资差异的增大,经济福利指数会如何变化?

    (2) 请采用货币单位而非比例形式来定义工资差异,然后构建一个工资差异模型。

    (3) 考虑短期模型,有约束力的黏性工资适用于整体经济,任何一种商品价格的上涨都将降低失业率。当商品价格按比例增加时,哪种商品价格的上涨会显著地降低失业率?你能给出一个经济学上的合理解释吗?

    (4) 考虑长期模型,有约束力的黏性工资适用于整体经济,资本密集型商品价格的上涨将导致失业如何变化?

    (5) 考虑长期模型,有约束力的黏性工资适用于整体经济,资本存量的增加将如何影响失业率? 劳动力存量的增加又将如何影响失业率?

    (6) 考虑长期模型,有约束力的黏性工资适用于整体经济,Brecher(1974a)指出:a.“对本国来说,自由贸易可能劣于封闭经济。”b.“外国对本国出口需求的增加可能不利于本国。”c.“如果本国在贸易中缺乏(拥有)垄断势力,那么该国的最优贸易政策不一定是自由(征税)贸易。”d.“通过取消最低工资来恢复充分就业可能导致福利的下降或逆转贸易方向。”你明白为什么上述观点是正确的吗? 你能构建 GAMS 模型来阐明这些观点吗?

    (7) 第 21.3 节构建的长期模型考虑了特定行业的黏性工资及农村向城市的迁移。在短期情形下,如何构建特定要素模型?

    (8) 完成了上述练习题之后,请在模型中施加不同的冲击以评估均衡结果受到的影响。正如第 21.3 节所表明的,与不存在干预的情形相比,采用有约束力的最低工资可能会提高或降低农村部门的工资。你能将模型参数化并说明两种结果吗?

    (9) 在特定行业黏性工资模型的框架下,比较各种冲击在长期和短期的不同影响。在短期内,资本密集型商品价格的上涨会对就业率产生何种影响? 在长期内,资本密集型商品价格的上涨又会对就业率产生何种影响?

    (10) 在特定行业黏性工资的长期模型中,当商品价格固定时,就业率也是固定的。因此,要素禀赋的增加不会改变就业率。要素禀赋的增加是否会改变就业水平呢?

    (11) Corden 和 Findlay(1975)指出,如果在特定行业黏性工资的长期模型中采用了

---

    ①　具体请参见练习题 12—14。

最低工资,支付更高工资的城市部门的产出可能会增加。请尝试再现他们的结果。(提示:他们是在里昂惕夫生产技术的背景下得到这一悖论的。)

(12)基于不完全要素流动模型,你能否设置参数 RHO_F 的值,从而让模型近似于 HOS 模型?请比较本章模型与第 12 章 HOS 结构的模型对各种相同冲击的响应结果,从而验证参数 RHO_F 设置的有效性。

(13)基于不完全要素流动模型,你能否设置参数 RHO_F 的值,从而让模型近似于特定要素模型?请比较本章模型与第 12 章特定要素结构的模型对各种相同冲击的响应结果,从而验证参数 RHO_F 设置的有效性。

(14)基于不完全要素流动模型,如果两个 RHO_F 参数都被设为非常大的数(如 10),会出现什么结果?请阐述一次价格冲击的影响。此时,生产可能性边界是何种形状?

(15)本章构建的所有模型都被校准为初始时不存在扭曲的均衡状态。你能修改校准并复制初始时存在扭曲的均衡状态吗?

(16)本章主要关注于小国情形。请修改第 14 章的大国模型,从而在模型中引入各类要素市场扭曲。

(17)请修改第 13 章的模型,探讨存在非贸易品时要素市场扭曲的影响。

(18)请修改第 19 章和第 20 章的模型,评估当经济中存在要素市场扭曲时,其他干预措施(关税、补贴等)的影响。你发现了哪些有趣的结果?

21.6　拓展阅读

关于比例工资差异的讨论,可参见 Bhagwati 和 Srinivasan(1971)。Schweinberger(1979)讨论了恒定绝对工资差异的情形。关于工资无法向下灵活调整的讨论,请参见 Brecher(1974a,1974b)。关于特定行业黏性工资的经典论文是 Harris 和 Todaro(1970)。Bhagwati 和 Srinivasan(1974)及 Srinivasan 和 Bhagwati(1975)探讨了开放经济的拓展模型,而 Corden 和 Findlay(1975)则进一步考虑了可流动资本的情形。关于不完全劳动力流动的经典文献是 Casas(1984)。Gilbert 和 Tower(2002)在特定部门黏性工资的背景下考虑了不完全劳动力流动的情形。

第三篇 可计算一般均衡

►22

多个家庭和其他需求来源

截至目前,我们研究的问题基本上都是小规模的"玩具"模型,这些模型与贸易理论和政策的文献密切相关。在本书的最后一部分,我们会将这些基本模型扩展为可计算一般均衡(CGE)模型。相比而言,CGE模型的架构更为复杂,且被用于真实世界的贸易政策分析。尽管CGE模型的基本结构与之前章节探讨的模型没有太大差异,但为了简化分析,CGE模型的一些重要特征在"玩具"模型中被忽略了。

首先,我们在模型中明确地引入多个家庭。在"玩具"模型中,通常仅有一个具有"代表性"的消费者。然而在实际应用中,我们通常会关注一项政策会如何影响不同类型的家庭,这些不同类型的家庭可能面临着不同的约束条件。考虑不同类型家庭的原因在于,我们希望模型能更好地模拟实际经济状况,或者我们对收入分配问题感兴趣。在大型CGE模型中,我们可能还会引入其他的最终需求来源,如投资和政府消费。在本章中,我们会从基础开始,在模型中引入多个家庭及其他的最终需求来源,在后续章节中逐步对模型进行拓展。

22.1 交换模型

为了简化问题,我们首先考虑一个简单的交换经济。我们将在下一节介绍生产与国际贸易的相关内容。假设经济中存在两类家庭群体,每类家庭都具备代表性消费者的特征,其偏好满足第3章介绍的标准公理。上标1或2表示家庭,下标表示商品种类。由于本节只讨论交换问题,故每种商品的总供给是给定的,且等于每个家庭所拥有商品禀赋的加总。因此,商品1的禀赋总和为$\bar{q}_1^1 + \bar{q}_1^2$。类似的是,商品2的禀赋总和为$\bar{q}_2^1 + \bar{q}_2^2$。

在完全竞争市场条件下,每个家庭都会接受既定的市场价格。因此,家庭1效用最大化问题的拉格朗日函数定义如下:

$$\mathscr{L}_1 = U^1(c_1^1, c_2^1) + \lambda_1[p_1\bar{q}_1^1 + p_2\bar{q}_2^1 - p_1c_1^1 - p_2c_2^1] \tag{22.1}$$

这是标准的消费者效用最大化问题。其中,$p_1\bar{q}_1^1 + p_2\bar{q}_2^1$表示家庭1的货币收入。我们可以假设家庭以市场价格出售其拥有的禀赋,然后以相同价格回购其偏好的商品组合。此时,家庭1效用最大值问题的一阶条件定义如下:

$$\partial\mathscr{L}_1/\partial c_1^1 = \partial U^1/\partial c_1^1 - \lambda_1 p_1 = 0 \tag{22.2}$$

$$\partial \mathscr{L}_1 / \partial c_2^1 = \partial U^2 / \partial c_2^1 - \lambda_1 p_2 = 0 \tag{22.3}$$

$$\partial \mathscr{L}_1 / \lambda_1 = p_1 \bar{q}_1^1 + p_2 \bar{q}_2^1 - p_1 c_1^1 - p_2 c_2^1 = 0 \tag{22.4}$$

家庭 2 面临的优化问题和一阶条件是类似的,我们只需对上标做适当调整。求解得到的最优解即为每个家庭的马歇尔需求曲线。

通过引入市场出清的条件,我们就构建了完整的交换模型。在市场出清条件中,家庭的总需求等于外生给定的总供给,即:

$$\bar{q}_1^1 + \bar{q}_1^2 = c_1^1 + c_1^2 \tag{22.5}$$

$$\bar{q}_2^1 + \bar{q}_2^2 = c_2^1 + c_2^2 \tag{22.6}$$

按照瓦尔拉斯法则,市场出清条件并非是相互独立的。给定每个家庭的需求及商品的固定供应量,原则上可以确定一个相对价格(此时,我们将一种商品的价格设定为价格基准)来出清市场。最优解需要满足如下条件:

$$\frac{\partial U^1 / \partial c_1^1}{\partial U^1 / \partial c_2^1} = \frac{\partial U^2 / \partial c_1^2}{\partial U^2 / \partial c_2^2} = \frac{p_1}{p_2} \tag{22.7}$$

该条件的含义为,两个家庭拥有相同的边际替代率(当然,两个家庭都会选择在各自的预算约束线上进行消费)。[1]

思考以下问题能凸显这一结果的意义。给定每种商品的禀赋,假设我们希望最大化家庭 1 的效用指数,同时令家庭 2 的效用水平 $\bar{U}^2$ 保持不变。那么,这一优化问题的拉格朗日函数可定义为:

$$\mathscr{L} = U^1(c_1^1, c_2^1) + \lambda [\bar{U}^2 - U^2(c_1^2, c_2^2)] + \mu [\bar{q}_1^1 + \bar{q}_1^2 - c_1^1 - c_1^2] + \delta [\bar{q}_2^1 + \bar{q}_2^2 - c_2^1 - c_2^2] \tag{22.8}$$

取一阶条件并进行变换以后可知,最优结果需要满足如下条件:

$$\frac{\partial U^1 / \partial c_1^1}{\partial U^1 / \partial c_2^1} = \frac{\partial U^2 / \partial c_1^2}{\partial U^2 / \partial c_2^2}$$

这与上面的条件是一样的。这一结果源于第一福利定理。该定理告诉我们,完全竞争市场的结果是帕累托有效的。换言之,在帕累托有效的状态下,重新分配现有禀赋使一个家庭生活得更好,势必会使另一个家庭生活得更糟。

图 22.1 对这一均衡状态进行了解释。消费盒状图的构造类似于生产盒状图。盒状图的尺寸等于商品的总禀赋。左下方的原点是家庭 1 的基准点,右上方的原点是家庭 2 的基准点。连接两个原点的曲线是无差异曲线切线的轨迹,即契约曲线。该图显示了两种商品在两个家庭之间的帕累托有效配置。完全竞争的均衡结果位于契约曲线上,无差异曲线在均衡点的斜率等于(负的)相对价格。初始禀赋点位于图示价格线上的某个位置。

---

[1] 我们可以遵循 Negishi(1960)的思路引入一个社会福利函数,然后将该问题设置为一个约束优化问题。

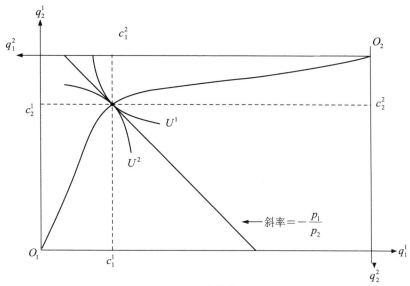

图 22.1 消费盒状图

构建一个交换经济的 GAMS 模型并不困难,而且有助于我们了解多个家庭在模型中运作的规律。交换经济的 GAMS 程序如表 22.1 所示。该程序是在第 3 章消费者选择模型的基础上修改得到的。

表 22.1　交换经济的 GAMS 程序

```
SET I Goods / 1,2 / ;
SET H Households / A,B / ;

PARAMETERS
ALPHA(H)                Shift parameters in utility
BETA(I,H)               Share parameters in utility
PO(I)                   Initial prices
UO(H)                   Initial utility levels
CO(I,H)                 Initial consumption levels
YO(H)                   Initial household incomes;

PO(I) = 1;
CO('1','A') = 75;
CO('2','A') = 25;
CO(I,'B') = 100 - CO(I,'A');
YO(H) = SUM(I,PO(I) * CO(I,H));
UO(H) = YO(H);
BETA(I,H) = CO(I,H) * PO(I)/ YO(H);
ALPHA(H) = UO(H)/ PROD(I,CO(I,H) ** BETA(I,H));

VARIABLES
U(H)                    Utility indices
P(I)                    Prices
C(I,H)                  Consumption levels
Y(H)                    Household incomes
OBJ                     Objective;
```

```
U.L(H) = UO(H); C.L(I,H) = CO(I,H); Y.L(H) = YO(H); P.L(I) = PO(I);
U.LO(H) = 0; C.LO(I,H) = 0; Y.LO(H) = 0; P.LO(I) = 0;
P.FX('2') = 1;


EQUATIONS
UTILITY(H)                Utility function
DEMAND(I,H)               Demand functions
CLEAR(I)                  Market clearing
INCOME(H)                 Household income
OBJECT                    Objective function;


UTILITY(H)..U(H) = E = ALPHA(H) * PROD(I,C(I,H) ** BETA(I,H));
DEMAND(I,H)..C(I,H) = E = BETA(I,H) * Y(H)/P(I);
CLEAR(I)..SUM(H,C(I,H)) = E = SUM(H,CO(I,H));
INCOME(H)..Y(H) = E = SUM(I,P(I) * CO(I,H));
OBJECT..OBJ = E = 0;


MODEL EXCHANGE / ALL / ;
SOLVE EXCHANGE USING NLP MAXIMIZING OBJ;
```

与第 3 章的模型不同,此处我们引入了新的集合 H 来定义家庭。为了在模型中考虑 H 的差异,我们对参数的维度进行了拓展。具体而言,柯布-道格拉斯效用函数中的移位参数 ALPHA 现在调整为 ALPHA(H)。同样,份额参数 BETA(I)调整为 BETA(I,H)。在该模型中,我们将价格和收入设为内生变量。此外,我们还用参数 PO(I)和 YO(H)来表示价格和收入变量的初始值。

模型定义的下个环节是校准。校准的过程与之前类似,唯一的不同之处在于,初始收入被定义为初始禀赋的价值(遵循模型校准的一般做法,初始禀赋的价值等于初始消费水平)。

接下来,我们会定义变量,并为变量设置水平值和下边界。另外,我们创建了一个名为 OBJ 的标量作为目标值。

模型包含的方程有家庭效用函数 UTILITY(H)和与之关联的需求函数 DEMAND(I,H)。这些方程与第 3 章是相似的,唯一的区别是对家庭维度进行了拓展。此外,我们引入一个函数来定义市场出清条件(即总需求等于总供给),同时,我们将家庭收入内生化:

```
CLEAR(I)..SUM(H,C(I,H)) = E = SUM(H,CO(I,H));
INCOME(H)..Y(H) = E = SUM(I,P(I) * CO(I,H));
```

可以注意到,上述两个表达式的右侧都包含了 CO(I,H)。参数 CO(I,H)表示固定的商品供给[C(I)则表示可变的商品需求]。采用第 15 章的方式,我们添加了一个目标函数。一旦你验证了基准模型的正确性,就可以尝试解答本章末尾的练习题。

22.2 生产和贸易

上述模型是从生产和贸易中抽象出来的,再将这些活动纳入模型并不困难。现在,让我们来考虑第 12 章构建的小型开放经济模型。正如所看到的,完全竞争市场下的生产决策独立于消费决策。给定价格时,可用 GDP 最大化问题来刻画经济的生产侧,就像在第 5 章和第 6 章中所做的那样。最大化 GDP 实际上意味着,经济会位于生产可能性边界上。

一旦确定了 GDP,接下来就可以设定收入在家庭之间的分配。那么,收入分配依据的原理是什么呢?由产品耗尽原理可知,GDP 等于要素报酬的总和。因此,只要明确了家庭中初级生产要素的所有权及家庭间的收入转移,就可以计算出家庭收入。

随后,代表性家庭在其预算约束条件下实现效用最大化。由于所有家庭都面临相同的相对价格,故每个家庭的边际替代率均相同,且家庭之间的消费配置位于契约曲线上。最后,我们引入市场出清条件来完成模型的构建。根据市场出清条件,每种商品的净出口等于产量减去所有家庭的总消费。

图 22.2 对这一最优解进行了说明。经过点 a 的虚线是生产可能性边界。经过点 a 的切线斜率等于商品 2 的相对国际市场价格。在该图中,点 a 是最优生产点。给定国际市场价格及产生生产可能性边界的资源和技术,就可以确定要素价格及家庭之间的收入分配。总消费由点 b 表示。我们可以认为,点 b 是消费盒状图(如图 22.1 那样的)的边界所定义的。连接原点与点 b 的曲线即为契约曲线。点 c 在契约曲线上,该点刻画了家庭之间的消费配置。

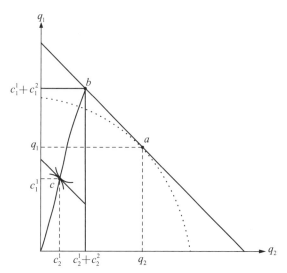

图 22.2　存在两个家庭的小型开放经济体

为了在 GAMS 中构建该模型,我们将采用第 12 章开发的小型经济体模型作为起点,并对需求结构进行调整。需求的调整与前一节大体相同。首先,我们为家庭引入新集合 H。基于集合 H,可以定义消费 C(I,H)、家庭效用 U(H),以及其他相关参数,如 ALPHA(H)、BETA(I,H)、UO(H)、CO(I,H)。

接下来,我们将增加两个新参数。第一个参数是初始的家庭收入 YO(H)。第二个参数 FSHR(J,H)表示要素所有权的份额,即家庭 H 所拥有要素 J 的比例。基于参数 FSHR(J,H),就可以校准初始收入:

YO(H) = SUM(J,RO(J) * FBAR(J) * FSHR(J,H));

此外,我们必须确保家庭消费的价值等于家庭要素收入的价值。

接下来,为了考虑多个家庭的情形,我们对描述经济需求侧的方程进行了拓展。拓展的方式与之前模型中的基本相同,不同之处在于,此时家庭收入被定义为所有家庭的要素收入加总。此时,市场出清条件被定义为:

X(I) = E = Q(I) - SUM(H,C(I,H));

这意味着,净出口等于产量减去所有家庭的消费加总。一旦调整完毕,我们就可以运行基准模型来检查校准结果正确与否。模型的完整程序可从网上下载。此外,第 22.4 节提供了一些练习题供读者参考。

22.3　政府与投资

虽然第 19 章至第 21 章的模型的确包含一个隐含的政府部门,但其功能仅限于对各种活动征税或提供补贴,以及将资源转至家庭或从家庭转出资源。鉴于上述政府的职能十分有限,实际上并无直接引入政府的必要。

在大多数实际经济模型中,政府不仅参与征税或提供补贴,而且还是最终需求的来源之一。此外,在分析现实世界的政策问题时,我们对相关经济主体(包括政府)的约束往往需要更加贴合现实情况。例如,在大多数情形下,出口补贴很可能不会满足标准理论的假设,即政府并非从家庭的一次性转移支付中筹集资金,而是通过引入其他的税收来获取资金。为了准确评估补贴的经济影响,需要在模型中考虑这种类型的扭曲。

在大多数以贸易为导向的 CGE 模型中,引入政府的方法是相对简单的。第 20 章构建的模型就包含了各种税收或补贴工具。为了将政府明确地引入该模型,首先需要将国民收入分成两部分。其中一部分计入家庭,另一部分计入政府。这与我们在上一节将收入分配给不同家庭的方式大致相同。

假设所有初级生产要素都由一个家庭所拥有,那么,可以在模型中增加一个定义家庭收入 YH 的方程 HOUSE:

HOUSE..YH = E = SUM(J,FBAR(J) * R(J)) - TRANS;

上式表明,家庭收入等于要素报酬与对政府的直接转移(TRANS)的差额。接下来,我们需要对需求函数做相应的修改:

DEMAND(I)..C(I) = E = BETA(I) * YH / (P(I) * (1 + TC(I)));

政府收入 YG 的定义见方程 GOVT。具体而言,政府收入等于所有税收收入的加总与所有补贴支出的差额,再加上来自家庭的收入转移:

GOVT..YG = E = SUM(I,TC(I) * P(I) * C(I))

　　 - SUM(I,T(I) * PW(I) * X(I)) - SUM(I,TP(I) * P(I) * Q(I))

　　 - SUM((J,I),TF(J,I) * (R(J) / (1 + TF(J,I))) * F(J,I)) + TRANS;

这些项依次为净消费税收入、净贸易税收入、净销项税收入、净要素税收入和来自家庭的收入转移。[1]

---

[1]　请验证家庭收入与政府收入的加总等于 GDP。

接下来,我们会引入政府消费。现在,我们将政府消费的数量视为固定的。因此,我们可以将 G(I)定义为一个参数或固定的变量。然后,我们可以将市场出清条件修改为:
MAT_BAL(I)..X(I) = E = Q(I) − C(I) − G(I);

最后,为了将政府支出与政府收入联系起来,我们增加了政府预算约束条件:
GBUDGET..SUM(I, G(I) * P(I)) = E = YG;

如何对模型参数、校准和变量初始化进行必要的调整应该是非常清晰的,我们将这些调整作为练习留给读者。

请注意,在我们设定的模型中,政府支出等于政府收入。由于税收是内生的,政府支出是外生的(政府支出的数量是固定的),转移支付会灵活调整从而满足约束条件。我们可以将 TRANS 视为政府赤字,即通过从家庭转移收入(借款)来进行融资。事实上,这与第 19 章和第 20 章的故事逻辑是一样的。此处,我们只是明确地引入了政府。①

当然,我们能讲述的故事并不仅限于此。例如,我们还可以固定政府赤字,然后将其他因素设为内生变量。为了确保预算方程成立,政府支出可以灵活调整,或者将一种税收来源设为内生变量。在第 26 章中,我们将进一步讨论一些可能的选择(这涉及模型闭合的选择)。

投资需求也可采用类似的方式进行处理。我们可以定义一个新参数 INV(I)来表示外生投资价值。然后,我们对市场出清条件进行如下调整:
MAT_BAL(I)..X(I) = E = Q(I) − C(I) − G(I) − INV(I);

我们还需要对家庭收入方程进行调整:
HOUSE..YH = E = SUM(J,FBAR(J) * R(J)) − TRANS − SUM(I,P(I) * INV(I));

让我们考虑一下其中的变化。投资的数量是给定的,但投资品的价格是内生的。经常账户固定为零,因此总储蓄(家庭的私人储蓄减去政府赤字)必须等于投资。此外,为了满足平衡条件,总储蓄被设为内生变量。同样,这并非是我们能够讲述的唯一故事,在第 26 章中我们将进一步讨论各种替代方案。

22.4　练习题

(1) 交换模型阐明了如下观点:完全竞争市场可以实现商品在家庭之间的帕累托有效配置。但是,帕累托有效的结果存在多种可能性。那么,如何才能实现帕累托有效配置中的一种情形?(提示:请考虑第二福利定理。)

(2) 假定消费者的效用函数满足柯布-道格拉斯函数,契约曲线的形状是怎样的?你能用 GAMS 程序找到答案吗?

(3) 在交换经济中,当埃奇沃斯盒子的尺寸扩大时,家庭福利会如何变化?家庭间如何分配新增的禀赋对结果有影响吗?

(4) 考虑一个存在多个家庭的小型经济体的生产模型。自由贸易的均衡结果是帕累托有效的。相比于自给自足的均衡状态,自由贸易的均衡结果一定是帕累托改进吗?你

---

① 如果政府对所有商品的消费为零,那么,两个模型是相同的。

能设定不同的模拟结果吗？（提示：考虑斯托尔珀-萨缪尔森定理。）

（5）基于包含政府和投资的模型，验证如下结论：当投资支出与政府支出均为零时，考虑了家庭与政府间收入转移的模型与第 19 章和第 20 章模拟政府干预的模型是等价的。

（6）当出口补贴只能通过消费税来融资时，你能调整模型以展示出口补贴的影响将如何变动吗？

（7）你能像第 21 章讨论的那样，构建一个存在多个家庭和不完全劳动力流动的模型吗？[提示：Gilbert 和 Oladi(2010)讨论了相关的议题。]

（8）你能构建一个存在多个家庭和显性政府的模型吗？请对该模型进行设定，从而使政府赤字的融资负担因家庭而异。

阿明顿偏好

在国际贸易的完全竞争模型中,针对同类产品进行的双向贸易在经济上是无意义的。然而,在现实世界的贸易模式中,各国会频繁地同时进口、出口同一类产品(即使产品类别的定义非常狭窄)。在国际贸易的理论文献中,通常将产业内贸易的原因归结于不完全竞争的市场结构(见第 17 章和第 18 章)。在应用研究中,即使是在完全竞争市场条件下,我们仍然可以通过引入阿明顿假设来解释产业内贸易。实际上,阿明顿假设在 CGE 模型中非常普遍,以至于它们通常被称为"阿明顿类型"模型。在该方法中,假设消费者"偏爱消费多样化",那么,消费者会对同类的国内产品和进口品都有需求。从本质上讲,阿明顿方法是第 18 章中横向产品差异化的一个特例。在本章中,我们将修改基础贸易模型,从而解释相关的概念。

23.1   问题的表述

阿明顿假设的核心是对偏好结构做出了具体的假设。在第 3 章中,我们定义消费者的效用函数 $U = U(c_1, c_2)$,同时,我们引入了代表性消费者,在前述章节的模型中我们使用了这一方法。

在阿明顿方法中,假设消费者会根据产地来区分商品。如果 d_i 表示国内产品的消费,m_i 表示相同进口品的消费,经济中存在两种商品时的效用函数可表示为 $U = U(d_1, d_2, m_1, m_2)$。由于商品是由消费者对它们的感知来定义的,因此,只要效用函数满足基本公理,关于消费者最优决策的基本分析就与之前是相同的。在本模型的消费者选择问题中,参数数量是以前模型的两倍。

在设定偏好形式时,阿明顿模型采用了嵌套的消费结构,这类似于第 10 章中考虑中间投入品的嵌套生产结构。图 23.1 是阿明顿消费结构的详细图解。最终家庭需求用标准

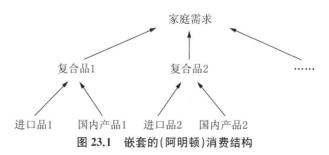

图 23.1   嵌套的(阿明顿)消费结构

效用函数来表示,该效用函数通过复合品的消费来定义。这些复合品是基于进口品和国内产品来进行定义的。

我们将代表性消费者的效用函数写为 $U=U(c_1(d_1,m_1),c_2(d_2,m_2))$。函数 c_i 表示阿明顿复合或聚合函数。假设函数 c_i 满足连续性、一次齐次性,在两个参数上都是递增的,且为凹函数。[①]

现在,让我们基于上述效用函数重新考虑消费者的效用最大化问题。令 Y 表示收入,p_i^d 表示国内产品的价格,p_i^m 表示进口品的价格。上述优化问题的拉格朗日函数定义如下:

$$\mathscr{L}=U(c_1(d_1,m_1),c_2(d_2,m_2))+\lambda[Y-p_1^d d_1-p_1^m m_1-p_2^d d_2-p_2^m m_2] \quad (23.1)$$

效用最大化的一阶条件为:

$$\partial\mathscr{L}/\partial d_1=(\partial U/\partial c_1)(\partial c_1/\partial d_1)-\lambda p_1^d=0 \quad (23.2)$$

$$\partial\mathscr{L}/\partial d_2=(\partial U/\partial c_2)(\partial c_2/\partial d_2)-\lambda p_2^d=0 \quad (23.3)$$

$$\partial\mathscr{L}/\partial m_1=(\partial U/\partial c_1)(\partial c_1/\partial m_1)-\lambda p_1^m=0 \quad (23.4)$$

$$\partial\mathscr{L}/\partial m_2=(\partial U/\partial c_2)(\partial c_2/\partial m_2)-\lambda p_2^m=0 \quad (23.5)$$

而且消费者必须花掉所有收入。同时,消费者在每种商品上花费一美元的边际效用必须等于收入的边际效用。应用链式规则,我们可以将国内产品和进口品的单位转换为复合品的单位,然后再转换为"效用"的单位。在实现最优解时,任何一组商品的边际替代率必须等于(负的)相对价格。

上述方法实际上表明,阿明顿假设只是选择了特定的效用函数形式。一般而言,通常会采用两阶段优化的形式提出阿明顿假设。在第一阶段,优化目标是将获得一单位复合品所需的支出降至最低。以商品1为例,拉格朗日函数定义如下:

$$\mathscr{L}=p_1^d a_{d1}+p_1^m a_{m1}+\mu_1[1-c_1(a_{d1},a_{m1})] \quad (23.6)$$

其中,a_{d1} 为商品1的国内产品的单位需求,a_{m1} 为商品1的进口品的单位需求。支出最小化问题的一阶条件定义如下:

$$\partial\mathscr{L}/\partial a_{d1}=p_1^d-\mu_1(\partial c_1/\partial a_{d1})=0 \quad (23.7)$$

$$\partial\mathscr{L}/\partial a_{m1}=p_1^m-\mu_1(\partial c_1/\partial a_{m1})=0 \quad (23.8)$$

$$\partial\mathscr{L}/\partial\mu_1=1-c_1(a_{d1},a_{m1})=0 \quad (23.9)$$

基于上述一阶条件,可以求出商品的国内产品和进口品的最优单位消费,它们是相对价格与拉格朗日乘子 μ_1 的函数。其中,拉格朗日乘子的含义为复合品的数量增加一单位时所引起的最优支出水平的变动量。换句话说,拉格朗日乘子是复合品1的价格。[②]我们同样

① 在实践中,聚合函数几乎总是采用 CES 函数形式。

② 为了弄清这一点,对式(23.7)重新整理可得 $\mu_1=p_1^d/(\partial c_1/\partial a_{d1})$。由式(23.2)可得 $p_1^d/(\partial c_1/\partial d_1)=(\partial U/\partial c_1)/\lambda$。后者是消费最后一单位复合品所产生效用的货币价值,正如我们在第3章中所看到的,它等于最优选择时复合品的价格。

158

可以求解商品 2 的优化问题。

在已知复合品价格的情形下,我们可以对消费复合品的效用最大化问题进行求解。换言之,我们可以最大化以下拉格朗日函数:

$$\mathscr{L}=u(c_1,c_2)+\lambda[Y-p_1c_1-p_2c_2] \tag{23.10}$$

以此为基础,我们可以用复合价格来计算复合品的总消费(即马歇尔需求)。复合价格是(给定的)国内和进口商品价格的函数。由于聚合函数满足一次齐次性,我们有 $d_1=a_{d1}c_1$,$m_1=a_{m1}c_1$。

通过两阶段的方法来定义阿明顿假设的优点在于,它保证了上层的效用最大化问题及其解的完整性。因此,在模型定义时,我们只需将下层的阿明顿函数及其一阶条件直接加入模型即可。

最后,让我们考虑如何将阿明顿偏好引入完整经济模型中。此处,我们将以小国情形作为例子进行介绍。优化问题的目标是,在技术、资源及在世界市场上交换商品的能力的约束下实现社会福利指数的最大化。假定考虑自由贸易的情形,那么,出口品和进口品的价格将由国际市场所决定。此时,优化问题的拉格朗日函数为:

$$\mathscr{L}=\theta U(c_1(d_1,m_1),c_2(d_2,m_2))+\lambda_1[q_1-d_1-x_1]+\lambda_2[q_2-d_2-x_2] \\ +\delta[S-\psi(q_1,q_2)]+\gamma[p_1^d x_1+p_2^d x_2-p_1^m m_1-p_2^m m_2] \tag{23.11}$$

此时,我们引入了新的效用函数作为目标值,市场出清和贸易平衡条件也发生了变化。在市场出清方程中,我们用国内产品的消费去替代消费。并且,出口被定义为国内产出和国内消费的差额,且是非负的。进口品只能通过贸易获得,并出现在贸易平衡条件中。最后,进口也被定义为非负的。

23.2 示例

我们通常采用 CES 函数进行聚合,其形式为 $c_i=\gamma_i^A[\delta_i^A d_i^{\rho_i^A}+(1-\delta_i^A)m_i^{\rho_i^A}]^{1/\rho_i^A}$,所有商品 i 均满足此聚合形式。正如我们所了解到的,CES 函数有一个自由参数,它反映了一种商品的国内产品和进口品之间的替代弹性(该弹性通常被称为阿明顿弹性)。该最小化问题的拉格朗日函数可写为:

$$\mathscr{L}=p_i^d d_i+p_i^m m_i+p_i\{c_i-\gamma_i^A[\delta_i^A d_i^{\rho_i^A}+(1-\delta_i^A)m_i^{\rho_i^A}]^{1/\rho_i^A}\} \tag{23.12}$$

请注意,出于简化考虑,我们将约束条件中的拉格朗日乘子用符号 p_i(复合品的价格)来表示。同时,我们用总消费水平而非单位消费水平来描述问题。由于阿明顿函数满足线性齐次性,在数值模型中选取总消费水平是有效和便利的。对拉格朗日函数中的 d_i、m_i 和 p_i 求偏导,可得最小化问题的一阶条件:

$$\partial\mathscr{L}/\partial d_i=p_i^d-p_ic_i[\delta_i^A d_i^{\rho_i^A}+(1-\delta_i^A)m_i^{\rho_i^A}]^{-1}\delta_i^A d_i^{\rho_i^A-1}=0 \tag{23.13}$$

$$\partial\mathscr{L}/\partial m_i=p_i^m-p_ic_i[\delta_i^A d_i^{\rho_i^A}+(1-\delta_i^A)m_i^{\rho_i^A}]^{-1}(1-\delta_i^A)m_i^{\rho_i^A-1}=0 \tag{23.14}$$

$$\partial \mathcal{L}/\partial p_i = c_i - \gamma_i^A \left[\delta_i^A d_i^{\rho_i^A} + (1-\delta_i^A) m_i^{\rho_i^A} \right]^{1/\rho_i^A} = 0 \qquad (23.15)$$

上述三个方程决定了模型中新引入的三个未知变量(对于每个行业),它们可以被直接纳入模型中,如下一节所示。

在采用 GAMS 构建模型之前,我们应当注意到,使用 CES 函数进行阿明顿聚合不仅是将行业内贸易引入模型的重要机制,还具有其他重要意义。假设一种商品的最初消费既包括国内产品又包括进口品,那么,即使经济体受到冲击,它仍然会继续同时消费国内产品和进口品。换言之,阿明顿偏好确保了初始均衡状态下进口的商品始终会继续被进口(尽管数量可能会发生变化)。这一设定也许是合理的。在实践中,我们通常不会观察到标准教科书中介绍的一般均衡模型中讨论的贸易、生产大幅波动情形。然而,阿明顿偏好的上述特点是一把双刃剑。假设在初始均衡中,一种商品的进口为零,那么,复合品的消费等同于国内产品的消费。此时,即使在模拟中降低了进口品的价格,该商品的进口量仍为零。在使用阿明顿模型时需要注意到这一特点,尤其是针对有些商品在初始均衡时就不存在进口的情形。

23.3　模型在 GAMS 中的实现

我们从第 12 章开发的小国模型开始。首先,我们增加新的参数。具体而言,RHO_A(I)表示替代参数,DELTA_A(I)表示复合品中的国内产品所占份额的参数,GAMMA_A(I)表示移位参数。接下来,我们为国内产品和进口品的价格设定了新参数 PD(I)、PM(I)。此外,我们增加了参数 DO(I)、MO(I)来保存新变量的初始值。模型中复合商品的价格也是变量,其初始价格设为 PO(I)。我们继续使用参数 XO(I),此时,它表示出口而非净出口。

接下来,我们通过给参数赋值来校准模型。首先,将进口品、国内产品和复合品的价格标准化为 1。然后,我们设置基准均衡值,即利用均衡条件来确保模型的平衡性。特别要注意的是,(当价格都标准化为 1 时)出口 XO(I)必须等于生产 QO(I)减去国内产品的消费 DO(I),复合品的消费 CO(I)等于国内产品的消费 DO(I)加上进口品的消费 MO(I),生产总值(GDP,从产出和投入两方面看)等于消费总值。

有了基础数据后,就需要校准模型中的行为参数。效用函数和生产函数的校准过程与以前的模型相比没有什么不同,我们只需关注阿明顿聚合函数的参数。首先,我们设置 RHO_A(I)的值(它是自由参数)。由于阿明顿函数是凹函数,RHO_A(I)的取值应该小于 1。[①]

给定 RHO_A(I)的取值,现在我们可以利用第一阶段优化问题的一阶条件来决定 DELTA_A(I)的取值:

DELTA_A(I) = (PD(I)/DO(I) ** (RHO_A(I) - 1))/(PD(I)/DO(I) ** (RHO_A(I) - 1) + PM(I)/MO(I) ** (RHO_A(I) - 1));

然后,利用阿明顿聚合函数就可决定 GAMMA_A(I):

---

① 　在实践中,弹性的取值通常介于 2—5 之间,这意味着参数 RHO_A 的取值介于 0.5—0.8 之间。

GAMMA_A(I) = CO(I)/((DELTA_A(I) * DO(I) ** RHO_A(I) + (1 - DELTA_A(I)) * MO(I) **
　　RHO_A(I)) ** (1/RHO_A(I)));

　　如你所见,这个过程与第4章中校准生产函数参数的过程基本相同。这一点并不让人感到意外。阿明顿偏好第一阶段的优化问题实质上是给定复合品消费目标时的成本最小化问题。

　　在模型变量定义部分,我们引入了三个新的内生变量D(I)、M(I)、P(I)。它们分别代表国内产品的国内消费、进口品的消费和复合品的价格。随后,我们将这些变量的下界设置为零,并将变量初始值设为它们的校准值。由于X(I)现在表示出口而非净出口,我们还需将X(I)的下界设置为零。

　　现在,我们需要给模型的新方程命名。ARM(I)定义了复合品的聚合过程,DOM_D(I)定义了对国内产品的需求,IMP_D(I)定义了对进口品的需求。这些方程的详细定义如下:
ARM(I)..C(I) = E = GAMMA_A(I) * (DELTA_A(I) * D(I) ** RHO_A(I) + (1 - DELTA_A(I)) * M
　　(I) ** RHO_A(I)) ** (1/RHO_A(I));
DOM_D(I)..PD(I) = E = P(I) * C(I) * (DELTA_A(I) * D(I) ** RHO_A(I) + (1 - DELTA_A(I))
　　* M(I) ** RHO_A(I)) ** (-1) * DELTA_A(I) * D(I) ** (RHO_A(I) - 1);
IMP_D(I)..PM(I) = E = P(I) * C(I) * (DELTA_A(I) * D(I) ** RHO_A(I) + (1 - DELTA_A(I))
　　* M(I) ** RHO_A(I)) ** (-1) * (1 - DELTA_A(I)) * M(I) ** (RHO_A(I) - 1);

　　最后,我们需要调整物质平衡方程,使出口等于国内产出减去国内产品的国内消费:
MAT_BAL(I)..X(I) = E = Q(I) - D(I);

　　然后,像往常一样,所有方程都被纳入MODEL语句定义的模型。接下来,我们就可以进行模型的政策模拟分析。同样,本章模型的完整程序可从网上下载。

23.4　练习题

　　(1) 请尝试将一种进口品的价格提高或降低10%,会发生什么? 如果出口品和进口品的价格都按同样的比例变动,结果又会怎样? 模型中的价格基准是什么?

　　(2) 你能否构建一个满足阿明顿偏好的大国模型?(提示:通常可以固定进口品的价格,但允许出口品的国际市场价格发生变动。)

　　(3) 如何在模型中引入贸易税和其他贸易政策? 进口关税和出口关税是对称的吗? 请解释背后的原因。

　　(4) 在存在多个需求来源(中间投入品、政府等)的模型中,有时会给每个需求来源分别指定阿明顿聚合函数。例如,如果中间投入品的生产过程中使用进口品和国内产品的比例与家庭消费它们的比例不同,那么,单独设定阿明顿聚合函数是有意义的。[1]基于第22章的模型,请尝试建立一个模型,其中政府、投资需求使用的阿明顿聚合函数区别于家庭需求使用的。

---

　　[1]　在SALTER模型(它是GTAP模型的前身,其设定也与GTAP模型相同)中,这被称为SALTER设定。详见Jomini等(1994)。

23.5　拓展阅读

关于阿明顿偏好的原始参考文献见 Armington(1969)。Lloyd 和 Zhang(2006)对阿明顿方法和标准贸易模型进行了详细比较。关于将阿明顿偏好纳入 GTAP 模型等现代 CGE 模型的进一步讨论,请参见 Hertel(1997)。回顾 Kehoe(2003)的研究将有助于我们更好地理解阿明顿设定对结果的影响。关于阿明顿弹性大小的经验性估计,请参见 Hertel 等(2007)。

▶ 24

联合生产

联合生产是指企业同时生产一种以上产品的情形。例如,在化学工业中,联合生产可以通过化学转化过程而产生。在乳制品行业,基本原料投入可以得到不同的产出,一家企业加工并销售多种产品在经济上可能是有意义的。在国民账户中,投入产出表通常是根据行业×商品而非行业×行业来定义的。这意味着,一般而言,一种特定商品可能是由多个行业以不同的比例生产的,这在贸易 CGE 模型中尤为常见。

在许多贸易 CGE 模型中,联合生产的发生是因为假设企业为国内、国外市场生产差异化的产品并进行销售。例如,这可能是由于不同国家需要遵守不同的法规或标准,或者在标签使用上有不同的语言规范要求,等等。在本章中,我们将考虑如何在 GAMS 中对这类联合生产问题进行建模。

24.1　问题的表述

联合生产问题在许多方面与上一章讨论的阿明顿偏好相似,只是此时涉及的是生产者而非消费者的差异化。图 24.1 阐述了我们所考虑的生产结构。在本模型中,企业会使用初级生产要素,以及可能使用中间投入品(第 10 章介绍的)来得到复合产出。然后,复合产出被分割或转化为两种不同的产品,其中一种销往国际市场(出口),另一种销往国内市场。

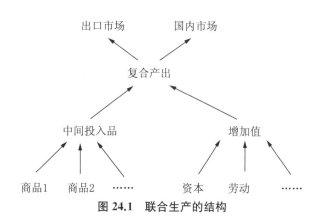

图 24.1　联合生产的结构

为了便于解释,我们将仅考虑企业使用初级生产要素作为投入的情形。与使用阿明

163

顿偏好的情形类似,我们可以将企业在联合生产下的问题分解为两阶段优化问题。假设企业 1 在出口市场和国内市场面临的价格分别为 p_1^τ 和 p_1^d。企业的最终目标当然是利润最大化,但它首先要解决的问题是如何实现一单位复合产出的销售价值最大化。该问题的拉格朗日函数定义如下:

$$\mathscr{L}=p_1^d a_{d1}+p_1^\tau a_{x1}+\mu_1[1-t_1(a_{d1},a_{x1})] \tag{24.1}$$

其中,a_{d1} 和 a_{x1} 分别表示给定单位加总产出的情形下,企业 1 向国内、国际市场提供的产品 1 的数量。函数 t_1 是聚合函数或转换函数,它被假定为连续的、在两个自变量上均为递增的、凸的,且满足一次齐次性。该函数决定了复合产出如何转化为出口品或内销品。[①]此时,最大化问题的一阶条件为:

$$\partial\mathscr{L}/\partial a_{d1}=p_1^d-\mu_1(\partial t_1/\partial a_{d1})=0 \tag{24.2}$$

$$\partial\mathscr{L}/\partial a_{x1}=p_1^\tau-\mu_1(\partial t_1/\partial a_{x1})=0 \tag{24.3}$$

$$\partial\mathscr{L}/\partial\mu_1=1-t_1(a_{d1},a_{x1})=0 \tag{24.4}$$

由此,我们可以求出内销品和出口品的最优单位产量及乘子 μ_1,它们是出口品和内销品相对价格的函数。乘子表示复合产出的单位增量所带来的最优收入的变动。换句话说,它是企业的一单位复合品的价值,即复合生产者价格。

在确定复合生产者价格之后,我们就可以考虑第二阶段的优化问题。此时,企业的目标是最大化利润,而利润被定义为复合产出的价值减去投入成本,即:

$$\pi_1=p_1^T q_1(K_1,L_1)-rK_1-wL_1 \tag{24.5}$$

通过求导可以得到我们熟悉的条件,即每种投入的边际产出价值必须等于其市场价格。依此可以求解出最优要素投入,从而得到复合品的产量,它们都是以复合生产者价格来进行计价的。考虑到转换函数的线性齐次性特征,我们可以确定出口、内销的产量分别为 $x_1=a_{x1}q_1$ 和 $d_1=a_{d1}q_1$。同样,我们可以得到其他代表性企业的联合生产决策。

两阶段优化的优点在于,我们可以将联合生产决策纳入基准贸易模型中,而无须变动已有的生产模型,正如我们可以将阿明顿偏好纳入模型,而无须改变模型的需求设定。

24.2 示例

第 21 章中介绍的 CET 函数通常被用作聚合函数,因此,对于所有商品 i 有 $t_i=\gamma_i^T[\delta_i^T d_i^{\rho_i^T}+(1-\delta_i^T)x_i^{\rho_i^T}]^{1/\rho_i^T}$,其中 $1<\rho^T<\infty$。最大化问题的拉格朗日函数可写为:

$$\mathscr{L}=p_i^d d_i+p_i^\tau x_i+p_i^T\{q_i-\gamma_i^T[\delta_i^T d_i^{\rho_i^T}+(1-\delta_i^T)x_i^{\rho_i^T}]^{1/\rho_i^T}\} \tag{24.6}$$

请注意,为了方便起见,我们直接将约束条件的乘子定义为 p_i^T(复合生产者价格)。还应注意,我们是按照总产出而非单位产出来描述问题的(我们说过,转换函数是线性齐次

[①] 在实际应用中,转换函数几乎都采用了 CET 形式。

的）。对拉格朗日函数中的 d_i、x_i 和 p_i^T 求偏导可得到最大值的一阶条件：

$$\partial\mathscr{L}/\partial d_i = p_i^d - p_i^T q_i \left[\delta_i^T d_i^{\rho_i^T} + (1-\delta_i^T) x_i^{\rho_i^T}\right]^{-1} \delta_i^T d_i^{T-1} = 0 \qquad (24.7)$$

$$\partial\mathscr{L}/\partial x_i = p_i^x - p_i^T q_i \left[\delta_i^T d_i^{\rho_i^T} + (1-\delta_i^T) x_i^{\rho_i^T}\right]^{-1} (1-\delta_i^T) x_i^{\rho_i^{T-1}} = 0 \qquad (24.8)$$

$$\partial\mathscr{L}/\partial p_i^T = q_i - \gamma_i^T \left[\delta_i^T d_i^{\rho_i^T} + (1-\delta_i^T) x_i^{\rho_i^T}\right]^{1/\rho_i^T} = 0 \qquad (24.9)$$

这三个方程决定了我们引入模型的（对于每个行业的）三个新的未知变量（d_i、x_i 和 p_i^T），并且可直接融入任意一个开放经济模型，正如下一节中所演示的那样。[①]

如同使用阿明顿偏好的情形，上述形式的联合生产虽然有一些优势，但也存在一些局限性。假设一种商品在初始状态时同时存在内销品和出口品，那么，经济体在受到外部冲击时仍会继续内销和出口该类型的商品。换句话说，在初始均衡状态下出口的商品总是会被继续出口（尽管数量会发生变化）。在初始均衡中不存在出口的商品永远不会被出口——因此，在此类模型中，贸易变化实际上是一个集约边际（intensive margin）问题，而非广延边际（extensive margin）问题。

24.3　模型在 GAMS 中的实现

联合生产在 GAMS 中的实现与前面章节提到的阿明顿偏好的实现非常相似。出于演示目的，我们从第 12 章开发的小国模型开始，并添加新参数，其中包括转换参数 RHO_T(I)、国内产品在复合生产中所占的份额 DELTA_T(I)，以及移位参数 GAMMA_T(I)。接下来，我们为出口商品的价格定义新参数 PX(I)。进口和国内生产的商品价格仍为 P(I)。我们还增加了 DO(I) 和 MO(I) 参数来保存新变量的初始值，其中，MO(I) 是进口，区别于出口。由于复合生产者价格也是一个变量，故模型中还添加了初始的复合生产者价格 PTO(I)。我们仍会使用 XO(I)，但此时 XO(I) 是出口，而非净出口。

下一步是通过为参数赋值来校准模型。首先，我们将进口品和国内产品的价格、出口品价格、复合生产者价格标准化为 1。接下来，我们会设置基准均衡值，利用均衡条件来确保模型平衡。特别需要注意的是，（当所有价格标准化为 1 时）进口 MO(I) 必须等于总消费 CO(I) 减去供国内消费的产量 DO(I)，复合产出 QO(I) 等于国内产品的生产 DO(I) 加上出口 XO(I)，生产总值（GDP，从产出和投入两方面看）必须等于消费总值。

在确定了基准数据之后，我们必须校准行为参数。效用函数和生产函数没有发生什么变化，因而我们只需关注转换函数的参数。首先，我们设置 RHO_T(I)（自由参数）的值。因为转换函数是凸函数，所以 RHO_T(I) 的值应该大于 1。当 RHO_T(I) 接近 1 时，产品的差异化程度相对较小，这在大多数应用研究中是有意义的。给定 RHO_T(I) 的取值，可以利用第一阶段优化问题的一阶条件来确定 DELTA_T(I) 参数：
DELTA_T(I) = (P(I)/ DO(I) ** (RHO_T(I) - 1))/(P(I)/ DO(I) ** (RHO_T(I) - 1) + PX(I)/

---

① 请注意，我们使用了相同符号 d_i 来表示国内市场的产出，但在前一章中，我们用该符号来表示国内产品的消费。在同时考虑联合生产与阿明顿偏好的模型中，这能够简化模型并以更有效的方式纳入国内产品的市场出清条件，从而确定国内价格。

XO(I) ** (RHO_T(I) − 1));

然后,通过转换函数就可确定 GAMMA_T(I)参数:

GAMMA_T(I) = QO(I)/((DELTA_T(I) * DO(I) ** RHO_T(I) + (1 − DELTA_T(I)) * XO(I) **
RHO_T(I)) ** (1/ RHO_T(I)));

如上所示,该过程基本上和我们校准阿明顿函数参数的过程一致。

在模型的变量定义环节,我们新增了三个新的内生变量 D(I)、M(I)和 PT(I),它们分别表示国内产品的国内消费、进口品的消费及复合品的价格。然后,我们给这些变量的下界赋值为零,并将校准值赋给这些变量作为初始值。由于 X(I)现在表示出口而非净出口,故我们需要将 X(I)的下界设为零。

接下来,我们为模型的新方程命名。其中,TRANS(I)定义了转换函数,DOM_S(I)定义了国内产品的供给,EXP_S(I)定义了出口品的供给。上述方程的具体定义如下:

TRANS(I)..Q(I) = E = GAMMA_T(I) * (DELTA_T(I) * D(I) ** RHO_T(I) + (1 − DELTA_T(I)) *
X(I) ** RHO_T(I)) ** (1 / RHO_T(I));

DOM_S(I)..P(I) = E = PT(I) * Q(I) * (DELTA_T(I) * D(I) ** RHO_T(I) + (1 − DELTA_T(I))
* X(I) ** RHO_T(I)) ** (−1) * DELTA_T(I) * D(I) ** (RHO_T(I) − 1);

EXP_S(I)..PX(I) = E = PT(I) * Q(I) * (DELTA_T(I) * D(I) ** RHO_T(I) + (1 − DELTA_T(I))
* X(I) ** RHO_T(I)) ** (−1) * (1 − DELTA_T(I)) * X(I) ** (RHO_T(I) − 1);

最后,我们调整物质平衡方程,使进口等于国内总消费减去国内产品的国内消费:

MAT_BAL(I)..M(I) = E = C(I) − D(I);

同往常一样,上述所有方程都被纳入 MODEL 语句定义的模型中。同样,本章模型的完整程序可从网上下载。一旦验证了初始平衡已被正确校准,就可以开始探索模型属性了。

24.4 练习题

(1) 试着将一种出口商品的价格提高或降低 10%,会发生什么呢? 模拟的结果是否与斯托尔珀-萨缪尔森定理一致?

(2) 你能构建一个存在联合生产的大国模型吗?

(3) 你能构建一个在联合生产中使用中间投入品的模型吗?

24.5 拓展阅读

关于联合生产模型的相关研究,可以参见 Gunning 和 Keyzer(1995)。Charteris 和 Winchester(2010)将联合生产理论应用于贸易政策分析,并探讨了乳制品行业的贸易自由化问题。

▶ 25

社会核算矩阵

任何真实经济 CGE 模型的构建都必须基于代表该经济的实际数据。在本章中,我们将讨论如何将代表经济均衡状态的数据进行概念化并构建为社会核算矩阵(SAM 表)。我们还会讨论如何使用 GAMS 来帮助我们构建具有一致性的 SAM 表。

25.1　SAM 表的结构

所有一般均衡模型都描述了经济系统中不同主体之间的交易活动。这些交易活动涉及商品和生产要素的流动,并且伴随着资金支付的流动。可以用 SAM 表系统性地刻画商品流、资金流。从概念上而言,SAM 表与投入产出表非常类似(事实上,它的大部分数据都来自投入产出表)。[①]

任何 SAM 表都应该被构造成一个方阵,其列标题与行标题相同且对称。其中,行表示商品或要素的流动,而列表示相应账户的支出。行或列项的顺序可以是任意的,尽管我们一般将相关类型的账户排列在一起。

SAM 表中的每一项都是以价值来衡量的。在经济系统中,每一笔支出都对应着相应经济主体的收入,因而 SAM 表的行加总与列加总在均衡时必须相等。换言之,SAM 表必须保持平衡。一旦我们获取了平衡的 SAM 表,我们就可以根据 SAM 表对 CGE 模型进行校准。[②]

25.1.1　封闭经济的 SAM 表

要理解 SAM 表如何组织一般均衡模型的数据,最简单的方法是考察一些例子。我们将采用一系列由浅入深的例子来介绍 SAM 表。首先,我们考虑第 11 章自给自足(封闭)经济的 2×2 模型。该模型 SAM 表的数据与本章数据相同,如表 25.1 所示。

---

① SAM 表还可用于乘数分析,尽管我们更关注的是如何通过 SAM 表的编制来获取 CGE 模型构建所需的核心数据。

② 事实上,我们一直都是这样处理的。因为我们所构建的模型变得愈加复杂,所以我们需要对校准过程进行系统化处理。

表 25.1 2×2 封闭经济模型的 SAM 表

		活动		要素		最终需求	加总
		1	2	K	L	H	
活动	1					100	100
	2					100	100
要素	K	80	20				100
	L	20	80				100
最终需求	H			100	100		200
加总		100	100	100	100	200	

如表 25.1 所示,我们将经济系统划分为三类行为主体。其中,标记为"活动"的第一类经济主体对应着模型中的行业(1 和 2)。标记为"要素"的第二类经济主体对应着生产要素(K 和 L)。而"最终需求"对应着消费产出的经济主体,此时仅包括家庭(H)。①

现在我们看一下 SAM 表各项的含义。首先,我们观察活动-要素部分(我们采取行标签-列标签的方式来指代各项)。例如,K-1 项 80 的含义是,行业 1 向资本支付了 80 货币单位(同时,资本从行业 1 得到了 80 货币单位)。活动-要素部分中其他项的解释类似。

H-K 项的数值是 100,H-L 项的数值也是 100。这两项的含义是,假想的要素经济主体向要素所有者(家庭)支付了 100 的报酬。支付的金额等于企业支付给要素经济主体的金额。

最后,活动-H 部分中的各项对应家庭的最终消费。因此,1-H 项 100 的含义是,行业 1 为家庭提供了价值 100 货币单位的商品 1,同时,家庭为行业 1 的商品支付了 100 货币单位。由于我们考虑的是一个自给自足的经济体,因此,家庭消费等于商品的产值,同时还等于支付给要素的报酬,SAM 表最终是平衡的。观察到各经济主体的列加总与行加总相同,就可以说明 SAM 表是平衡的。

25.1.2 开放经济的 SAM 表

现在考虑开放经济情形,如同第 12、14 章中的那样。②表 25.2 给出了开放经济条件下 SAM 表的一个示例。与封闭经济下的 SAM 表不同,我们在最终需求部分增加了新的经

---

① 将代表性企业和家庭视为"经济主体"是标准的处理办法,但将生产要素视为"经济主体"可能略显奇怪。实际上,这只是一种便利的处理方式。我们可以这样理解这些行和列:假想的经济主体代表家庭将生产要素出售给公司,同时收取相应的要素报酬,然后将报酬返还给家庭。

② 请注意,SAM 表与第 12 章(小国)或第 14 章(大国)的理论表述是一致的。从 SAM 表中可以获取某个时间点的流量信息,但我们仍需要其他信息来确定模型的结构特征。

济主体 X,用来表示与世界其他地区的交易。

表 25.2　2×2 开放经济模型的 SAM 表

		活动		要素		最终需求		加总
		1	2	K	L	H	X	
活动	1					50	50	100
	2					150		150
要素	K	80	20					100
	L	20	80					100
最终需求	H			100	100			200
	X		50					50
加总		100	150	100	100	200	50	

SAM 表的外部账户部分表示的是国际交易。1-X 项 50 表示该经济体向世界其他地区供给 50 货币单位的商品 1,即出口。X-2 项表示世界其他地区向该经济体供给 50 货币单位的商品 2,即进口。

在第 12 章的模型中,唯一的国际交易是货物的贸易。然而在本章,我们可以引入其他的国际交易类型。例如,X-K 项表示汇出利润,X-L 项表示劳工汇款,L-X 项表示汇入汇款,等等。

此外,第 12 章的模型没有考虑产品差异化,因此,一种商品要么出口,要么进口,而不可能出现同时出口与进口的情形。换言之,在第 12 章的 2×2 模型中,X 列和 X 行都只能有一个条目。然而,如果偏好满足第 23 章讨论的阿明顿函数形式,那么,上述结论将不再成立。其原因在于,阿明顿函数的设定使得某一生产活动存在同时出口和进口同类商品的可能,从而导致针对某一生产活动,既有 X 列条目,又有 X 行条目。*在第 13 章讨论的非贸易品模型中,SAM 表中非贸易品所对应的活动在 X 行或 X 列均没有条目。

25.1.3　中间投入品、政府和投资

在第 10 章,我们介绍了考虑中间投入品的生产模型,而在第 22 章我们在模型中引入了政府和投资。如表 25.3 所示,上述元素可以非常容易地引入 SAM 表中。

如表 25.3 所示,SAM 表中的活动-活动部分表示对中间投入品的需求。因此,1-1 项 40 的含义为,在生产商品 1 的过程中使用了 40 货币单位的商品 1 作为中间投入品。

在最终需求中,我们引入了政府支出(G)和投资(I)这两个新的主体,其中,列项表示

---

* X 列的条目表示商品的出口,X 行的条目表示商品的进口。当 X 列与 X 行都存在条目时,表示这种商品会同时出口与进口,即出现了产业内贸易。——译者注

表 25.3　考虑中间投入品、政府和投资的 SAM 表

		活动		要素		最终需求				加总
		1	2	K	L	H	G	I	X	
活动	1	40	10			30	10	10	50	150
	2	10	40			130	10	10		200
要素	K	80	20							100
	L	20	80							100
最终需求	H			100	100					200
	G					20				20
	I					20				20
	X		50							50
加总		150	200	100	100	200	20	20	50	

行为主体的支付,行项表示行为主体的报酬。

如表 25.3 所示,政府对每种商品的购买量均为 10 货币单位的商品。政府从家庭获取资金(G-H 项的 20)从而为其支出提供融资。[1]当然,支出资金的来源也可能部分来自国外借款(见 G-X 项),或者来自其他税收。关于后一种情形,我们将在下一个例子中介绍。政府对家庭的支付见 H-G 项。

我们可以这样理想投资的列和行:假想的投资经济主体从其他经济主体那里获得储蓄,然后用这笔储蓄购买商品来进行国内投资。如表 25.3 所示,该虚拟主体购买了 10 货币单位的每种商品用于投资。I-H 项 20 的含义为,投资中来自家庭储蓄的融资为 20。另外,I-G 项和 I-X 项分别表示政府储蓄和外国储蓄。

25.1.4　间接税

在上一个例子中,政府支出是通过从家庭转移资金来获得融资的。在大多数经济体中,政府还会通过各种税收(生产税、贸易税等)来获得资金。在第 19、20 章中,我们将上述类型的税收引入了模型。为了进一步将这些税收纳入 SAM 表,需要引入新的假想"税收"经济主体,这一点与假想的要素经济主体类似。例如,当我们考虑关税时,可以假想存在海关经济主体,其职责是收取关税并上缴给政府。其他类型的税也可采取类似的处理办法。

在表 25.4 中,我们引入了一个名为税收的表头[有时你会看到这一部分的表头名为"间接税",目的是区别于直接税(即所得税)]。在此表头下,我们给模型中出现的税添加行或列。如表 25.4 所示,我们考虑了关税(T)、生产税或销项税(TP)和消费税(TC)。此外,我们还会看到要素使用税和中间投入使用税。

---

[1]　在一个静态(单期)CGE 模型中,这包括从家庭获得的借款、所得税,或两者的结合。

表 25.4　考虑税收的 2×2 经济模型的 SAM 表

		活动		要素		税收			最终需求				加总
		1	2	K	L	T	TP	TC	H	G	I	X	
活动	1	40	10						30	20	10	50	165
	2	10	40						135	20	10		215
要素	K	80	20										100
	L	20	80										100
税收	T	0	5										5
	TP	10	10										20
	TC	5											5
最终需求	H			100	100					10			210
	G					5	20	5	20				50
	I								20				20
	X		50										50
加总		165	215	100	100	5	20	5	210	50	20	50	

现在考察税收的行和列。T-2 项 5 的含义为,海关经济主体对商品 2 的进口征收了 5 货币单位的关税。然后,海关经济主体将这笔关税返还给政府(见 G-T 项的 5)。与之类似,TP-1 项和 TP-2 项的 10 表示生产税,这些税最终被返还给政府(见 G-TP 项的 20)。

如表 25.4 所示,总政府收入为 50 货币单位(直接税和间接税的加总)。在本例中,政府对每种商品的支出是 20 货币单位,合计 40 货币单位。因此,政府盈余为 10 货币单位。政府盈余最终到哪里去了呢? 如表 25.4 所示,政府盈余以转移支付的形式返还给家庭(见 H-G 项的 10)。家庭会将转移支付用于两种商品的消费,从而确保 SAM 表中行加总与列加总的平衡。当然,在真实的 SAM 表中,这笔收入还可被用于其他用途。

目前我们已经介绍了 SAM 表的基础知识。一般而言,我们可以在 SAM 表中根据需要添加更多的行和列,从而涵盖更多的活动。因此,当在模型中考虑第 22 章的多个家庭情形时,将多个家庭引入 SAM 表也是非常直观的。当然,随着模型中要素种类或商品种类的增加,只需在 SAM 表中增加更多行或列即可。如果模型中还考虑更多类型的税收,也可以直接在 SAM 表中添加更多的行或列。

25.2　SAM 表的数据来源

一般而言,SAM 表是根据国家统计数据编制的,其中大部分数据来自投入产出表和国际收支统计数据。

当然,也可从其他来源获得完整或接近完整的 SAM 表(这取决于模型对数据的要求)。例如,GTAP(www.gtap.org)提供的 GAMS 代码可直接从 GTAP 数据库中提取 SAM 表。[①]GTAP 的版本 8 涵盖了 129 个地区和 57 种商品,包含了 2004 年、2007 年两个基准年份的数据。

---

① McDonald 和 Thierfelder(2004)提供了更多详细信息。

另一个有用的数据源是国际食品政策研究所(IFPRI，www.ifpri.org)。IFPRI 提供了许多记录详细的 SAM 表,这些 SAM 表通常对行业和家庭类型进行了细分。但 IFPRI 网站提供的 SAM 表主要针对发展中经济体,并且其覆盖范围不如 GTAP 数据库广。

25.3 SAM 表的平衡

正如我们所看到的,平衡后 SAM 表的行加总与列加总必须相同。然而,在实际构建 SAM 表时,由于 SAM 表中的元素来自不同的统计来源,故新构建的 SAM 表往往是不平衡的。这可能是因为统计上的差异,也可能是因为不同数据来源对指标的定义不同,或是因为不同数据的可获得性有差异,我们必须综合考虑不同时间段的信息。例如,大多数国家通常是每隔 5—10 年编制一次投入产出表,而贸易数据、产出数据更新的频率非常高。一旦我们构造了不平衡的初始 SAM 表,就需要对其进行调整以实现平衡。

平衡 SAM 表的方法有很多。如果 SAM 表中行加总与列加总的差异非常小,可以通过对单行或单列手工调整来实现 SAM 平衡。然而,这一处理方法的局限性在于,仅在单个行或列上调整数据的前提条件是误差仅存在于单个行或列上,但实际情况可能是,SAM 表中的整个矩阵都可能存在误差。因此,我们通常仅在平衡调整的最后阶段(当我们仅需处理微小的四舍五入误差时),才使用手工调整的方法。

一种广泛应用的平衡方法是双比例矩阵缩放法,也被称为"RAS"方法。在 RAS 方法中,我们将行与列的各项缩放一个因子,从而确保矩阵的行加总与列加总达到目标值。

RAS 方法的 GAMS 代码非常简洁。假定参数 AO(I,J)存储了 SAM 表的所有数据,其中,I 和 J 是相同的集合,参数 TOTAL(I)定义了行加总与列加总的目标值。[①]平衡 SAM 表的 RAS 方法的代码如下所示:

```
PARAMETERS
HSCALE(I)
CSCALE(J);
SCALAR K;
FOR (K = 1 TO 100,
HSCALE(I) = TOTAL(I)/ SUM(J,AO(I,J));
AO(I,J) = AO(I,J) * HSCALE(I);
CSCALE(J) = TOTAL(J)/ SUM(I,AO(I,J));
AO(I,J) = AO(I,J) * CSCALE(J);
);
```

首先,我们定义了参数 HSCALE(I)和 CSCALE(J),它们分别表示行比例因子和列比例因子,同时定义标量 K 来控制迭代次数。接下来,我们设置了迭代 100 次的 FOR 循环语句。HSCALE 被定义为期望行加总与当前行加总的比值。然后,我们用 HSCALE 因子去乘以 SAM 表中的所有元素。经过处理以后,SAM 表的行加总是正确的,但列加总是有误的

---

① 相同的方法也适用于非方阵的矩阵,以及目标行加总与目标列加总存在差异的矩阵。

(一般情况下)。我们可以对列重复上述过程,从而得到正确的列加总。同样,这一操作得到的行加总是有误的。我们可以不断重复该过程,直至结果收敛。

实际上,RAS 方法给每一行和每一列寻找了一组"最优"权重。因此,RAS 方法也可等价写成一个优化求解问题。[①]具体代码如下:

```
VARIABLES
A(I,J)  R(I)  S(J)
OBJECT;
A.L(I,J) = AO(I,J);
R.L(I) = 1;
S.L(J) = 1;
A.LO(I,J) = EPS;
A.FX(I,J) $ (AO(I,J)) = 0;
EQUATIONS
HCON(I)
CCON(J)
RAS(I,J) OBJ;
HCON(I)..SUM(J,A(I,J)) = E = TOTAL(I);
CCON(J)..SUM(I,A(I,J)) = E = TOTAL(J);
RAS(I,J)..A(I,J) = E = R(I) * AO(I,J) * S(J);
OBJ..OBJECT = E = SUM(I,R(I) ** 2 + (1/R(I)) ** 2)
    + SUM(J,S(J) ** 2 + (1/S(J)) ** 2);
MODEL RAS / ALL / ;
SOLVE RAS USING NLP MINIMIZING OBJECT;
```

首先,我们会设定四个变量:A(I,J)表示新的矩阵值,R(I)表示行权重,S(J)表示列权重,OBJECT 为目标值。A(I,J)的水平值被设为初始值 AO(I,J),任何零值都被固定。然后,我们定义了四个方程:HCON(I)为行加总的约束条件,CCON(J)为列加总的约束条件,RAS(I,J)定义了新的矩阵,OBJ 为目标函数。通过求解上述优化问题,我们得到的平衡 SAM 表与迭代 RAS 方法的结果相同(请验证这一结论)。

尽管 RAS 方法非常流行,但上述求解过程表明,RAS 方法实际上是受约束优化问题解决方法的一种类型。虽然对各种可能性的详细讨论超出了本书范围,但我们仍可用多种方法来构建这一优化问题。例如,在加总约束条件下,我们可以用最小二乘法使调整后的矩阵元素与原始元素的偏差平方和(通常以百分比的形式)最小。具体代码如下:

```
Variables
A(I,J)
OBJECT;
```

---

① 从技术上来说,RAS 方法是熵优化方法的一种类型。相关细节可参见 McDougall(1999)。

```
A.L(I,J) = AO(I,J);
A.LO(I,J) = EPS;
A.FX(I,J) $ (AO(I,J)) = 0;
EQUATIONS
HCON(I)
CCON(J)
OBJ;
HCON(I)..SUM(J,A(I,J)) = E = TOTAL(I);
CCON(J)..SUM(I,A(I,J)) = E = TOTAL(J);
OBJ..OBJECT = E = SUM((I,J) $ AO(I,J),SQR((A(I,J) - AO(I,J))/ AO(I,J)));
MODEL BALANCE / ALL /;
SOLVE BALANCE USING NLP MINIMIZING OBJECT;
```

　　与 RAS 方法相比,上述代码的不同之处在于目标函数的设定。在上面的代码中,目标是最小化偏差百分比的平方和(请注意目标函数中使用了异常处理操作,其目的在于避免分母为零)。①GAMS 可以求解这一最小化问题,从而得到平衡的 SAM 表。

　　一般而言,不同平衡方法得到的平衡 SAM 表不完全相同(请试试看),那么,究竟应该使用哪种平衡方法呢? 这个问题尚无明确的答案,在某种程度上需要你自行判断。

　　与 RAS 方法相比,使用明确的优化方法的优点是,我们可以将额外的信息纳入优化问题。例如,如果我们知道目标 SAM 表中贸易是平衡的,那么,我们可以将那些信息作为约束条件加入优化模型。或者,如果能确认贸易数据的可信度要高于消费数据,那么可以对偏差赋予不同的权重(即对贸易数据偏差施加的惩罚大于消费数据)。从这个角度讲,优化方法比 RAS 方法更为灵活。②

25.4　练习题

　　(1) 请对第 12 章中模型的校准进行调整,从而复制表 25.2 所示 SAM 表。

　　(2) 请融合第 10、12 和 22 章的模型元素,构建一个符合表 25.3 所示 SAM 表的模型。

　　(3) 请构建一个与第 23 章中阿明顿模型一致的 SAM 表。

　　(4) 请将表 25.2 所示 SAM 表输入 GAMS 矩阵 AO(I,J)。请对该矩阵中的一或两个数值进行调整,从而得到不平衡 SAM 表。然后,请采用之前介绍的平衡方法对 SAM 表进行平衡。请问,哪种方法得到的平衡 SAM 表与原始平衡 SAM 表最为接近?

---

　　① 另一种经常使用的目标函数被定义为 SUM((I,J),A(I,J) * LOG(A(I,J)/AO(I,J)))。此时,该平衡方法被称为交叉熵法。

　　② 如果新 SAM 表是基于旧 SAM 表的更新版本,Hosoe 等(2010)提出了第三种更新 SAM 表的方法,即基于最新 GDP 数据对旧 SAM 进行缩放(假设旧 SAM 表是平衡的)。这种方法非常简单且可得到平衡的 SAM 表,但其缺点也是非常明显的,即它忽视了关于 SAM 表结构变化的各种已有信息。

25.5　拓展阅读

关于 SAM 表的经典文献包括 Pyatt 和 Round(1977，1979)。关于 SAM 表的综述类文献,可以参见 Reinert 和 Roland-Holst(1997)。Hosoe 等(2010)介绍了如何使用日本经济数据循序渐进地构建 SAM 表。此外,Bacharach(1970)对 RAS 方法进行了详细说明,而 Robinson 等(2001)则详细介绍了另一种平衡方法——交叉熵法。

▶ 26

闭　合

在任何经济模型中,我们都必须做出如下选择:决定模型内部需要确定的是什么(内生变量),以及模型外部要考虑的是什么(外生变量)。任何模型,无论是数值模型还是其他模型,本质上都是用外生变量来解释内生变量的一种方法。我们区分内生变量与外生变量,同时决定哪些变量是外生的,这取决于诸多因素,其中涉及模型的易处理性及模型模拟的目标。我们所做的外生变量、内生变量的选择被称为模型闭合。

从数学上讲,模型"闭合"设置的目的是确保有足够的独立方程来解释内生变量。因此,本书中介绍的所有模型都隐含着闭合选择,即使有时并没有明确地表述出来。此外,我们在前面章节中研究过的许多不同的模型设定实质上可以视为同一基准模型的不同闭合选择。一个模型是闭合的,如果我们想要解释另一个外生变量,那么,我们可以在该模型中添加一个解释该变量的新方程,或者直接将该变量调整为内生变量。模型闭合的选择实际上决定了模型中因果关系的方向,因而可能会对结果产生显著影响。在本章中,我们将讨论 CGE 模型中的各类闭合设置,并探讨一些共性问题。

26.1　微观经济闭合

讨论闭合的 CGE 文献大多关注的是一般均衡模型的宏观经济闭合。我们将在下一节中讨论该议题。在本小节中,我们首先将考虑微观经济闭合的设定,主要涉及对要素市场进行建模的闭合选择。①

我们来考虑生产的特定要素模型和 HOS 模型。在前面的章节中,我们已经详细介绍了这两种模型。两个模型的关键区别在于,特定要素模型中每个行业的资本存量是外生给定的,而行业内的资本价格是内生决定的(不同行业可能有所不同)。我们可以将其视为一种闭合选择——换言之,特定要素模型并未尝试解释资本的配置。相比之下,HOS模型则试图去解释资本的配置,为了实现这一目标,HOS 模型中引入了两个新的条件(分别针对各个行业的资本)。两个新的条件分别为资本充分利用条件及资本价格套利条件。选择何种闭合方案将取决于模型所考虑的时间范围——特定要素模型为"短期"模型,而HOS 模型是"长期"模型。

另一种可选的闭合被称为"稳态"闭合。在这类闭合设置中,假设资本价格为长期均

---

① 我们在第 19 章中讨论的关税或配额等价的观点是另一个例子。

衡利率水平,而资本存量也处于最优水平。当经济体系受到外部冲击而导致资本回报率增加时,投资会增加,从而最终将资本的边际产出降至初始水平。为了实现这一闭合,我们将资本存量和资本回报率的外生、内生状态进行"互换"。资本存量的扩张产生了禀赋效应,从而可以捕捉冲击的动态效应。[1]

劳动力市场的闭合设定也有类似的选择。我们考察的大多数模型都是新古典主义的。换言之,为了实现劳动力市场的充分就业,工资率被假定是内生的。另外,正如我们在第 21 章中看到的,我们还可以固定工资率(以价格基准表示),并使就业水平内生化。[2]究竟采用何种方法取决于研究的具体经济问题。虽然新古典主义方法在应用中更为普遍,但在分析存在大量非自愿失业的经济体时,固定工资(失业内生决定)的设定是有意义的。在一个移民相对自由的经济体中(劳动力存量内生决定),固定工资的设定也可能是有意义的。[3]

26.2　宏观经济闭合

在第 22 章中,我们将政府支出和投资引入基准模型。在现实经济的 CGE 模型中,这是必要的,因为政府支出和投资是最终需求的重要来源。然而,在静态经济分析框架中,将其引入模型显得有些棘手。原因在于,静态模型代表的是一个时期,投资和(家庭或政府)储蓄代表的是未来时期的活动,而在静态模型中并未对投资或储蓄进行明确建模。同样,政府支出也部分体现了对公共产品的投资,然而,政府支出选择所隐含的优化过程也并没有被明确建模。因此,我们需要对关键宏观经济变量进行闭合设定。[4]特别是,我们需要设定储蓄-投资平衡、政府平衡及贸易平衡的闭合。

26.2.1　封闭经济

为了简化问题,让我们首先考虑一个不存在政府的封闭经济。根据收入恒等式,可以得到 $Y=C+I$。根据定义,消费等于收入减去储蓄,即 $C=Y-S$。由此,可以得到 $S=I$。这是封闭经济中平衡恒等式的最简单形式。虽然储蓄-投资恒等式通常并不会直接出现在模型中,但它隐含在模型中。

在完整的储蓄和投资理论缺失的情形下,我们只能通过这一恒等式来确定储蓄和投资。然而,实现这一点是非常困难的,因而需要寻求一种方法来使模型闭合。假设我们将总投资视为外生的,或者按某种规则来确定总投资(正如在第 22 章中,我们将每个部门的

---

[1]　由于没有考虑到为获得更多资本存量所放弃的消费量,求解得到的福利效应被高估。请参见 Harrison 等(1997)对此闭合规则的进一步讨论。

[2]　正如在第 21 章中所看到的,在某些情况下,这可能会导致角点解的出现。但如果是在有阿明顿需求结构的 CGE 模型中,角点解将不太可能出现。

[3]　如果我们允许劳动力价格和劳动力供应量都发生变化呢?此时,针对内生变量与外生变量的选择将是不同的。为了实现上述闭合,可以通过允许家庭消费休闲并增加时间约束来实现,或者通过设定移民函数来实现。

[4]　另一种可能的选择是建立一个动态模型,然而,这超出了本书的讨论范围。

投资视为固定的,而总投资是所有部门投资价值的加总)。此时,储蓄总额将由平衡恒等式内生决定。上述闭合设置被称为投资驱动型闭合或约翰森闭合[源自 Johansen (1974)],即投资决定了储蓄水平。

或者,我们可以固定储蓄,或者增加一个方程来确定储蓄的值。例如,可以假设家庭会将可支配收入中的固定比例用于储蓄。此时,我们需要将总投资设为内生变量。这一闭合设定被称为储蓄驱动型闭合或新古典闭合,即储蓄决定了投资水平。如果我们增加了储蓄行为的方程定义而未将总投资设为内生变量,该模型将是超定的。我们可以将模型校准到初始点的状态,然而当我们试图将外部冲击引入系统时,模型将无法求解。

那么,我们究竟应该使用哪种闭合方法呢? 这将取决于我们的研究目标。投资驱动型方法很常见,我们可以将政策模拟(包括福利变化)的结果解释为某投资水平对未来消费的影响。如果我们希望确定一项政策如何通过影响储蓄来影响经济,那么,储蓄驱动型闭合是更好的选择。

现在我们来考虑存在政府时的闭合设定。引入政府以后,基本的问题并没有改变,尽管此时有更多的处理方法。特别是,我们现在必须确定政府储蓄(政府赤字或盈余)是如何决定的。

具体来说,假设政府的税收为 R,给家庭提供的转移支付(社会保障等)为 T,政府购买支出为 G。此时,收入恒等式可写为 $Y=C+I+G$。政府赤字为 $D=R-G-T$,而家庭消费为 $C=Y-R+T-S$。这意味着 $S+D=I$。由此可见,家庭储蓄和政府储蓄之和必须等于总投资。

现在,模型中有一个方程、三个待定变量。我们得想办法确定其中的两个变量。假设我们把投资视为是外生的。如果税收政策工具是固定的,就存在一个决定政府收入的方程。如果我们还固定了政府支出(G 和 T),那么 D 也就确定了。此时,通过将私人储蓄设为自由变动的内生变量就可以闭合该模型。我们将采用这种方式闭合模型的模拟结果解释为,在既定税收和政府支出时投资变动的经济影响。

我们还可以采取其他的闭合设置。假设我们认为政府面临有约束力的预算限制。那么,我们可以固定 D。如果 T 也是固定的(假设政府承诺了这些社会保障项目),并且 R 由固定税率所决定,那么,G 必须内生变动以维持固定的政府赤字水平。此时,无论固定 S 或 I,都可以闭合该模型。

或许,政府是通过改变政府收入而不是改变政府支出来维持政府预算的。假设我们认为政府将调整销售税以实现其支出目标。然后,可以同时固定 D 和 G,但允许税率内生决定,从而使得 R 可以发生调整以保持平衡。闭合的选择无所谓"正确"与否,关键取决于你认为哪种闭合能更准确地刻画考虑的经济体。然而,无论建模时选择了何种闭合,都需要在模型中清晰地阐明闭合设置,以便读者正确地评估你的研究结果。

26.2.2 开放经济

现在,让我们来考虑开放经济的闭合设定。为了简化问题,我们将探讨一个不考虑政府的经济体。根据开放经济的收入恒等式,可知 $Y=C+I+X-M$。根据私人储蓄的定义,上式意味着 $S-I=CA$。这是开放经济的基础平衡恒等式。其含义为,国内储蓄和投资之间的差额必须等于经常账户余额。后者反映了来自世界其他地区的储蓄或借贷。

为了闭合开放经济的模型,我们需要固定 S、I 和 CA 中的任意两个。如果尝试固定所有的变量,就会导致模型的超定。我们可以固定经常账户余额和投资,让私人储蓄内生变动来平衡恒等式;或者,可以固定储蓄和经常账户,让投资内生变动;再或者,可以固定储蓄和投资,让经常账户余额内生调整。

在实践中,几乎所有 CGE 模型中的经常账户都是固定的,然后,我们会选择储蓄驱动型或投资驱动型闭合。[①]原因有四个方面。第一,许多 CGE 模型针对的是发展中经济体,在这些经济体中,外国信贷实际上非常有限,故将经常账户设为外生固定的可以反映真实的经济现状。第二,采取这种类型的闭合设置,可以将模拟结果解释为针对外国借款和投资的政策的经济影响。第三,如果经常账户是自由变动的,那么,基于家庭消费构建的经济福利指标会失效(因为借入外国资金就会增加当期消费,而该模型并未考虑债务的偿还)。因此,如果我们希望衡量一项政策的福利效应,就需要固定经常账户。[②]第四,正如 Hosoe 等(2010)指出的,在外汇汇率被设为价格基准的情形下,如果经常账户是内生决定的,那么,模型将不再具备价格的一次齐次性特征(换言之,只有相对价格重要的结论将不再成立)。

如果模型中还考虑了政府,那么有 $S+D-I=X-M$,也就是说,私人储蓄、政府储蓄及从世界其他地区借款的加总必须等于投资。在封闭经济中出现的与政府有关的问题也存在于开放经济情形中。

26.3　开放经济中的货币、财富、税收和配额

选择适宜的闭合设置,就可以讲述具有启发性的故事。Scitovsky(1969)通过允许财富从赤字经济体流向盈余经济体,直到赤字经济体的消费减少、盈余经济体的消费增加到足以平衡贸易,由此实现了开放经济模型的闭合。上述模型闭合实际上是休谟机制的一种变体。Tsiang(1961)探讨了如下三种闭合设置时两国模型中贬值的经济影响:其一,货币存量保持不变;其二,货币存量灵活调整,利率外生给定;其三,货币存量灵活调整以确保充分就业。实际上,他本可以通过休谟机制来实现贸易平衡(即允许货币流动),就像国际收支调节的货币分析法所采取的那样。Krueger(1978)认为,发展中经济体的货币贬值是消除扭曲贸易的配额且不破坏贸易平衡的一种机制。Corden(2002)针对汇率分析的最重要的观点是:如果导致失业的原因是名义工资无法向下调整,那么,浮动汇率就可恢复就业;如果经济中存在着刚性的实际工资,那么,浮动汇率的调整将无法恢复就业。

Han 和 Tower(1999)指出,外援可以使受援国的税收降低,且减税幅度越大,对受援国的有利影响就越显著。

---

① 如果汇率被设为价格基准,那么,可以直接将经常账户固定,或者依据休谟机制让货币供应量和支出灵活调整。否则,我们可以设置另一个价格基准(如 CPI 指数),并允许汇率变动以保持经常账户的平衡。Robinson 和 Lofgren(2005)展示了更多的细节。

② 通过设定一个包含了消费和储蓄的福利函数,GTAP 模型解决了这一问题。

Loo 和 Tower(1989)表明,发达经济体减少农业保护将使得出口农产品、进口工业产品的欠发达经济体可对价格更高、规模扩大的出口农产品征收更高的出口关税,并对由出口收入提供资金的进口商品征收更多的进口关税。因此,欠发达经济体可以在不减少其税收收入的情形下减少扭曲性税收,从而增加来自发达经济体农业贸易自由化政策的收益。他们还发现,当采取另一种闭合设置时,发达经济体的农业自由化可以令其减少对外援助。原因在于,较高的农产品价格将提升发展中经济体的福利。与此同时,发达经济体可以削减用于资助对外援助的扭曲性税收,从而进一步提升福利。

上述讨论的启示在于,选择适当的闭合能让建模者讲述将不同市场编织在一起的有趣故事,创造性地思考扭曲政策的机会成本,并将看似不相干的问题联系起来。

26.4 练习题

(1) 基于第 22 章构建的模型,尝试采用本章中讨论的各种闭合选择,了解它们是如何发挥作用的。

26.5 拓展阅读

关于 CGE 模型中闭合规则讨论的经典文献见 Dewatripont 和 Michel(1987)。Robinson 和 Lofgren(2005)详细阐述了常见闭合规则背后的宏观经济思想。

▶ 27

单国竞争性 CGE 模型

我们已经充分了解了 CGE 模型的基本组成模块,现在可以开始构建一个"标准"CGE 模型。在本章中,我们会将所有的知识点组合在一起,为大家演示如何构造完全竞争条件下单一开放经济体的 CGE 模型。

27.1 模型结构

在讨论编程细节之前,我们首先介绍模型的基本特征,并将这些特征与我们前述章节中介绍的简单模型联系起来。

需求:模型中的最终需求包括四个来源。在模型中,有一个代表性家庭,其效用函数满足柯布-道格拉斯形式。在第 3 章中,我们讨论了家庭的优化问题。如第 22 章模型所示,政府和投资也是最终需求的重要来源,且两者在模型中均为外生给定。此外,世界其他地区(外部)是出口需求的重要来源。在本章中,我们将采用第 14 章介绍的不变弹性需求函数对外国需求进行建模。

供给:我们将考虑完全竞争市场条件下的两个行业。两个行业的生产技术满足第 10 章的设定。企业以可变比例(通过 CES 函数建模)使用两种初级生产要素(资本和劳动力),同时在生产中以固定比例使用中间投入品。每个行业既会生产一种瞄准国外市场的产品,也会生产一种瞄准国内市场的产品(即第 24 章中介绍的联合生产模型)。转换函数满足 CET 函数形式。

贸易:在对国际贸易进行建模时,我们采用了第 23 章介绍的阿明顿假设。①对于家庭需求、中间投入品、政府和投资需求,我们仅使用了单一的阿明顿条件将进口品和国内生产的内销商品进行复合。阿明顿聚合函数采用的是 CES 函数形式。与进口市场相比,通常假设本国的经济规模较小。

扭曲:出于简化考虑,模型中仅考虑了关税这一政策性扭曲。同时,假设关税适用于所有的进口商品。我们在第 19 章对关税进行过深入讨论。当然,还可以在模型中考虑其

---

① 请注意,将阿明顿设定与联合生产相结合时,就无须按照第 13 章的方式来单独考虑非贸易品。任何在联合生产转换函数和阿明顿聚合函数中系数为零的商品,按照定义都是非贸易品。然而,阿明顿设定更为通用。基于阿明顿设定,一种商品可以只出口、不进口,或者只进口、不出口,或者既不出口也不进口,或者同时出口和进口。

他种类的政策性扭曲(见练习题2)。

闭合:要素市场的闭合是新古典主义的。我们假设所有生产要素的供给量都是固定的,且生产要素得到了充分利用,同时它们在各部门之间可完全自由流动(见第 5 章的模型)。关于宏观经济闭合,我们使用了约翰森式储蓄-投资闭合。投资(对复合品的最终投资需求)和政府购买都是外生给定的。政府收入是内生决定的,而所有税率都是外生的。政府储蓄是内生的,其资金来自家庭的(隐性)收入转移。此时,家庭储蓄内生决定从而满足了储蓄-投资恒等式条件。经常账户余额是固定的,而外汇汇率是本模型的价格基准。

27.2 模型数据

SAM 表:表 27.1 中的 SAM 表是 CGE 模型所使用的核心数据。该 SAM 表的结构与第 25 章中的例子基本相同,但有两点不同之处。首先,我们允许相同行业中同时存在进口与出口(因为选取了阿明顿类型的模型)。其次,在 SAM 表的 I-X 项有一个元素,其含义为外国储蓄,即经常账户赤字。

表 27.1 标准 CGE 模型的 SAM 表

		活动		要素		税收	最终需求				加总
		1	2	K	L	T	H	G	I	X	
活动	1	40	10				50	12	15	45	172
	2	10	40				110	15	15	15	205
要素	K	80	20								100
	L	20	80								100
税收	T	2	5								7
	H			100	100						200
最终需求	G					7	20				27
	I						20			10	30
	X	20	50								70
加总		172	205	100	100	7	200	27	30	70	

参数:在定义增加值和阿明顿函数时,我们使用了 CES 函数形式。我们使用不变弹性需求函数来表示外国需求,采用 CET 函数对国内市场生产、出口市场生产之间的转换进行建模。在模型中,我们需要给上述函数设定弹性。出于简化考虑,我们将增加值函数中的替代弹性设为 0.99,将阿明顿函数中的替代弹性设为 2.0,将外国需求弹性设为 −10(近似于一个国际贸易中的小国),将 CET 函数中的转换弹性设为 −20(即国内生产和出口生产之间具有高度替代性)。

27.3 模型在 GAMS 中的实现

为了在 GAMS 中实现该模型,我们遵循与前几章大致相同的步骤。首先,我们会介绍一些基本的流程。虽然大家可以从网上下载模型的完整版本,但我们仍建议大家自己编写程序,看看是否可以通过借鉴前述章节中的模型属性来自行编写模型代码。

第一项任务是设置模型的集合。模型的集合包括商品集合(SET I Goods / 1,2 / ;)和要素集合(SET J Factors / K,L / ;)。接下来,我们会设置参数名。参数名的设置见表 27.2。我们使用的符号与前几章基本相同。请注意,我们将参数分成了三个模块。第一个模块定义的是与生产、消费和贸易的函数相关联的行为参数。这些参数要么是外生给定的,要么是校准的。下一步,我们会设置模型中的外生变量。可以注意到,我们在模型代码中包含了作为价格基准的汇率 XR 和经常账户赤字 CA。其他内容大家应该是熟悉的。最后,我们会基于 SAM 表的信息来设定内生变量的初始值。

表 27.2　标准 CGE 模型的参数

PARAMETERS

ALPHA	Shift parameters in utility
BETA(I)	Share parameters in utility
GAMMA(I)	Shift parameters in production
DELTA(J,I)	Share parameters in production
RHO(I)	Elasticity parameters in production
GAMMA_A(I)	Shift parameters in Armington
DELTA_A(I)	Share parameters in Armington
RHO_A(I)	Elasticity parameters in Armington
GAMMA_T(I)	Shift parameters in transformation
DELTA_T(I)	Share parameters in transformation
RHO_T(I)	Elasticity parameters in transformation
EPSILON(I)	Export demand elasticities
XI(I)	Shifts on foreign demands
PW(I)	World importable prices
XR	Exchange rate
A(II,I)	Input – output coefficients
FBAR(J)	Endowments
G(I)	Government consumption
INV(I)	Investment
CA	Current account
TM(I)	Import tariffs
UO	Initial utility level
CO(I)	Initial consumption levels
XO(I)	Initial export levels
QO(I)	Initial output levels
RO(J)	Initial factor prices
FO(J,I)	Initial factor use levels
DO(I)	Domestic consumption
MO(I)	Imported consumption
INTO(II,I)	Initial intermediate use levels
GDPO	Initial gross domestic product
YHO	Initial household income
YGO	Initial government income
TRANSO	Initial transfers from household to government

PDO(I)	Initial domestic good prices
PMO(I)	Imported good prices
PNO(I)	Initial net prices
PTO(I)	Composite producer prices
PXO(I)	Initial exported good prices
PAO(I)	Aggregate consumption prices;

表 27.3 列出的是模型中的变量和方程。这些变量和方程与前述章节非常相似。可以注意到，我们在第 24 章使用 TRANS 来表示转换函数，而本章中使用 TRANSFORM 来表示转换函数。原因在于，本模型中已经使用 TRANS 来表示家庭-政府转移变量，而 GAMS 模型元素的每个符号必须是唯一的。

表 27.3　标准 CGE 模型的变量和方程

VARIABLES

U	Utility index
C(I)	Aggregate consumption levels
X(I)	Export levels
Q(I)	Output levels
R(J)	Factor prices
F(J,I)	Factor use levels
D(I)	Domestic consumption levels
M(I)	Import levels
GDP	Gross domestic product
YH	Household income
YG	Government income
TRANS	Transfers from household to government
PD(I)	Domestic prices
PM(I)	Importable prices
PN(I)	Net prices
PT(I)	Aggregate producer prices
PX(I)	Exported good prices
PA(I)	Aggregate consumption prices;

EQUATIONS

UTILITY	Utility function
DEMAND(I)	Demand functions
PRODUCTION(I)	Production functions
RESOURCE(J)	Resource constraints
FDEMAND(J,I)	Factor demand functions
INCOME	Gross domestic product
ARM(I)	Armington composites
DOM_D(I)	Demand for domestic goods
IMP_D(I)	Demand for imported goods
NET_PRICE(I)	Net price functions
TRANSFORM(I)	Transformation functions
DOM_S(I)	Domestic supplies

（续表）

EXP_S(I)	Export supplies
FOREIGN_DEM(I)	Foreign demand functions
FOREIGN_SUP(I)	Foreign supply functions
HOUSE	Household income
GOVT	Government income
GBUDGET	Government budget;

接下来的主要任务是定义模型中的方程,具体代码见表 27.4。同样,表中的每个方程看起来与前述章节的很相似。有几点需要注意。首先,模型中的国内需求针对的商品都是阿明顿复合品。因此,在 DEMAND 方程、NET_PRICE 方程、政府预算 GBUDGET 方程及投资支出方程(内嵌在 HOUSE 方程)中,对应的商品价格为复合品价格 PA。类似的是,在阿明顿体系的方程(ARM、DOM_D、IMP_D)中,我们将国内总吸收定义为 C(I) + SUM(II,A(I,II) ∗ Q(II)) + G(I) + INV(I),即等于家庭、中间投入品、政府及投资需求的加总。

表 27.4 标准 CGE 模型的方程定义

UTILITY..U = E = ALPHA ∗ PROD(I,C(I) ∗∗ BETA(I));

DEMAND(I)..C(I) = E = BETA(I) ∗ YH / PA(I);

PRODUCTION(I)..Q(I) = E = (GAMMA(I)/ (1 − SUM(II,A(II,I)))) ∗ SUM(J $ FO(J,I), DELTA(J,I) ∗ F(J,I) ∗∗ RHO(I)) ∗∗ (1 / RHO(I));

RESOURCE(J)..FBAR(J) = E = SUM(I, F(J,I));

FDEMAND(J,I)..R(J) = E = PN(I) ∗ Q(I) ∗ SUM(JJ $ FO(JJ,I), DELTA(JJ,I) ∗ F(JJ,I) ∗∗ RHO(I)) ∗∗ (−1) ∗ DELTA(J,I) ∗ F(J,I) ∗∗ (RHO(I) − 1);

INCOME..GDP = E = SUM(I, PN(I) ∗ Q(I)) + SUM(I,TM(I) ∗ XR ∗ PW(I) ∗ M(I));

ARM(I)..C(I) + SUM(II, A(I,II) ∗ Q(II)) + G(I) + INV(I) = E = GAMMA_A(I) ∗ (DELTA_A(I) ∗ D(I) ∗∗ RHO_A(I) + (1 − DELTA_A(I)) ∗ M(I) ∗∗ RHO_A(I)) ∗∗ (1 / RHO_A(I));

DOM_D(I)..PD(I) = E = PA(I) ∗ (C(I) + SUM(II,A(I,II) ∗ Q(II)) + G(I) + INV(I)) ∗ (DELTA_A(I) ∗ D(I) ∗∗ RHO_A(I) + (1 − DELTA_A(I)) ∗ M(I) ∗∗ RHO_A(I)) ∗∗ (−1) ∗ DELTA_A(I) ∗ D(I) ∗∗ (RHO_A(I) − 1);

IMP_D(I)..PM(I) = E = PA(I) ∗ (C(I) + SUM(II,A(I,II) ∗ Q(II)) + G(I) + INV(I)) ∗ (DELTA_A(I) ∗ D(I) ∗∗ RHO_A(I) + (1 − DELTA_A(I)) ∗ M(I) ∗∗ RHO_A(I)) ∗∗ (−1) ∗ (1 − DELTA_A(I)) ∗ M(I) ∗∗ (RHO_A(I) −1);

NET_PRICE(I)..PN(I) = E = PT(I) − SUM(II,PA(II) ∗ A(II,I));

TRANSFORM(I)..Q(I) = E = GAMMA_T(I) ∗ (DELTA_T(I) ∗ D(I) ∗∗ RHO_T(I) + (1 − DELTA_T(I)) ∗ X(I) ∗∗ RHO_T(I)) ∗∗ (1 / RHO_T(I));

DOM_S(I)..PD(I) = E = PT(I) ∗ Q(I) ∗ (DELTA_T(I) ∗ D(I) ∗∗ RHO_T(I) + (1 − DELTA_T(I)) ∗ X(I) ∗∗ RHO_T(I)) ∗∗ (−1) ∗ DELTA_T(I) ∗ D(I) ∗∗ (RHO_T(I) − 1);

EXP_S(I)..PX(I) = E = PT(I) ∗ Q(I) ∗ (DELTA_T(I) ∗ D(I) ∗∗ RHO_T(I) + (1 − DELTA_T(I)) ∗ X(I) ∗∗ RHO_T(I)) ∗∗ (−1) ∗ (1 − DELTA_T(I)) ∗ X(I) ∗∗ (RHO_T(I) − 1);

FOREIGN_DEM(I)..PX(I) = E = XR ∗ XI(I) ∗ X(I) ∗∗ (1/ EPSILON(I));

FOREIGN_SUP(I)..PM(I) = E = XR ∗ PW(I) ∗ (1 + TM(I));

HOUSE..YH = E = SUM(J,FBAR(J) ∗ R(J)) − TRANS − SUM(I, PA(I) ∗ INV(I)) − XR ∗ CA;

GOVT..YG = E = SUM(I,TM(I) ∗ PW(I) ∗ XR ∗ M(I)) + TRANS;

GBUDGET..SUM(I,G(I) ∗ PA(I)) = E = YG;

其次,我们需要关注将汇率 XR 和经常账户余额 CA 引入模型的方式。国际市场价格是以外币单位进行定义的,并在 FOREIGN_DEM 和 FOREIGN_SUP 方程,以及 INCOME 和 GOVT 方程的关税收入项中被转换为本国货币单位。①经常账户余额(即按国际市场价格计算的出口值和进口值之间的差额)被转换为本国货币单位,然后从家庭收入中剔除(即赤字增加了家庭当期消费的能力)。

下一个任务是校准模型,具体过程见表 27.5。与前几章一样,校准的目标是确保模型能复制出基准均衡结果。我们采取的第一步是基于 SAM 表的维数来定义一个新的集合 S。接下来,我们使用 TABLE 命令输入表 27.1 所示的 SAM 表。

表 27.5　标准 CGE 模型的校准

```
SET S Social / S1 * S9/ ;
ALIAS (S, SS);

TABLE SAM Social Accounting Matrix
        S1    S2    S3    S4    S5    S6    S7    S8    S9
S1      40    10                      50    12    15    45
S2      10    40                     110    15    15    15
S3      80    20
S4      20    80
S5       2     5
S6                  100   100
S7                               7    20
S8                                    20                10
S9      20    50                                        ;

PAO(I) = 1;
PDO(I) = 1;
PTO(I) = 1;
PMO(I) = 1;
PXO(I) = 1;
RO(J) = 1;
XR = 1;

INTO('1','1') = SAM('S1','S1');
INTO('2','1') = SAM('S2','S1');
INTO('1','2') = SAM('S1','S2');
INTO('2','2') = SAM('S2','S2');
CO('1') = SAM('S1','S6');
CO('2') = SAM('S2','S6');
XO('1') = SAM('S1','S9');
XO('2') = SAM('S2','S9');
MO('1') = SAM('S9','S1') + SAM('S5','S1');
MO('2') = SAM('S9','S2') + SAM('S5','S2');
QO('1') = SAM('S1','S1') + SAM('S2','S1') + SAM('S3','S1') + SAM('S4','S1');
QO('2') = SAM('S1','S2') + SAM('S2','S2') + SAM('S3','S2') + SAM('S4','S2');
FO('L','1') = SAM('S4','S1');
```

---

① 还需要注意的是,出于方便考虑,我们求解出了国外需求函数的反函数。而在第 14 章中,我们并没有如此操作。

（续表）

```
FO('L','2') = SAM('S4','S2');
FO('K','1') = SAM('S3','S1');
FO('K','2') = SAM('S3','S2');
G('1') = SAM('S1','S7');
G('2') = SAM('S2','S7');
INV('1') = SAM('S1','S8');
INV('2') = SAM('S2','S8');
TRANSO = SAM('S7','S6');
TM('1') = SAM('S5','S1') / SAM('S9','S1');
TM('2') = SAM('S5','S2') / SAM('S9','S2');


DO(I) = QO(I) - XO(I);
A(II,I) = INTO(II,I) / QO(I);
PNO(I) = PAO(I) - SUM(II, PAO(II) * A(II,I));
PW(I) = PMO(I) / (1 + TM(I));
FBAR(J) = SUM(I,FO(J,I));
GDPO = SUM(I,PNO(I) * QO(I)) + SUM(I, TM(I) * PW(I) * MO(I));
CA = SUM(I,PXO(I) * XO(I)) - SUM(I,PW(I) * XR * MO(I));
YHO = SUM(J,FBAR(J) * RO(J)) - XR * CA - TRANSO - SUM(I,PAO(I) * INV(I));
YGO = TRANSO + SUM(I,TM(I) * PW(I) * XR * MO(I));
UO = YHO;


RHO(I) = 0.01;
RHO_A(I) = 0.5;
RHO_T(I) = 1.05;
EPSILON(I) = - 10;


BETA(I) = CO(I) * PAO(I) / YHO;
ALPHA = UO / PROD(I,CO(I) ** BETA(I));
DELTA(J,I) $ FO(J,I) = (RO(J) / FO(J,I) ** (RHO(I) - 1)) / (SUM(JJ $ FO(JJ,I), RO(JJ) / FO(JJ,I) **
(RHO(I) - 1)));
GAMMA(I) = (QO(I) / (SUM(J $ FO(J,I), DELTA(J,I) * FO(J,I) ** RHO(I))) ** (1 / RHO(I))) *
(1 - SUM(II,A(II,I)));
DELTA_A(I) = (PDO(I) / DO(I) ** (RHO_A(I) - 1)) / (PDO(I) / DO(I) ** (RHO_A(I) - 1) + PMO(I) / MO(I) **
(RHO_A(I) - 1));
GAMMA_A(I) = (CO(I) + SUM(II, A(I,II) * QO(II)) + G(I) + INV(I)) / ((DELTA_A(I) * DO(I) ** RHO_A
(I) + (1 - DELTA_A(I)) * MO(I) ** RHO_A(I)) ** (1 / RHO_A(I)));
DELTA_T(I) = (PDO(I) / DO(I) ** (RHO_T(I) - 1)) / (PDO(I) / DO(I) ** (RHO_T(I) - 1) + PXO(I) / XO(I) **
(RHO_T(I) - 1));
GAMMA_T(I) = QO(I) / ((DELTA_T(I) * DO(I) ** RHO_T(I) + (1 - DELTA_T(I)) * XO(I) ** RHO_T(I)) **
(1 / RHO_T(I)));
XI(I) = PXO(I) / (XO(I) ** (1 / EPSILON(I)));
```

接下来是将正确的数值赋给参数,从而实现初始平衡状态。像往常一样,我们首先将包括汇率在内的所有价格标准化为 1(然而,进口的国际市场价格是个例外,因为初始均衡时存在关税)。接下来,我们将 SAM 表中的数值赋给模型中的相应元素,并利用行与列总加相等的条件来确定变量的初始值及外生变量取值。

然后,我们给自由参数(弹性)进行赋值。请注意,我们是通过定义相应的 RHO 参数值从而间接为阿明顿函数、转换函数和生产函数中的弹性进行赋值。最后,我们会计算出各种移位参数和份额参数,就像前几章那样。

现在我们已经构建了完整的模型。我们将变量初始值设为相应变量的水平值,同时给相关变量设置下界(出于简洁考虑,我们省略了细节)。我们可以进一步定义模型,并使用下列命令来运行基准模型:

MODEL STANDARD / ALL / ;

SOLVE STANDARD USING NLP MAXIMIZING U;

至此,"标准"CGE 模型已构建完毕。在大量 CGE 文献中,我们经常能看到类似的模型。如你所见,一旦你掌握了模型构建的每个基础环节,模型的总体架构就会变得相对简单。一旦模型可以正常运行并验证了初始均衡的正确性,你可以通过下面的练习题来感知模型的工作原理,以及如何调整模型来解决你关注的研究议题。

27.4 练习题

(1) 请尝试模拟取消关税的情形,其效果是什么? 如果调整模型中的参数,关税取消的影响会如何变化? 请重点考虑阿明顿弹性和外国需求弹性变动时的影响。

(2) 请尝试将政策扭曲引入模型,如生产税、消费税和要素税(见第 20 章)。

(3) 尝试使用不同类型的模型闭合(见第 26 章)。当采取不同的闭合规则时,会对模型的模拟效果产生何种影响?

(4) 请尝试将其他特征引入基础模型,如可变比例的生产技术(第 10 章),或特定要素(第 6 章),或不完全要素流动(见第 21 章)。

(5) 请考虑效用指数以外的福利度量指标,然后修改代码并报告这些福利指标(见第 3 章的讨论)。

27.5 拓展阅读

Devaragan 等(1990)对本章介绍的基础模型结构进行了清晰的概述。关于构建 CGE 模型的经典研究,可参见 Shoven 和 Whalley(1992),以及 Gunning 和 Keyzer(1995)。关于 CGE 模型中福利指标度量的详细说明,请参见 Francois 和 Martin(2010)。

▶28

总　结

利用 CGE 模型对国际贸易和贸易政策进行数值模拟是一个动态的、不断发展的领域，对初学者来说可能是令人生畏的。通过阅读本书，我们希望你能对如何构建基础的一般均衡模型及编写相关程序有更好的理解，并了解这些模型是如何运作的，如何使用这些模型来解决有趣的政策问题。同时，我们希望你在构建模型的过程中能了解到 CGE 模型的基本结构是如何与国际贸易和贸易政策的理论文献相关联的，而这些理论文献是我们开展模型构建的基础。简而言之，我们希望为你撬开 CGE 均衡模型的"黑箱"。

那么，现在我们的目标是什么呢？虽然本书已经涵盖了 CGE 建模的基础内容，但在贸易和贸易政策的 CGE 建模中，仍有大量重要主题无法在本书中详细讨论。因此，我们会推荐一些拓展阅读给感兴趣的读者。

如果希望深入了解 CGE 模型的基础结构，Hosoe 等（2010）和 Burfisher（2011）提供了"标准"CGE 模型及其应用的入门介绍。这两本书都是为初学者创作的。与本书相比，这些著作更多地关注于现代 CGE 模型的难点，而较少关注国际贸易中"纯"理论的内容。Whalley（2012）介绍了 CGE 模型的更高阶内容，并描述了 CGE 方法在全球经济和国际贸易政策及相关问题中的应用。

目前使用最广泛的 CGE 模型之一是 GTAP 模型，在本书中我们多次提到了该模型。GTAP 是一个全球贸易模型，该模型内每个区域的基本模型结构与本书介绍的模型大体相同。毫无疑问，今后你可能会读到采用 GTAP 模型的相关研究。在阅读了本书之后，你应该对 GTAP 模型的基本原理有了较好的理解。

如果你希望了解更多关于 GTAP 模型的信息，你可以从 Hertel（1997）开始学习。Hertel（1997）介绍了 GTAP 模型的基本结构和符号，并提供了一些有趣的实例。[1]大家可以利用 GTAP 网站（www.gtap.org）上的资源复制这些实例中的大多数。Ianchovichina 和 Walmsley（2012）详细介绍了递归动态 GTAP 模型的结构及其应用。即便你不打算使用 GTAP 模型，你也可以从该网站获取数据、建模建议等有用资源。

想了解 CGE 模型可解决问题的类型，以及如何使用 CGE 模型来研究相关议题，一个很好的途径就是阅读大量已发表的研究。关于 CGE 的文献非常多，无法——列举，但综述性文章往往是一个很好的初始选择。关于 CGE 分析（以贸易政策问题为重点）的综述

---

[1]　GTAP 模型是基于 GEMPACK 软件包而非 GAMS 开发而得的。因此，如果读者打算学习 GTAP 模型，需要花些时间用来学习 GEMPACK。

类研究包括 Scollay 和 Gilbert(2000)、Gilbert 和 Wahl(2002)、Robinson 和 Thierfelder (2002)、Lloyd 和 MacLaren(2004),以及 Gilbert(2008)。[①]

　　最后,虽然我们介绍的是相对标准的模型结构,但应注意到,CGE 方法具有很强的适应性。我们可以从两个方向对基本模型进行拓展:第一,可以将其他经济理论整合到 CGE 模型中(如探讨不完全竞争或企业异质性的影响);第二,可以将 CGE 模型与其他领域的模型进行结合(如探讨贫困或气候变化)。Gilbert(2010)介绍了 CGE 分析前沿领域中许多有趣的应用研究,其中涉及企业异质性、贸易与贫困、贸易与环境。恰当使用 CGE 方法可以帮助我们评估一系列重要议题的经济影响。

---

　　① Scollay 和 Gilbert(2000)回顾了亚太地区贸易改革的相关研究;Gilbert 和 Wahl(2002)讨论了中国贸易改革的相关研究;Robinson 和 Thierfelder(2002)、Lloyd 和 MacLaren(2004)讨论了区域贸易协定的相关研究。Gilbert(2008)回顾了贸易政策调整对贫困影响的相关研究。

▶ 附录 A

拉格朗日乘子、影子价格和边际社会价值

这里是拉格朗日乘子法的一个简单推导，以及该方法在计算影子价格和边际社会价值时的应用。我们考虑了一个相对简单的给定预算约束条件下的效用最大化问题，假设只有两种商品。一旦你理解了这种方法的内在逻辑，你就可以将其拓展至有更多商品和更多约束条件的情形。

A.1 拉格朗日乘子

消费者问题的优化目标是最大化其效用水平 $U(c_1, c_2)$，其中 U 是效用值，c_1 和 c_2 分别是两种商品的消费量。假定约束条件为 $Y = p_1 c_1 + p_2 c_2$，其中，Y 为货币收入，p 为价格。因此，消费者面临以下约束最大化问题：

$$最大化 U(c_1, c_2) \tag{A.1}$$

$$条件为 Y - p_1 c_1 - p_2 c_2 = 0 \tag{A.2}$$

或者假设消费者决定求解拉格朗日问题：

$$最大化 \mathcal{L} = U(c_1, c_2) + \lambda [Y - p_1 c_1 - p_2 c_2] \tag{A.3}$$

这两个问题是相同的吗？在求解第一个问题时，我们需要意识到，如果消费者已经处于最优解，那么，当消费的微小变化仍使其位于预算约束线上时，消费者的效用水平将保持不变。因此，在最优解处，我们有：

$$dU = \frac{\partial U}{\partial c_1} dc_1 + \frac{\partial U}{\partial c_2} dc_2 = 0 \tag{A.4}$$

其中，消费的变化需要满足如下约束条件：

$$p_1 dc_1 + p_2 dc_2 = 0 \tag{A.5}$$

将式（A.5）代入式（A.4）可得：

$$\frac{\partial U / \partial c_1}{\partial U / \partial c_2} = \frac{p_1}{p_2} \tag{A.6}$$

通过联立式（A.2）和式（A.6），就可以求出 c_1 和 c_2。

为了求解拉格朗日问题,我们将拉格朗日函数 $\mathscr{L}$ 分别对选择变量 c_1、c_2 和 λ 求偏导,并令它们等于 0,由此可以得到:

$$\frac{\partial U}{\partial c_1} - \lambda p_1 = 0 \tag{A.7}$$

$$\frac{\partial U}{\partial c_2} - \lambda p_2 = 0 \tag{A.8}$$

以及式(A.2)。联立式(A.7)和式(A.8)消除 λ 就可以得到式(A.6)。由此可见,上述两种方法得到的结果是一致的。这表明,拉格朗日最大化问题可得到与约束最大化问题完全相同的最优解。

如果存在三种消费品,我们可以想象消费者对商品 1 和商品 2 的消费进行调整以得到式(A.6)。然后,消费者对商品 1 和商品 3 的消费进行调整以得到类似式(A.6)的方程(此时的下标为 1 和 3)。通过结合类似式(A.2)的三种商品的衍生方程,就可以求出最优解。

A.2 影子价格与边际社会价值

假设商品 1 和商品 2 的消费被持续调整为最优水平,现在让我们计算一下,当货币收入和价格增量变化时效用的增量是多少。

在式(A.3)中,我们对 $\mathscr{L}$ 求全微分,并允许货币收入、价格和消费水平发生变动:

$$d\mathscr{L} = dU + \frac{\partial \mathscr{L}}{\partial \lambda} d\lambda + \lambda d[Y - p_1 c_1 - p_2 c_2] \tag{A.9}$$

由于后两项可以剔除,故有 $d\mathscr{L} = dU$。因此,以最优解为基点,拉格朗日函数的任何增量变动都等于效用的增量。现在,我们对式(A.3)中的拉格朗日函数求微分可得:

$$dU = \frac{\partial \mathscr{L}}{\partial c_1} dc_1 + \frac{\partial \mathscr{L}}{\partial c_2} dc_2 + \frac{\partial \mathscr{L}}{\partial \lambda} d\lambda + \lambda[dY - c_1 dp_1 - c_2 dp_2] \tag{A.10}$$

由于消费点最初位于最优状态,故 $\mathscr{L}$ 对 c_1、c_2 和 λ 的偏导数均为 0。因此,式(A.10)右边的前三项都可以剔除掉。此时,只剩下了第四项。效用的变动可表示为:

$$dU = \lambda[dY - c_1 dp_1 - c_2 dp_2] \tag{A.11}$$

可以得出的结论是,λ 是收入单位变化所带来的效用增量。拉格朗日乘子 λ 是收入的影子价格,或者更简单地说是收入的边际效用。商品 i 价格的单位变化所带来的效用增量为 $-\lambda c_i$,这被称为价格的边际社会价值。至此,我们已经评估了消费者环境变化对消费者福利的影响。

▶ 附录 B

GAMS 使用的要诀与技巧

如果你已经研究了本书中的各类问题,那么,对于构建一个用于评估国际贸易和贸易政策的基本 GAMS 模型的过程,你应该不会陌生。在本附录中,我们提供了额外的关于如何在 GAMS 中构建模型的建议,希望这些建议能为你后续构建自己的 CGE 模型提供帮助。在此附录中,我们会讨论:如何通过将大型模型分解到多个文件中,从而更好地组织模型;如何有效地评估模型对参数选择的敏感性;如何通过设置不同选项有效地报告模拟的结果。最后,我们对模型的调试进行了一些说明。

B.1　构造大型程序

截至目前,我们所使用程序的规模都较小,因此,我们可以把它们都放在一个 GAMS 程序文件中。然而,对于更复杂的模型或高维模型而言,将代码都放在同一个程序文件中可能是不切实际的,此时,尝试以模块化的方式来组织程序将是有意义的。模块化的优点在于,能使模型更易于阅读、修改和维护。

例如,在构建 CGE 模型时,你可能希望将模型使用的数据与模型本身进行分离。在大型模型中,依据类型分离数据文件可能是有意义的(例如,一个文件包含了均衡的流量数据,另一个文件包含了参数数据)。这样做的优点在于,既便于调用模型,又便于将相同的模型代码应用于不同的数据集。

你可能还希望给模型的各个组成部分创建不同的模块。例如,假设你有几个可选的需求结构。第一种是柯布-道格拉斯效用函数,第二种是 CES 效用函数,第三种是斯通-吉尔里效用函数。并且,你希望能够轻松地选择不同的需求结构。要实现这一功能,一种方法是将与每个需求结构相关联的所有元素(PARAMETERS、VARIABLES、EQUATIONS,定义与赋值)放在不同的文件中,根据需要从中选择适合你当前任务的元素。

为了创建和使用此类模块,GAMS 提供了 $ INCLUDE 命令工具。这个命令非常简单,其形式为 $ INCLUDE ⟨filename⟩,其中,⟨filename⟩是要包含的文件名称。[①]例如,如果你的数据包含在标记为 DATA.GMS 的文件中,就可以使用命令 $ INCLUDE DATA 来调用该文件。需要指出的是,被包含的文件应为写有相关 GAMS 命令代码的普通文本文件,并且应该位于

---

① 　两个相关的命令分别是 $ BATINCLUDE 和 $ LIBINCLUDE。这两个命令的功能基本相同,但可以有选择性地将参数传递到包含的文件。如果想了解更多详细信息,请参见 GAMS 手册。

与主程序文件相同的工作目录中(或者,也可以通过提供完整路径来定位该文件)。

当你运行包含 $ INCLUDE 命令的主程序时,GAMS 将在遇到该语句的地方插入引用文件的内容。对 GAMS 而言,这些文件的内容与主程序文件的内容没有什么不同,因而也必须遵循通常的赋值顺序等编程规则。

B.2　敏感性分析

在数值模拟模型中,模拟结果是模型参数的函数。有些参数值是已知的,但在大多数情况下,参数的真实值是未知的。因此,虽然模拟中的参数值(根据定义)是固定的,但这些参数实际上是随机变量,因而模型模拟的结果也是随机变量。

例如,在第 23 章,CGE 模型中的阿明顿弹性决定了国内产品和国外产品在消费上的可替代程度。在增长或贸易政策改革引起贸易变动的过程中,阿明顿弹性决定了贸易变化的大小,因而也会对福利效应等其他变量产生影响。虽然学者对这些参数进行了一些估计[见 Hertel 等(2007)],但这些估计值具有一定的不确定性。理想状态下,我们希望在评估模拟结果时考虑这种不确定性。这一过程被称为敏感性分析。

基础的敏感性分析可能只涉及关键参数的高、中、低三种情形。针对关键参数的三个不同赋值,我们会运行模拟并报告所有三组结果。这一方法非常普遍,并被称为"条件"敏感性分析。

使用第 8 章介绍的 FOR 命令,我们快捷地设置略微复杂的敏感性分析。假设我们的模型为 MOD,最大化目标值为 OBJ,关键参数为 RHO。那么,可以执行下列代码:

```
FOR(S = -10 TO -1 BY 1,
RHO = S;
SOLVE MOD USING NLP MAXIMIZING OBJ;
);
```

上述代码将重复求解 RHO 值介于 -10 和 -1(步长为 1)时的模型。进一步,我们可以观察关键变量是如何响应 RHO 取值的。

需要指出的是,RHO 的某些值比其他值更有可能出现。例如,假设得知 RHO 的均值为 -5,标准差为 1。那么,我们有 95% 的把握认为 RHO 介于 -7 到 -3 之间。现在,我们该如何利用这些信息呢? 一种方法是使用蒙特卡洛模拟技术。对蒙特卡洛模拟方法的详细讨论超出了本书范围,但其基本思想非常简单。我们从 RHO 的分布中反复随机抽取参数值,基于这些参数值多次对模型进行求解,从而得到我们感兴趣的结果的近似分布。

为便于蒙特卡洛模拟分析,我们可以使用 GAMS 命令 NORMAL(假设参数满足正态分布),该命令会产生一个满足正态分布的随机数。[1]具体代码如下:

```
OPTION SEED = 123;
SCALAR XSUM,X2SUM;
FOR(S = 1 TO 10000 BY 1,
```

---

[1]　GAMS 提供了从各类分布中生成随机数的类似命令。

```
RHO = NORMAL( - 5,1);
SOLVE MOD USING NLP MAXIMIZING OBJ;
XSUM = XSUM + X.L;
X2SUM = X2SUM + POWER(X.L,2);
);
SCALAR XMEAN,XSD;
XMEAN = XSUM / 10000;
XSD = SQRT(X2SUM / (10000 * 2) - POWER(XMEAN,2));
```

第一行代码的作用是设置 GAMS 中的随机数种子(SEED),用于生成伪随机数的初始数值。随机数种子可以设置为任何值(例如,程序执行的时间),但如果你希望能精确重复分析的结果,随机数种子的设置将会非常重要。假设我们对变量 X 如何响应 RHO 的不同取值感兴趣。首先,我们可以指定两个新标量 XSUM 和 X2SUM,分别用来表示 X 的求和与 X 的平方和。然后,我们用 FOR 命令来运行大量的模型求解(本例中为 10 000 次)。对于每一次迭代,我们从 RHO 的分布中提取一个随机值,然后求解模型,并将生成的 X 水平值及平方值分别增加到 XSUM 和 X2SUM 的求和运算中。[①]当运行模型 10 000 次之后,利用公式可以计算出 X 的平均值(记为 XMEAN)及标准偏差(记为 XSD)。

在汇报结果时,我们既可以报告均值估计,也可以报告变异度量值。同时汇报上述结果比点估计更有价值,原因有两个方面。首先,我们分析的模型通常是非线性的,模拟结果的均值与在随机参数的均值模拟时得到的值通常是不同的。换言之,在上例中,我们将 RHO 设为均值-5 时运行模型得到的 X 值与 XMEAN 是不同的,故采用度量集中趋势的点估计可能具有误导性。其次,在实际政策分析中,如果变量是随机的,那么汇报结果时忽略随机性将是不恰当的。

采用相似的思路,我们可以在模型中考虑多个随机参数。甚至,我们可以考虑所有随机参数同时变化的情形,我们只需要从随机参数的分布中提取具体的参数值即可(假设这些参数是独立的)。上述分析被称为"无条件"敏感性分析。Gilbert 和 Wahl(2003)提供了相关示例。

在选择迭代次数时,我们会综合考虑模型运行的成本(即消耗的时间)及期望的精度水平。标准误差定义为标准偏差除以迭代次数的平方根。标准误差提供了对均值估计可信度的度量。这并不取决于变化的参数的数量。因此,如果将模型运行 10 000 次,我们有大约 95% 的把握认为真实的均值落在 2 乘以 1% 标准误差的范围内。为了将精度提高一倍,我们需要将迭代次数增加至原来的 4 倍。

B.3　报告结果

截至目前,我们都是直接从 GAMS 列表文件中读取结果。这样的处理对于规模相对较小的模型而言是可行的。然而,当模型规模较大或我们希望比较大量的模拟结果(如敏

---

① 当使用 POWER 命令而非 ** 来进行定义时,就可以允许负值 X 的出现。在第 B.4.2 节,我们会对该命令做进一步的讨论。

感性分析)时,通过列表文件来获取结果就显得十分不便了。幸运的是,GAMS 提供了许多更强大和有用的命令选项。

B.3.1 Display

DISPLAY 语句仍将结果在列表文件中进行汇报,但提供了更灵活且易于阅读的格式。基本的命令格式为关键词 DISPLAY,后面紧跟着参数列表或变量属性(如水平值或边际量),最后以分号结尾。为了显示参数 RHO 的当前值,我们可以使用命令 DISPLAY RHO;;为了显示变量 Q 的水平值,我们可以使用命令 DISPLAY Q.L;。针对需要显示的参数或变量,我们可以用一条 DISPLAY 语句来集中显示,各变量或参数之间用逗号进行分隔。

在使用 DISPLAY 语句时,我们可以对格式做一些控制。如果希望更改显示的小数位数,可以使用指令 OPTION DECIMALS = 1;,其中的数字是小数位数。通过设置该命令,我们就可以控制显示的小数位数。GAMS 手册的第 14 章提供了更多详细信息。

B.3.2 Put

GAMS 的 PUT 命令可用来创建不同于列表文件的输出文件,该命令比 DISPLAY 命令更为灵活。灵活性的提高使得我们可以对输出结果进行精准的控制,但会导致使用难度的增加。在本节,我们将只讨论 PUT 命令的基本使用方法。如果想了解更多详细信息,请参见 GAMS 手册。

PUT 命令的基准格式包括三条命令。首先,我们会创建一个(或多个)文件,用以写入信息;然后,我们会告诉 GAMS 将数据写入该文件;紧接着,我们执行一系列命令向该文件实际写入数据信息。由于每次只写入一个元素,我们可以很方便地控制写入数据的内容及格式。当然,我们可以借助循环语句来协助数据的写入。

如果写入数据的文件名为 RESULTS,那么,我们的第一条语句是:

FILE RESULTS / RESULTS.TXT / ;

该语句生成了文件 RESULTS.TXT,并且将其命名为 RESULTS。[①]接下来,使用下列命令,我们可以告诉 GAMS 将结果输出到 RESULTS:

PUT RESULTS;

最后,我们向该文件写入数据。如果我们想将 HOS 模型的结果以表格形式进行输出,那么我们在 SOLVE 语句之后添加如下代码:

PUT 'Output Levels'// ;
LOOP(I,
PUT I.TL,@10,Q.L(I)/ ;
);

第一行代码的作用是写入标题,引号内的文字即为标题名。正斜杠表示回车。接下

---

① 为了控制格式,GAMS 允许全局设定各种选项。例如,通过设定 RESULTS.ND = 2;,就可以将显示的小数位数更改为两位。关于格式控制的详细信息介绍,请参见 GAMS 手册。

来，我们在集合 I 的元素上进行循环(LOOP)。下一行代码将写入元素名，移动 10 个空格，写入产量的水平值，然后换行。要创建多维度的表，则需要在多维度进行循环。

B.3.3　列表和表格

托马斯·卢瑟福(Thomas Rutherford)创建了一些有用的文件，从而简化了使用 PUT 命令将 GAMS 数据转换为其他格式的流程。其中，包括用于写入数据文件的 GAMS2TXT 命令集(Rutherford，1999)和用于写入表格的 GAMS2TBL 命令集(Rutherford，1998)。

要使用这些命令集，首先需要安装相应的库文件。具体说明见 https://www.gamsworld.org/mpsge/debreu/inclib/gams2txt.htm。按照说明操作之后，就可以用 $ LIBINCLUDE 命令调用这些文件。例如，如果我们希望用表格形式输出 HOS 模型中要素需求的结果，那么可以使用如下代码：

FILE RESULTS / RESULTS.TXT / ;

$ LIBINCLUDE GAMS2TBL

PUT RESULTS;

$ SETGLOBAL TITLE "Factor Demands"

$ SETGLOBAL ROW_SET J

$ LIBINCLUDE GAMS2TBL FD.L

第一行代码表示生成一个文件，在该文件中将存储输出的表格数据。如果你希望在一条循环语句中创建多个表格，就需要用 $ LIBINCLUDE 去调用 GAMS2TBL 例程。然后，我们使用 PUT 命令来告诉 GAMS 将数据写入 RESULTS 文件。接下来的两行代码设定了表格的标题，并告诉 GAMS 将要素置于行中。最后，我们调用 GAMS2TBL 来写入要素需求。GAMS2TBL 提供了许多有用的选项，其中包括直接生成 LaTeX 的表格。

GAMS2TXT 的语法非常相似，只需将 GAMS2TBL 替换成 GAMS2TXT，并删除两行 $ SETGLOBAL 代码即可。上述代码将采用第 13 章介绍的格式写入数据文件(即 K.1 80，K.2 20，等等)。有关这些命令集的更多细节介绍，请参见 Rutherford(1998，1999)。

B.3.4　电子表格

我们也可以在 GAMS 中直接将数据写入 Excel 电子表格。如果我们希望分享模拟结果或模型数据，或是希望使用 Excel 的制图功能来分析模拟结果，那么将数据导出到 Excel 表格中将非常有用。为了实现上述功能，我们需要使用 GAMS 的数据交换或 GDX 文件。在 GDX 文件中，存储了集合(SETS)、参数(PARAMETERS)和变量(VARIABLES)的相关数值。GDX 文件中的数据可以直接导出到 Excel 文件。[1]

要了解这是如何运作的，我们可以看一个具体的例子。假设你希望将第 5 章生产的 HOS 模型中要素使用的最优解导出到 Excel 表格，以便于进一步的分析。那么，在 SOLVE

---

[1]　我们也可以将 Excel 表格的数据导入 GDX 文件中，我们能将数据存储在 Excel 文件中，并通过 GDX 文件将数据读取到 GAMS 中。

语句之后,我们增加以下代码:

```
execute_unload "RESULTS.GDX" FD.L
```

该代码将生成包含变量 FD(要素需求)水平值的 GDX 文件 RESULTS.GDX。当然,我们还可以列出更多变量、变量特征(如边际量)或参数。

接下来,使用下列命令,我们可以将 GDX 文件转换为 Excel 文件:

```
execute 'gdxxrw.exe RESULTS.GDX var = FD.L'
```

上述代码将生成一个名为 RESULTS.XLS 的 Excel 文件。在该 Excel 表格中,数据将从第一个工作表的第一个单元格开始写入。[1]如果想将参数进行导出,就需要将 var 替换为 par 即可。

另一个例子与第 19 章的关税模型有关。假设我们希望评估商品 2 的关税税率在 1%—50% 之间浮动时对福利指数 U 的影响,那么,可以使用下列代码:

```
SET ITER   / 1 * 50 / ;
PARAMETER USAVE(ITER)
LOOP( ITER,
SOLVE SMALL USING NLP MAXIMIZING U;
USAVE( ITER) = U.L;
T('2') =  T('2') + 0.01;
);
execute_unload "RESULTS.GDX" USAVE
execute 'gdxxrw.exe RESULTS.GDX par = USAVE'
```

第一行代码创建了包含元素 1—50 的 ITER 集合。然后,我们创建一个新参数 USAVE,该参数表示不同关税税率时的福利指数。接下来,我们对 ITER 集合中的元素进行循环(LOOP),并求解 ITER 中每个元素对应的模型,并将福利指数存储在 USAVE 中。在模型的第一次求解中,我们采取的是零关税方案。在随后的每次 SOLVE 语句中,我们会将关税税率逐次提高 1%。当模拟运行结束以后,我们将模拟的数据写入 Excel 文件。请将上述代码拷贝到第 19 章 GAMS 程序的末尾,然后观察程序运行的结果。[2]

B.4 调试

本书中介绍的所有程序都经过了验证,但当你开始修改程序或自行构建模型时,你将发现编写 GAMS 程序时需要在调试或删除错误上花费很多时间。比较麻烦的是,如果不知道导致模型出错的问题的根源,就难以找到修正模型的方法,况且导致模型出错的原因是多方面的。尽管如此,我们还是总结提炼了 GAMS 编程的小贴士以供大家参考。当大家不断实践,有了更多经验之后,识别并消除模型中的错误将会越来越容易,当然挑战仍然是存在的。

---

[1] 我们可以控制写入数据的位置。如果想了解更多详细信息,请参见 GAMS 手册。

[2] 你可以尝试将上述代码的最后两行替换为 DISPLAY USAVE;,从而将结果显示到列表文件。另一个可选方案是使用命令 GAMS2TBL。

GAMS 模型出错的原因是多方面的,其中一些错误处理起来可能比其他错误更容易。一般而言,GAMS 建模中导致出错的情形主要有以下几种:

(1) 编译错误。编译错误也称为预处理错误,这类问题是模型被求解之前在 GAMS 编译器内出现的问题。导致编译错误的原因通常是语法错误,而消除这类错误也是较为容易的。

(2) 执行错误或求解错误。如果在预处理阶段没有错误发生,GAMS 会将构建的模型传递给求解器。如果赋值语句存在错误或模型方程中初始点的选择不恰当,就可能会导致出错。导致这类错误的原因通常是校准问题,或是模型本身的问题。

(3) 不可行解。当出现不可行解的错误时,模型的初始化并没有问题,但模型没有复制出校准的结果,或模型无法正常求解。导致这类错误的原因有两种:一是模型的起始点设置不合理(即校准问题);二是模型的逻辑中存在着错误。

(4) 模拟错误。有时 GAMS 可以求解出模型的一个解,但该解与我们的预期并不一致。或者,模型的参数其实已经发生了改变,从而使得模型的结果与经济理论预期的结果出现分歧。

我们将依次探讨上述 GAMS 建模中可能出现的四种错误类型。

B.4.1　编译错误

当你运行 GAMS 程序时,GAMS 编译器首先会检查整个程序,并识别语法或逻辑中存在的任何错误。只要找到错误,程序就会停止,模型将不会被传递给求解器。在列表文件中,GAMS 用 *** 来标记发现的每处错误,并在错误处显示一串数字代码(例如 $8)。在列表文件的末尾,GAMS 将列出所有错误代码信息,并提供错误原因的说明性文本。

当然,究竟出现何种错误代码将取决于程序的错误类型。GAMS 手册介绍了完整的各类错误代码的信息,以下是我们经常会碰到的部分错误代码:

● 140。这表明存在一个未知的符号。变量(VARIABLES)、参数(PARAMETER)或方程(EQUATION)名称的定义与赋值语句中出现的变量、参数或方程名不匹配。这一问题通常是打字错误所导致的。为了解决这一错误,请仔细检查模型的声明和赋值语句。

● 141。当你尝试使用未赋值的参数进行计算时,就会出现这种错误。换句话说,你校准参数的顺序可能出了问题。在进行方程定义之前,你需要提前对相应参数进行赋值,然后才能在表达式中使用这些参数。

● 8 和 408。这些错误与括号的使用不当有关。在任何表达式中,左括号(开始)和右括号(结束)的数量必须保持一致。代码 8 表明右括号数少于左括号数,而代码 408 表明右括号数多于左括号数。解决这一问题的方法是仔细检查表达式,并确保左括号和右括号的数量相等。推荐大家将表达式粘贴到 Excel 中,然后采用不同的颜色来标识每对括号,这样会显得更直观。

● 171。代码 171 的含义是,你使用了与定义对象的集合不同的集合为表达式赋值。例如,如果你定义了 C(I),那么使用涉及 C(J) 的表达式将会出错,除非 J 是 I 的子集或别名(ALIAS)。解决这类错误的办法是在任何赋值之前正确定义集合与子集。

- 125。GAMS 显示:集合已被控制。这意味着你试图为对象在集合内所有元素的定义域进行赋值,但是赋值语句中包含了在相同集合定义域上的求和或乘积。解决这类错误的办法是在求和或乘积运算时使用别名(ALIAS)。例如,在第 4 章中,我们使用语句 DELTA(J) = (R(J)/FO(J) ** (RHO－1))/(SUM(JJ,R(JJ)/FO(JJ) ** (RHO－1)))来校准DELTA。如果使用 DELTA(J) = (R(J)/FO(J) ** (RHO－1))/(SUM(J, R(J)/FO(J) ** (RHO－1)))语句,GAMS 就会报告出错。

- 149。GAMS 显示:存在一个作为常数输入的未控制集合。这意味着你在赋值语句的右侧使用了与左侧不匹配的集合,而这些集合并非是求和或乘积运算的一部分。例如,如果我们使用DELTA(J) = (R(JJ)/FO(JJ) ** (RHO－1))/(SUM(JJ,R(JJ)/FO(JJ) ** (RHO－1)))语句,GAMS 就会报告上述错误。

- 409。这个错误的原因是,在前一行代码中缺失了一个分号,类似的错误也可能会显示错误代码 96(这取决于分号缺失的具体位置)。

- 257。如果存在上述各种类型的错误,那么在 SOLVE 语句之后就会看到错误代码 257。一旦消除了前面所有的错误,这一错误代码就会消失。

在第一次运行 GAMS 程序时,GAMS 通常会报出大量的错误,而这些错误通常是很容易发现并修正的。修正错误的第一步是打开列表文件并搜索第一个出现的 ***。识别第一个错误代码,并对模型进行修正。接下来,保存程序文件并再次运行。我们可以重复上述过程,直到消除所有错误代码。

我们查找第一个错误并逐次修复各个错误的原因在于,在许多情形下,前一个错误可能是导致后续错误的原因。因此,采取逐次修复错误的办法会更高效。一旦你消除了所有错误,GAMS 就会将模型传递给求解器。

B.4.2 执行错误

一旦程序通过了预处理,在 GAMS 试图对构建的模型进行求解时,我们就可能会看到执行错误或求解错误。通常情况下,执行错误是由未定义的运算所导致的,这类错误可能出现在模型校准(即参数赋值)阶段,也可能是由于赋值语句存在错误或模型方程中初始点的选择不当。通常的错误包括:

- 除以零。
- 给负数取对数。
- 求幂运算中的错误操作(例如,给一个负数取小于 1 的幂)。
- 幂运算得到的过大数字超出了 GAMS 处理的范围。

如何处理这些错误将取决于造成它们的确切原因。具体而言,有多种可能的解决方案。其一,请检查你是否对所有变量的初始值进行了有意义的赋值。如果不设定变量初始值,GAMS 将认为变量默认取零值,而这可能会导致错误的出现(如除以零)。

其二,设置界限。如果一个变量的负值没有经济含义,那么,就应该给该变量设零下界。如果表达式在变量取负值时无意义(如取对数),那么,设置下界可避免这一问题。

其三,检查是否在必要环节使用了异常处理。例如,如果 GAMS 定义了未在特定行业中使用的要素的需求函数,就会出现问题。合理使用异常处理,就可避免这一问题的出现。

其四,如果遇到了求幂错误,很有可能是对负数(有经济含义的)进行求幂运算时使用了 ** 运算符(当指数为正整数时)。错误的原因在于,GAMS 在计算 X ** Y 时实际采取的公式是 EXP(Y * LOG(X)),故对负数取对数是没有意义的。此时,建议使用 POWER 函数进行求幂运算。

如果你的问题是数值过大或过小,那么,可以尝试对相关变量进行缩放。上述过程可以手动完成,但 GAMS 提供的工具简化了这一流程。可以为变量设定一个尺度参数(scale parameter),就像为其设定水平值或界限一样。其格式为⟨variable name⟩.SCALE(INDEX) = ⟨scale factor⟩。例如,为了将消费数据从百万单位转换为十亿单位,可以使用 C.SCALE(I) = 1000;命令。在定义模型之后,我们可以在 SOLVE 语句之前使用⟨model name⟩.SCALEOPT = 1;来启动缩放。GAMS 会对数据进行缩放,然后再将数据传递给求解器。经过运算求解以后,GAMS 会将缩放至初始单位的结果呈现给用户。[1]

最后,如果可能的话,请尽量避免使用可能会产生问题的方式来编写模型。假设一个模型包含表达式 $y = x/z$,有可能 z 的最优解为零,或寻找 z 最优解的过程中会出现零值,这将导致表达式无定义。[2]通过将上述表达式改写为 $zy = x$,就可避免这一问题的出现。

B.4.3　不可行解

不可行解意味着在求解模型时,模型的一个或多个约束条件无法被满足。在校准过的模型中,模型的所有约束在初始点时是成立的。如果初始模型的运行存在不可行解,但 GAMS 最终找到了一个解,那么,这表明模型的校准存在问题。列表文件将告诉你哪些方程是不可行的(请搜索 INFES)。请检查相关变量的水平值是否设置正确,如果正确,请返回并检查这些方程中参数的校准。[3]

可能的情况是,GAMS 无法找到满足约束条件的变量值。此时,GAMS 将报告该模型存在不可行解。这可能是由校准或其他问题所导致的。同样,你将能够通过列表准确地分辨出哪些方程是不可行的,从而将搜索范围缩小到这些方程。如果你确信模型本身没有问题,问题是由数值的设定所导致的,那么你可以尝试以下方法:

● 检查界限是否合理。如果你还没有这样做,建议你给变量添加合理的界限。这通常会让 GAMS 更快捷地找到最优解。[4]请检查是否存在明显的界限设定错误(例如,对于可以取负数的变量,你设定了零下界吗?)。

---

[1]　那么,"好"的尺度参数的判断标准是什么呢? 当初始值接近于 1 时,GAMS 求解算法的性能表现最好。这表明,校准模型时可以根据每个(非零)变量自身的初始值对其进行缩放。

[2]　当最优解为角点解时,这种情况经常会发生。如果读者想了解处理此类问题的方法,请参见第 9 章中的商品种类多于要素种类的小型开放经济体问题,以及第 21 章中的长期最低工资问题。

[3]　如果你遇到一些麻烦,可以试着让 GAMS 来进行校准。你可以暂且互换参数与变量的角色,并让 GAMS 依据变量的初始均衡求解出正确的参数值。当函数形式不便于校准时,也可以使用上述方法。

[4]　然而,在某些情况下,相反的情况可能是正确的,放松限制有时是有帮助的。

- 重新缩放模型。

- 允许模型运行更长的时间。如果你的模型校准正确,但当你模拟大型冲击时出现不可行解,很有可能是 GAMS 在找到最优解之前就终止运行,并将其报告为不可行解。实际情况是,模型最优解是存在的,只是最优解距离初始点太远。[①]为了解决这一问题,你可以尝试将冲击分解成较小的部分或通过 ITERLIM 命令来解决。例如,如果你的模型名称是 HOS,那么,在 SOLVE 语句之前设定 HOS.ITERLIM = 10000,将使 GAMS 搜索最优解的时间变成默认时长 1 000 的 10 倍。

- 引导求解过程。例如,如果你要用 GAMS 来求解一个最优关税,当最优关税很大时,可以先让 GAMS 求解关税初始值为 500% 时的最优关税,然后将该解作为关税不受约束时模型最优解求解的起始点。

- 尝试不同的求解器。不同求解器的算法是有差异的。当一种算法求解失败时,另一种算法可能正常运行。当然,如果你的模型设定良好,那么,大多数 GAMS 求解器得到的结果是稳健的,因此,错误的原因更有可能是模型设置错误。

B.4.4　模拟错误

即使你构建的模型可以运行,运行大量模拟实验并依据经济学直觉来验证模型结果也是非常重要的。模拟错误指的是,模型运行可以得到求解结果,但得到的最优解是不正确的或与理论预期不一致。这类错误通常很难被发现和解决,因而也很难提供一般性的建议。解决这类错误的通常策略包括:

- 减少模型的维度。与大型模型相比,我们在"玩具"模型中更容易察觉核心的经济关系是否成立。

- 重新考虑模型中的参数设定,从而使模型的理论结构更加清晰(例如,固定比例的技术,或柯布-道格拉斯偏好)。

- 可以注释掉模型中的部分内容,然后查看并确定错误发生的位置。例如,通过将收入和价格设为外生变量,我们就可以确定需求是否对收入、价格的冲击做出了正确响应。一旦你确认模型的特定模块正确无误,你就可以关注模型的其他模块,直到解决所有问题。

- 请验证一阶条件的正确性。处理一阶条件可能存在一定难度。检查这类错误的方法之一是采用非线性规划方法来求解模型(或模型的一个模块)。如果非线性规划方法得到的结果与方程组求解得到的结果不同,这表明,我们可能错误地推导了一阶条件,或者错误地将其输入 GAMS 中。

B.5　拓展阅读

Hosoe 等(2010)还提供了调试 GAMS 模型的一些基本技巧。其他有价值的资源还包

---

① 当然,也有可能模型在远离初始解的范围内确实是不可行的,例如,当你超出了某个范围时。

括 GAMS 手册及布鲁斯·麦卡尔编写的 GAMS 用户指南。在 GAMS 官方网站可以下载上述手册和用户指南。卢瑟福创建的 GAMS 实用程序网站提供了大量 GAMS 应用实例的信息。

参考文献

Armington, P.S.(1969) "A Theory of Demand for Products Distinguished by Place of Production" International Monetary Fund Staff Papers 16:159—76.

Bacharach, M. (1970) *Biproportional Matrices and Input-Output Change* (Cambridge University Press, Cambridge).

Batra, R.(1973) "Non-traded Goods, Factor Market Distortions, and Gains From Trade" *American Economic Review* 63:706—13

Bhagwati, J.(1958) "Immiserizing Growth: A Geometrical Note" *Review of Economic Studies* 25:201—5.

Bhagwati, J.N.(1965) "On the Equivalence of Tariffs and Quotas" in Caves *et al*., eds., *Trade, Growth and the Balance of Payments*(Rand-McNally, Chicago).

Bhagwati, J. N. (1971) "The Generalised Theory of Distortions and Welfare" in Bhagwati *et al*., eds., *Trade, Balance of Payments, and Growth* (North-Holland, Amsterdam).

Bhagwati, J.N. and T.N. Srinivasan(1969) "Optimal Intervention to Achieve Non-economic Objectives" *Review of Economic Studies* 36:27—38.

Bhagwati, J.N. and T.N. Srinivasan(1971) "The Theory of Wage Differentials: Production Response and Factor Price Equalisation" *Journal of International Economics* 1: 19—35.

Bhagwati, J. N. and T. N. Srinivasan (1974) "On Reanalyzing the Harris-Todaro Model: Policy Ranking in the Case of Sector-Specific Sticky Wages" *American Economic Review* 64:502—8.

Bhagwati, J., R.A. Brecher and T. Hatta(1983) "The Generalized Theory of Transfers and Welfare: Bilateral Transfers in a Multilateral World" *American Economic Review* 73:606—18.

Bhagwati, J., T.N. Srinivasan and A. Panagariya(1998) *Lectures on International Trade*, 2nd Edition(MIT Press, Cambridge).

Brander, J.(1981) "Intra-Industry Trade in Identical Commodities" *Journal of International Economics* 11:1—14.

Brander, J. and P. Krugman (1983) "A 'Reciprocal Dumping' Model of International Trade" *Journal of International Economics* 15:313—21.

Brecher, R.(1974a) "Minimum Wage Rates and the Pure Theory of International

Trade" *Quarterly Journal of Economics* 88:98—116.

Brecher, R.(1974b) "Optimal Commercial Policy for a Minimum Wage Economy" *Journal of International Economics* 4:139—49.

Brecher, R.A. and C.F. Diaz-Alejandro(1977) "Tariffs, Foreign Capital and Immiserizing Growth" *Journal of International Economics* 7:317—22.

Burfisher, M.E.(2011) *Introduction to Computable General Equilibrium Models* (Cambridge University Press, Cambridge).

Casas, F.R.(1972) "Pure Intermediate Products, Factor Intensities and Technical Progress in the Theory of International Trade" *Southern Economic Journal* 39:72—8.

Casas, F.R.(1984) "Imperfect Factor Mobility: A Generalization and Synthesis of Two-sector Models of International Trade" *Canadian Journal of Economics* 17:747—61.

Charteris, A. and N. Winchester(2010) "Dairy Disaggregation and Joint Production in an Economy-Wide Model" *Australian Journal of Agricultural and Resource Economics* 54:491—507.

Chiang, A.C. and K. Wainwright(2005) *Fundamental Methods of Mathematical Economics*, 4th Edition(McGraw Hill, New York).

Copeland, B., E. Tower and M. Webb(1989) "On Negotiated Quotas, Tariffs, and Transfers" *Oxford Economics Papers* 41:774—88.

Corden, W.M.(1997) *Trade Policy and Economic Welfare*(Clarendon, Oxford).

Corden, W.M.(2002) *Too Sensational: On the Choice of Exchange Rate Regimes* (MIT Press, Cambridge).

Corden, W.M. and R. Findlay(1975) "Urban Unemployment, Intersectoral Capital Mobility and Development Policy" *Economica* 42:59—78.

Deardorff, A.V.(2010) *Glossary of International Economics*, available at: http://www-personal.umich.edu/~alandear/glossary/.

Deardorff, A.V. and R.M. Stern(1986) *The Michigan Model of World Production and Trade: Theory and Applications*(MIT Press, Cambridge).

Deardorff, A.V. and R.M. Stern(1990) *Computational Analysis of Global Trading Arrangements* (University of Michigan Press, Ann Arbor).

Devaragan, S., J.D. Lewis and S. Robinson(1990) "Policy Lessons From Trade-Focused, Two-Sector Models" *Journal of Policy Modeling* 12:625—57.

Dewatripont, M. and G. Michel(1987) "On Closure Rules, Homogeneity and Dynamics in Applied General Equilibrium Models" *Journal of Development Economics* 26:65—76.

Dixit, A.K.(1990) *Optimization in Economic Theory*, 2nd Edition(Oxford University Press, Oxford).

Dixit, A. and V. Norman(1980) *Theory of International Trade: A Dual General Equilibrium Approach*(Cambridge University Press, Cambridge).

Dixit, A. and J. Stiglitz(1977) "Monopolistic Competition and Optimum Product Diversity" *American Economic Review* 67:297—308.

Dixon, P.B., B.R. Parmenter, J. Sutton and D.P. Vincent(1982) *ORANI: A Multisectoral Model of the Australian Economy*(North-Holland, Amsterdam).

Ethier, W.J.(1974). "Some of the Theorems of International Trade With Many Goods and Factors" *Journal of International Economics* 4:199—206.

Ethier, W.J.(1979) "Internationally Decreasing Costs and World Trade" *Journal of International Economics* 9:1—24.

Francois, J. and W. Martin(2010) "Ex Ante Assessment of the Welfare Impacts of Trade Reforms With Numerical Models" in J. Gilbert, ed., *New Developments in Computable General Equilibrium Analysis of Trade Policy*, Volume 7 of Frontiers of Economics and Globalization(Emerald, Bingley).

Gilbert, J.(2008) "Agricultural Trade Reform and Poverty in the Asia-Pacific: A Survey and Some New Results" *Asia-Pacific Development Journal* 15:1—34.

Gilbert, J., ed.(2010) *New Developments in Computable General Equilibrium Analysis of Trade Policy*, Volume 7 of Frontiers of Economics and Globalization(Emerald, Bingley).

Gilbert, J. and R. Oladi(2008) "A Geometric Comparison of the Transformation Loci With Specific and Mobile Capital" *Journal of Economic Education* 39:145—52.

Gilbert, J. and R. Oladi(2010) "Regional Trade Reform Under SAFTA and Income Distribution in South Asia" in J. Gilbert, ed., *New Developments in Computable General Equilibrium Analysis of Trade Policy*, Volume 7 of Frontiers of Economics and Globalization(Emerald, Bingley).

Gilbert, J. and R. Oladi(2011) "Excel Models for International Trade Theory and Policy" *Journal of Economic Education* 42:95.

Gilbert, J. and E. Tower(2002) "Protectionism, Labor Mobility, and Immiserizing Growth in Developing Economies" *Economics Letters* 75:135—40.

Gilbert, J. and T. Wahl(2002) "Applied General Equilibrium Assessments of Trade Liberalization in China" *World Economy* 25:697—731.

Graaff, J.(1949) "On Optimum Tariff Structures" *Review of Economic Studies* 17:47—59.

Gunning J.W. and M. Keyzer(1995) "Applied General Equilibrium Models for Policy Analysis" in J. Behrman and T.S. Srinivasan, eds., *Handbook of Development Economics* Volume III(North-Holland, Amsterdam).

Han, K. and E. Tower(1999) "Cost Benefit Analysis of Foreign Aid for a Highly Distorted Economy: The Case of Sudan" in K. Gupta, ed., *Foreign Aid: New Perspectives*(Kluwer, AH Dordrecht).

Harris, J.R. and M.P. Todaro(1970) "Migration, Unemployment and Development: A

Two-Sector Analysis" *American Economic Review* 60:126—42.

Harrison, G.W., T.F. Rutherford and D.G. Tarr(1997) "Quantifying the Uruguay Round" *Economic Journal* 107:1405—30.

Helpman, E. and P.R. Krugman(1985) *Market Structure and Foreign Trade: Increasing Returns, Imperfect Competition, and the International Economy* (MIT Press, Cambridge).

Hertel T.W., ed.(1997) *Global Trade Analysis: Modeling and Applications* (Cambridge University Press, Cambridge).

Hertel, T., D. Hummels, M. Ivanic and R. Keeney(2007) "How Confident Can We Be of CGE Based Assessments of Free Trade Agreements?" *Economic Modeling* 24: 611—35.

Hosoe, N., K. Gasawa and H. Hashimoto(2010) *Textbook of General Equilibrium Modelling: Programming and Simulations* (Palgrave, New York).

Ianchovichina, E. and T. Walmsley, eds.(2012) *Dynamic Modeling and Applications for Global Economic Analysis* (Cambridge University Press, Cambridge).

Jansson, T. and T. Heckelei(2010) "Estimation of Parameters of Constrained Optimization Models" in J. Gilbert, ed., *New Developments in Computable General Equilibrium Analysis of Trade Policy*, Volume 7 of Frontiers of Economics and Globalization (Emerald, Bingley).

Johansen, L.(1974) *A Multi-Sectoral Study of Economic Growth* (North-Holland, Amesterdam).

Johnson, H.G.(1953) "Optimum Tariffs and Retaliation" *Review of Economic Studies* 21:142—53.

Johnson, H.G.(1955a) "Economic Expansion and International Trade" *Manchester School* 23:95—112.

Johnson, H.G.(1955b) "The Transfer Problem: A Note on Criteria for Changes in the Terms of Trade" *Economica* 23:113—21.

Johnson, H.G.(1960) "The Cost of Protection and the Scientific Tariffs" *Journal of Political Economy* 68:142—53.

Johnson, H.G.(1967) "The Possibility of Income Losses From Increased Efficiency or Factor Accumulation in the Presence of Tariffs" *Economic Journal* 77:151—4.

Jomini, P., R. McDougall, G. Watts and P.S. Dee(1994) "The SALTER Model of the World Economy: Model Structure, Database and Parameters" SALTER Working Paper No. 24(Industry Commission, Canberra).

Jones, R.W.(1956) "Factor Proportions and the Heckscher-Ohlin Theorem" *Review of Economic Studies* 24:1—10.

Jones, R.W.(1965) "The Structure of Simple General Equilibrium Models" *Journal of Political Economy* 73:557—72.

Jones, R.W. (1971) "A Three Factor Model in Theory, Trade, and History" in J.N. Bhagwati, R.W. Jones, R.A. Mundell and J. Vanek, eds., *Trade, Balance of Payments and Growth* (North-Holland, Amsterdam).

Jones, R. W. and J. Scheinkman (1977) "The Relevance of the Two-Sector Production Model in Trade Theory" *Journal of Political Economy* 85:909—35.

Kaempfer, H. and E. Tower (1982) "The Balance of Payments Approach to Trade Tax Symmetry Theorems" *Weltwirtschaftliches Archiv* 118:148—65.

Kehoe, T.J. (2003) "An Evaluation of the Performance of Applied General Equilibrium Models of the Impact of NAFTA" Federal Reserve Bank of Minneapolis Research Department Staff Report 320.

Komiya, R. (1967) "Non-Traded Goods and the Pure Theory of International Trade" *International Economic Reviews* 8:132—52.

Krueger, A.O. (1978) *Foreign Trade Regimes and Economic Development*, Vol X: *Liberalization Attempts and Consequences* (Ballinger, Cambridge).

Krugman, P.R. (1979) "Increasing Returns, Monopolistic Competition, and International Trade" *Journal of International Economics* 9:469—80.

Krugman, P.R. (1980) "Scale Economies, Product Differentiation, and the Pattern of Trade" *American Economic Review* 70:950—9.

Krugman, P.R. (1993) "What Do Undergrads Needs to Know About Trade?" *American Economic Review* 83:23—6.

Lerner, A.P. (1936) "The Symmetry Between Import and Export Taxes" *Economica* 3:306—13.

Lloyd, P.J. and D. MacLaren (2004) "Gains and Losses From Regional Trading Agreements: A Survey" *Economic Record* 80:445—97.

Lloyd, P.J. and X-G. Zhang (2006) "The Armington Model" Productivity Commission Staff Working Paper, Melbourne, January.

Loo, T. and E. Tower (1989) "Agriculture Protectionism and the Less Developed Countries: The Relationship Between Agriculture Prices, Debt Servicing Capacities and the Need for Development Aid" in A.B. Stoeckel, D.Vincent and S. Cuthbertson, eds., *Macroeconomic Consequences of Farm Support Policies* (Duke University Press, Durham).

Mayer, W. (1974) "Short-Run and Long-Run Equilibrium for a Small Open Economy" *Journal of Political Economy* 82:955—67.

McDonald, S. and K. Thierfelder (2004) "Deriving a Global Social Accounting Matrix from GTAP Versions 5 and 6 Data" GTAP Technical Paper Number 22.

Melvin, J.R. (1969a) "Intermediate Goods, the Production Possibility Curve, and Gains From Trade" *Quarterly Journal of Economics* 83:141—51.

Melvin, J.R. (1969b) "Intermediate Goods and Technological Change" *Economica*

36:400—8.

Metzler, L.(1949) "Tariffs, the Terms of Trade and the Distribution of National Income" *Journal of Political Economy* 57:1—29.

Mikic, M. and J. Gilbert(2009) *Trade Statistics in Policymaking: A Handbook of Commonly Used Trade Indices and Indicators*(United Nations ESCAP, Bangkok).

Mussa, M.(1979) "The Two-Sector Model in Terms of Its Dual: A Geometric Exposition" *Journal of International Economics* 9:513—26.

Neary, J.P.(1978) "Short-Run Capital Specificity and the Pure Theory of International Trade" *Economic Journal* 88:488—510.

Negishi, T.(1960) "Welfare Economics and Existence of an Equilibrium for a Competitive Economy" *Metroeconomica* 12:92—7.

Perloff, J.M.(2011) *Microeconomics: Theory and Applications With Calculus*(Addison Wesley Longman, Reading).

Pyatt, G. and J. Round(1977) "Social Accounting Matrices for Development Planning" *Review of Income and Wealth* 23:339—64.

Pyatt, G. and J. Round(1979) "Accounting and Fixed Price Multipliers in a Social Accounting Matrix Framework" *Economic Journal* 89:850—73.

Reinert, K.A. and D.W. Roland-Holst(1997) "Social Accounting Matrices" in J.F. Francois and K. A. Reinert, eds., *Applied Methods for Trade Policy Analysis: A Handbook*(Cambridge University Press, Cambridge).

Robinson, S., A. Cattaneo and M. El-Said(2001) "Updating and Estimating a Social Accounting Matrix Using Cross Entropy Methods" *Economic Systems Research* 13:47—64.

Robinson. S. and H. Lofgren(2005) "Macro Models and Poverty Analysis: Theoretical Tensions and Empirical Practice" *Development Policy Review* 23:267—83.

Robinson, S. and K. Thierfelder(2002) "Trade Liberalisation and Regional Integration: The Search for Large Numbers" *Australian Journal of Agricultural and Resource Economics* 46:585—604.

Rutherford, T.F.(1998) "GAMS2TBL: A GAMS LIBINCLUDE Program for Producing Formatted Tables" available at: http://www.mpsge.org/inclib/gams2tbl.htm.

Rutherford, T.F.(1999) "LIBINCLUDE Tools for Writing GAMS-Readable Data Files" available at: http://www.mpsge.org/inclib/gams2txt.htm.

Rybczynski, T. M.(1955) "Factor Endowments and Relative Commodity Prices" *Economica* 22:336—41.

Samuelson, P.A.(1949) "International Factor Price Equalisation Once Again" *Economic Journal* 59:181—97.

Samuelson, P. A.(1951) "Abstract of a Theorem Concerning Substitutability in Open Leontief Models" in T.C. Koopmans, ed., *Activity Analysis of Production and*

Allocation（Wiley，New York）.

Samuelson，P.A.（1952）"The Transfer Problem and Transport Costs: The Terms of Trade When Impediments Are Absent" *Economic Journal* 62:278—304.

Samuelson，P.A.（1953）"Prices of Factors and Goods in General Equilibrium" *Review of Economic Studies* 21:1—20.

Schweinberger，A.G.（1979）"The Theory of Factor Price Equalization: The Case of Constant Absolute Differentials" *Journal of International Economics* 9:95—115.

Scitovsky，T.（1969）*Money and the Balance of Payments*（Rand-McNally，Chicago）.

Scollay，R. and J. Gilbert（2000）"Measuring the Gains From APEC Trade Liberalisation: An Overview of CGE Assessments" *World Economy* 23:175—93.

Shoven，J.B. and J. Whalley（1992）*Applying General Equilibrium*（Cambridge University Press，Cambridge）.

Srinivasan，T.N. and J.N. Bhagwati（1975）"Alternative Policy Rankings in a Large, Open Economy With Sector-Specific Minimum Wages" *Journal of Economic Theory* 11: 356—71.

Stolper，W.E. and P.A. Samuelson（1941）"Protection and Real Wages" *Review of Economic Studies* 9:58—73.

Sweeney，R.J.，E. Tower and T.D. Willett（1977）"The Ranking of Alternative Tariff and Quota Policies in the Presence of Domestic Monopoly" *Journal of International Economics* 7:349—62.

Tower，E.（1977）"Ranking the Optimum Tariff and the Maximum Revenue Tariff" *Journal of International Economics* 7:73—9.

Tower，E.（1979）"The Geometry of Community Indifference Curves" *Weltwirtschaftliches Archiv* 114:680—700.

Tower，E. and G. Pursell（1987）"On Shadow Pricing Labor and Foreign Exchange" *Oxford Economic Papers* 39:318—32.

Tsiang，S.C.（1961）"The Role of Money in Trade-Balance Stability: Synthesis of the Elasticity and Absorption Approaches" *American Economic Review* 51:912—36.

Varian，H.R.（1992）*Microeconomic Analysis*，3rd Edition（W.W. Norton & Company, New York）.

Varian，H.R.（2009）*Intermediate Microeconomics: A Modern Approach*，8th Edition（W.W. Norton & Company，New York）.

Vanek，J.（1963）"Variable Factor Proportions and Interindustry Flows in the Theory of International Trade" *Quarterly Journal of Economics* 77:129—42.

Vandendorpe，A.L.（1974）"On the Theory of Non-economic Objectives in Open Economies" *Journal of International Economics* 4:15—24.

van de Mensbrugghe，D.（2005）*LINKAGE Technical Reference Document*，Development Prospects Group（DECPG），The World Bank.

Warne，R.D.(1971) "Intermediate Goods in International Trade With Variable Proportions and Two Primary Inputs" *Quarterly Journal of Economics* 85:225—36.

Whalley，J.，ed.，(2012) *General Equilibrium Global Trade Models*(World Scientific，Singapore).

Woodland，A.D.(1982) *International Trade and Resource Allocation*(North-Holland，Amsterdam).

Zenios，S.A.(1996) "Modeling Languages in Computational Economics: GAMS" in H. Amman and D.A. Kendrick，eds.，*Handbook of Computational Economics I* (North-Holland，Amsterdam).

译后记

    CGE 模型是基于一般均衡理论构建的数值模拟模型。通过将不同市场联系起来，CGE 方法可以有效评估外生冲击及政策调整的反馈效应和传递效应。CGE 模型可以广泛应用于三类议题：影响深远但无历史经验可循的政策评估；可能存在显著一般均衡效应的政策评估；关注于经济系统而非经济总量信息的政策议题。有关 CGE 模型的应用研究在《经济研究》《管理世界》《世界经济》《中国工业经济》《中国人口·资源与环境》《中国农村经济》等中国顶级学术期刊上均有刊发，相关主题主要涉及增值税转型、环境税改革、区域自由贸易协定、碳减排、收入分配和农产品贸易等。简而言之，CGE 建模分析对于政府政策的制定具有重要参考价值。然而，CGE 模型的学习与应用面临两个典型的障碍：CGE 模型学习的入门门槛较高，需要研究者具备扎实的经济学理论与编程技能；CGE 模型的应用往往是基于前人已有的模型，基于模型本身进行创新的应用在国内较为少见。上述应用障碍产生的根源在于，将 CGE 理论模型与 GAMS 程序应用进行有效衔接是较为困难的。

    目前，国内 CGE 模型的应用研究的确较多，但是能够真正做到解构 CGE 模型、打破"黑箱"的研究并不多。本书有助于衔接 CGE 理论模型的构建与 GAMS 程序代码的应用，这将助力增强国内学界在 CGE 模型构建与应用方面的软实力。在理论上，本书介绍了 CGE 建模中的消费、生产与贸易理论及贸易政策与扭曲等，有助于促进国内学界原创性 CGE 模型的研发。在实证上，本书介绍了 CGE 建模中的 GAMS 编程技巧、敏感性分析和模型调试等，有助于提升学界设计和使用数值模拟模型的水平。本书具备三个鲜明的写作特点：内容和形式具有一致性，从而使模型更易于理解；强调通过使用"玩具"模型来提升编程技能与培养经济学直觉；渐进式地介绍模型，即将模型的新特征分解为小的、易于理解的部分展开介绍。

    作为译者，我很荣幸能够将这本理论与实践相统一的著作介绍给中国读者。希望本书对有志于从事 CGE 研究的朋友们有所裨益。本书既可以作为 CGE 建模的科研参考用书，也可以作为教学用书。本书适合经济学类、资源环境类专业的本科生与研究生及大学与科研院所的研究人员进行阅读。本书的翻译得到了教育部人文社会科学研究规划基金"农业技术进步路径对中国粮食供给安全的影响机理及其效应分析研究"（项目批准号：21YJA790050）及华中农业大学经济管理学院 2022 年度自主科技创新基金（项目批准号：2662022JGYJY04）的资助。非常感谢格致出版社引进本书，感谢为本书的顺利出版付出了宝贵时间的程倩和赵杰两位编辑。在校对本书的过程中，众多的同学提出了宝贵的建议，对此深表感谢，这些同学是明红、李霞、孟施羽、胡宇翔、余扬眉、陶思佳、文钰晖、袁娟和刘畅。同时，感谢我的合作者、导师和朋友们。有了你们，科研的道路上才不会那么茫然无措。最后,感谢我的家人一直以来对我的支持和关爱,祝福我的家人健康、快乐。对于本书中存在的任何纰漏之处,希望读者朋友们能够与我联系,我们会在后续版本中进行修订。

涂涛涛

华中农业大学经济管理学院

图书在版编目(CIP)数据

贸易理论与政策的数值模拟导论/(美)约翰·吉尔
伯特,(美)爱德华·托尔著;涂涛涛译.—上海:格
致出版社:上海人民出版社,2023.6
(当代经济学系列丛书/陈昕主编.当代经济学教
学参考书系)
ISBN 978 - 7 - 5432 - 3455 - 0

Ⅰ.①贸…　Ⅱ.①约…　②爱…　③涂…　Ⅲ.①经济理
论-数学模型-研究　Ⅳ.①F0

中国国家版本馆 CIP 数据核字(2023)第 075626 号

责任编辑　程　倩
封面设计　敬人设计工作室　吕敬人

贸易理论与政策的数值模拟导论
[美]约翰·吉尔伯特　爱德华·托尔　著
涂涛涛　译

出　版	格致出版社
	上海三联书店
	上海人民出版社
	(201101　上海市闵行区号景路 159 弄 C 座)
发　行	上海人民出版社发行中心
印　刷	浙江临安曙光印务有限公司
开　本	787×1092　1/16
印　张	14.75
插　页	2
字　数	331,000
版　次	2023 年 6 月第 1 版
印　次	2023 年 6 月第 1 次印刷
ISBN	978 - 7 - 5432 - 3455 - 0/F · 1503
定　价	65.00 元

当代经济学教学参考书系

贸易理论与政策的数值模拟导论/约翰·吉尔伯特等著

宏观经济学:现代观点/罗伯特·J.巴罗著

博弈与社会讲义(第二版)/张维迎著

微观经济学:原理和分析(第二版)/弗兰克·A.考威尔著

经济增长(第二版)/罗伯特·J.巴罗等著

金融学原理(第六版)/彭兴韵著

信息与激励经济学(第三版)/陈钊著

合作的微观经济学/何维·莫林著

不确定性与信息分析(第二版)/苏希尔·比克查恩达尼等著

博弈论教程/肯·宾默尔著

精通计量:从原因到结果的探寻之旅/乔舒亚·安格里斯特等著

开放经济的宏观经济学/马丁·乌里韦等著

宏观经济学(第四版)/查尔斯·I.琼斯著

货币经济学——理论、实践与政策(第二版)/田素华编著

博弈论与信息经济学/张维迎著

博弈论/迈克尔·马希勒等著

法和经济学(第六版)/罗伯特·考特等著

金融市场学/彭兴韵著

《微观经济学:现代观点》题库(第九版)/H.范里安等著

微观经济学:现代观点(第九版)/H.范里安著

《微观经济学:现代观点》练习册(第九版)/H.范里安等著

基本无害的计量经济学:实证研究者指南/乔舒亚·安格里斯特等著

组织经济学手册/罗伯特·吉本斯等主编

策略:博弈论导论/乔尔·沃森著

合同理论/帕特里克·博尔顿等著

经济理论中的最优化方法(第二版)/阿维纳什·K.迪克西特著

公共经济学/安东尼·B.阿特金森等著

公共经济学(第二版)/吉恩·希瑞克斯等著

公共经济学习题解答手册(第二版)/尼格尔·哈希马沙德等著

金融经济学十讲(纪念版)/史树中著

宏观经济学数理模型基础(第二版)/王弟海著

货币理论与政策(第四版)/卡尔·瓦什著

鲁宾斯坦微观经济学讲义(第二版)/阿里尔·鲁宾斯坦著

机制设计理论/提尔曼·伯格斯著

经济增长导论(第三版)/查尔斯·I.琼斯等著

劳动经济学:不完全竞争市场的视角/提托·博埃里等著

衍生证券、金融市场和风险管理/罗伯特·A.加罗等著

劳动和人力资源经济学——经济体制与公共政策(第二版)/陆铭等著

国际贸易理论与政策讲义/理查德·庞弗雷特著

高级微观经济学教程/戴维·克雷普斯著

金融基础:投资组合决策和证券价格/尤金·法玛著

环境与自然资源经济学(第三版)/张帆等著

集聚经济学:城市、产业区位与全球化(第二版)/藤田昌久等著

经济数学引论/迪安·科尔贝等著

博弈论:经济管理互动策略/阿维亚德·海菲兹著

新制度经济学——一个交易费用分析范式/埃里克·弗鲁博顿等著

产业组织:市场和策略/保罗·贝拉弗雷姆等著

数量金融导论:数学工具箱/罗伯特·R.雷伊塔诺著

现代宏观经济学高级教程:分析与应用/马克斯·吉尔曼著

政府采购与规制中的激励理论/让·梯若尔等著

集体选择经济学/乔·B.史蒂文斯著

市场、博弈和策略行为/查尔斯·A.霍尔特著

公共政策导论/查尔斯·韦兰著

宏观经济学:现代原理/泰勒·考恩等著

微观经济学:现代原理/泰勒·考恩等著

微观经济理论与应用:数理分析(第二版)/杰弗里·M.佩洛夫著

国际经济学(第七版)/西奥·S.艾彻等著

新动态财政学/纳拉亚纳·R.科彻拉科塔著

全球视角的宏观经济学/杰弗里·萨克斯著

《微观经济学》学习指南(第三版)/周惠中著

《宏观经济学》学习指南/大卫·吉立特著

宏观经济理论/让-帕斯卡·贝纳西著

国际经济学(第五版)/詹姆斯·吉尔伯著

计量经济学(第三版)/詹姆斯·H.斯托克等著

微观经济学(第三版)/周惠中著

应用微观经济学读本/克莱格·M.纽马克编

理性的边界/赫伯特·金迪斯著

经济社会的起源(第十三版)/罗伯特·L.海尔布罗纳著

政治博弈论/诺兰·麦卡蒂等著

发展经济学/斯图亚特·R.林恩著

高级微观经济学/黄有光等著

货币、银行与经济(第六版)/托马斯·梅耶等著

全球市场中的企业与政府(第六版)/默里·L.韦登鲍姆著